Herbert Ruland

Der gestohlene Segen

Herbert Ruland

Der gestohlene Segen

Biblische Erzählungen

Mit Zeichnungen von
Willy Kretzer

Herder
Freiburg · Basel · Wien

Meinem Enkel Philip gewidmet

Umschlaggestaltung: Willy Kretzer

Herstellung: Freiburger Graphische Betriebe 1986
ISBN 20682-X

Inhalt

ERSTER TEIL

ZWEITER TEIL

ERSTER TEIL

Erstes Kapitel

Eine Braut für Isaak

Abraham saß vor seinem Zelt im Schatten der Eichen. Er ruhte aus vom Gang zu der Höhle, in der er zwei Jahre zuvor seine Frau Sara begraben hatte. Die Höhle, die Bäume davor und das Feld, auf dem sie wuchsen, waren sein einziger fester Besitz in diesem Lande Kanaan. Es war ein Glück, daß man es ihm, dem eingewanderten Ausländer verkauft hatte – für vierhundert Silberlinge, und das war ein Freundschaftspreis, denn Abraham war angesehen in der ganzen Gegend östlich von Hebron.

Zufrieden blickte er in die Landschaft mit ihren grünen Hügeln und sanften Senken, auf denen schon die blauen Schatten der Abenddämmerung lagen, während auf den Bergrücken in der Ferne noch goldenes Sonnenlicht die kahlen Gipfel umspielte. So weit seine Augen reichten, durfte Abraham das unbewohnte Land als Weiden für seine Herden nutzen oder es bestellen. Es gab ihm alles, was er zur Nahrung für sich und sein zahlreiches Gesinde benötigte: die Gerste für das tägliche Brot, Bohnen und Linsen, Zwiebeln, Melonen und vieles andere mehr. Ja, Abraham, der Herr über Rinder, Ziegen und Schafe und sogar über Kamele, über Knechte und Mägde, durfte sich einen reichen Mann nennen. Seinen Schatz an Silber und Gold verwahrte er in Krügen, die er vergraben hatte, und niemand außer seinem Verwalter und Großknecht Elieser und seinem Sohn Isaak kannte die Verstecke. Man konnte nicht vorsichtig genug sein, vor Räubern war niemand sicher. In Abrahams Zelt waren feine buntgewebte Stoffe gestapelt, und in Saras Zelt, das seit ihrem Tode unbenutzt war, standen Truhen mit ihren Kleidern, wie sie sich nur die vornehmsten unter den Frauen der Kanaaniter leisten konnten.

Abraham wußte, daß er sich an alledem nicht mehr lange werde erfreuen können. Er fühlte sich dem Tode nahe. Jahrzehntelang, seit er aus dem Norden, aus dem Land zwischen den Strömen Euphrat und Tigris, gekommen war, hatte er das unstete Leben eines Nomadenhäuptlings geführt. Mal hier, mal dort hatte er für Monate oder Jahre seine Zelte aufgeschlagen, wo ein Weidegrund seinen Tieren saftiges Futter versprach und ihre Vermehrung sicherte. Das Zeltlager im Bergland östlich von Hebron war nun, wie er ahnte, die letzte Station auf seinem langen Lebensweg. Ihm blieb nicht mehr viel Zeit.

„Isaak!" Abrahams Augen strahlten, als er seinen einzigen Sohn daherkommen sah, jung und kraftvoll. Der Stolz seines Vaters! Isaak war ihm geschenkt worden, als Sara und er die Hoffnung auf ein Kind längst aufgegeben hatten, weil sie damals, wie sie glaubten, über das Alter hinaus waren.

„Amjah!" rief Isaak über die Schulter zurück, während er auf seinen Vater zuschritt. Sogleich tauchte die Gestalt einer Magd im Eingang des Küchenzeltes auf, bereit, die Befehle des jungen Herrn entgegenzunehmen. „Ich habe Hunger wie ein Wolf!" ließ er sie wissen. Er küßte seinen Vater liebevoll auf beide Wangen und ließ sich neben ihm nieder.

„War das ein heißer Tag", begann er seinen Bericht. „Das Stück Land, auf dem wir in diesem Jahr Getreide anbauen wollen, war über und über mit Dornen und Disteln bewachsen. Mit allen Händen haben wir das verdammte Zeug glücklich ausgerissen. Morgen schon können wir die Saat ausstreuen und sie unterpflügen."

Abraham nickte anerkennend. „Hoffentlich wird es bald regnen", sagte er. Die Magd kam eilig herbei und stellte einen Krug mit frischer Ziegenmilch vor Isaak, dazu ein Stück kalter Lammkeule und einen Korb mit Datteln und Feigen. Gierig machte Isaak sich darüber her. Sein Vater beobachtete ihn eine Weile wohlgefällig. Er wartete geduldig, bis Isaak seinen ärgsten Hunger gestillt hatte. Dann rückte er mit einer Sorge heraus, die ihm seit langem am Herzen lag:

„Ich habe mit dir zu reden, mein Sohn", begann er. Seine Stimme klang so ernst, daß Isaak überrascht seine Mahlzeit unterbrach. Gespannt, was da kommen werde, blickte er seinen Vater an.

„Ich war heute wieder einmal in der Höhle von Mamre und habe das Grab deiner Mutter besucht. Du wirst mich bald neben ihr bestatten müssen."

Da lachte Isaak. „Warum so eilig, Vater?" Die sahnige Milch tropfte aus seinem Bart. „Ich habe wenig Lust, schon so bald mein Erbe anzutreten." Abraham lächelte. „Danach wirst du nicht gefragt, mein Sohn", sagte er und fuhr in feierlichem Tone fort. „Der Herr, mein Gott, hat mir viele Jahre geschenkt und mir alles gelingen lassen, was ich je geplant habe. Aber nun sind meine Tage gezählt, mein Maß ist voll. Ich fürchte den Tod nicht, aber ich möchte mir nicht die letzte Stunde mit einer Sorge schwer machen."

„Was bedrückt dich, Vater?"

„Deine Zukunft", antwortete Abraham. „Du bist nun erwachsen, und es ist höchste Zeit für mich, dich zu verheiraten."

„Wenn's weiter nichts ist", lachte Isaak, indem er sich die fettigen Finger an seinem Wams aus Schaffell abwischte. „Geh nur nach Hebron, da triffst du angesehene Männer mit heiratsfähigen Töchtern. Die wären stolz, wenn du eine davon für mich werben würdest. Jedermann in Hebron weiß doch, wie reich du bist und daß ich dein einziger Erbe bin. Also, wenn du dir unbedingt eine Schwiegertochter wünschst ....“ Abraham schnitt ihm mit einer heftigen Handbewegung das Wort ab. „Ich will nicht, daß ein Mädchen aus Kanaan die Mutter deiner Söhne wird!“

„Warum denn nicht?“ fragte Isaak verständnislos. „Ich wette, es gibt in Hebron Mädels, die sich sehen lassen können.“ Wiederum fiel ihm sein Vater unwillig ins Wort: „Aber die Kanaaniter sind doch Heiden! Sie opfern nichtsnutzigen Götzen!“ Abraham spuckte verächtlich aus. „Götzen! Weil sie den wahren Gott nicht kennen, den einzigen. Er hat mir den Weg in dieses Land gewiesen und mich reich gesegnet. Als ich damals – ich war selbst noch ein junger Mann – aus meiner Heimat im Norden aufbrach, um mir und meinen Nachkommen in der Fremde eine bessere Zukunft zu bauen, da wußte ich, daß ich es nur mit Hilfe meines Gottes schaffen konnte. Darauf habe ich fest vertraut, und so ist es auch geschehen. Er war immer auf meiner Seite, unsichtbar, aber ich habe immer seine Nähe gespürt, im Hauch des Windes und im Rauschen des Regens, im Licht des Tages und im Dunkel der Nacht unter den Sternen. Mein Gott braucht keinen festen Platz, um sich bitten zu lassen wie die kanaanitischen Götzenbilder auf ihren Altären, die sie auf Bergeshöhen errichten. Mein Gott ist überall, wo Menschen sind, die ihn verehren und den Rauch ihrer Brandopfer wie ein Gebet zu ihm aufsteigen lassen.“ Abraham machte eine Pause, das Reden strengte ihn an. Er rang mühsam nach Atem, um sein Bekenntnis zu beenden: „Mein Gott ist auch dein Gott, Isaak, und ich will, daß er auch der Herr meiner Enkel sein wird, die mir nachfolgen und dereinst dieses Land besitzen werden – so wahr der Herr, mein Gott lebt!" Danach schwieg er, als wolle er seinem Sohn Zeit lassen, über das Gehörte nachzudenken.

„Wenn du mir keine von den Töchtern Kanaans zur Frau geben willst", sagte Isaak schließlich kleinlaut, „wo willst du dann eine finden, mit der du zufrieden wärst?"

„Aus meiner alten Heimat soll sie kommen, aus Haran", erwiderte Abraham entschlossen." Dort leben ja viele meiner Verwandten, lauter gottesfürchtige Leute. Unter ihnen wird sich wohl eine Braut für dich finden lassen."

„Aber du kannst in deinem Alter doch nicht mehr nach Haran reisen!"

„Da hast du recht", gab Abraham zu, „das wäre für einen Greis wie mich viel zu anstrengend. Ich käme wahrscheinlich nicht bis einmal Damaskus, obwohl ich gar zu gerne meine Neffen und ihre Familien in Haran besuchen würde." Er seufzte tief und schloß die Augen. Seine Gedanken entführten ihn für eine Weile in jene Tage zurück, als er seine Verwandten zum letzten Mal gesehen hatte, als sie ihn für verrückt erklärt hatten, weil er sein Heil in der Fremde suchen wollte. Hätte er ihnen erklären sollen, daß er gehorsam seinem Ruf folgen mußte? Sie hätten ihn doch nicht verstanden. „Willst du, daß ich selbst nach Haran reise und mir eine Braut suche?" fragte Isaak. Seine Stimme verriet, daß er wenig Lust zu einem solchen Unternehmen hatte.

„Nein, nein!" Abraham hob abwehrend die Hände. „Das ist nicht deine Angelegenheit. Und wenn nicht ich, dein eigener Vater, die Heirat für dich regeln kann, so muß ich einen Stellvertreter damit beauftragen."

„Wer könnte das sein?"

„Es gibt nur einen Mann, dem wir beide vertrauen können: Elieser!“ Isaak erhob sich, das Thema schien ihn in diesem Augenblick nicht sehr zu interessieren. Ihm stand der Sinn nach der Jagd auf Rehe. Er wußte, wo ein Rudel in der Dämmerung seinen Wechsel hatte. „Tu, was du für richtig hältst, Vater“, sagte er, „du weißt, ich bin mit allem einverstanden.“ Nach diesen Worten ging er davon, um aus seinem Zelt den Bogen und einen Köcher mit Pfeilen zu holen.

„Wenn du Elieser siehst“, rief Abraham hinter ihm her, „schick ihn zu mir!“ Isaak drehte sich um und hob die Hand zum Zeichen, daß er verstanden hatte.

Elieser kam, als das Tageslicht ganz verlöschte und am wolkenlosen Himmel der Abendstern strahlend die Nacht ankündigte.

„Ich war bei den Eselsfüllen“, sagte Elieser, indem er sich neben seinem Herrn auf einem Stein niederließ. „Sie sind munter und voll Übermut. Es ist eine Freude zu sehen, wie sie heranwachsen und stark werden.“

Abraham nickte beifällig. „So geht es nun einmal mit den Jungen“, sagte er schmunzelnd, „eines Tages sind sie groß und müssen ernstgenommen werden, – so wie mein Sohn Isaak.“

„Ja, ja, – wie die Jahre vergehen“, bemerkte Elieser und seufzte. Er selbst war im Dienst Abrahams von einem jungen Burschen zu einem gestandenen Mann geworden, in dessen Bart sich immer mehr graue Fäden eingewebt hatten.

„Ich habe einen Auftrag für dich“, sagte Abraham.

„Rede, Herr, ich bin dein gchorsamer Knecht.“

Elieser hörte aufmerksam zu. Als Abraham endlich schwieg, wiegte er sein Haupt hin und her, kratzte sich verlegen hinter den Ohren, als suche er nach Worten und meinte schließlich:

„Das ist eine heikle Aufgabe, Herr. Würdest du mich nach Hebron schicken, um auf dem Markt ein Joch Ochsen für dich zu kaufen, oh, da wüßte ich schon die besten herauszufinden. Aber eine Braut für Isaak zu suchen, das ist nicht so einfach. Wie soll ich das anstellen?"

„Du bist klug und erfahren, Elieser", entgegnete Abraham, „ich weiß, du blickst den Menschen ins Herz. Du hast dich nie getäuscht, wenn du eine Magd in Dienst genommen hast."

„Eine Magd ist keine Herrin", warf Elieser ein. „Wenn ich nun aus Haran mit einer Braut für Isaak zurückkäme und dein Sohn mag sie nicht?"

„Mach dir darüber keine Sorge."

„Das ist leicht gesagt, Herr", bemerkte Elieser, „aber ganz wohl ist mir nicht bei deinem Ansinnen, das kannst du mir glauben. Die Sache hat nämlich einen Haken. Soll ich mich vielleicht in Haran auf den Marktplatz stellen und ausrufen: ich suche eine Braut für Isaak, den Sohn Abrahams, der von hier stammt und in Kanaan ein reicher Mann geworden ist! Wer mit ihm verwandt ist und eine heiratsfähige Tochter hat, der möge sich melden! – Da würden wohl viele kommen und die Tugenden und Vorzüge ihrer Töchter preisen, – und ich käme ganz schön in Bedrängnis." Darüber mußten sie nun beide lachen, und Abraham sagte: „Nein, nein, mein guter Elieser, da mußt du dir was Besseres einfallen lassen. Unterwegs hast du ja Zeit, dir darüber den Kopf zu zerbrechen. Hauptsache, es muß ein Mädchen sein mit einem guten Herzen, gottesfürchtig und hilfsbereit zu jedermann, – so wie meine Frau Sara es war."

„Und schön, nehme ich an", ergänzte Elieser. Abraham seufzte. „Sara war sehr schön. Aber Schönheit hat ihre Zeit wie die Blüte einer Lilie auf dem Felde. Sie vergeht wie die Morgenröte. Ich will, daß Isaak eine Frau bekommt, die fleißig ist und einem großen Hauswesen vorstehen kann. Kräftig und vernünftig muß sie sein, auch sparsam, selbstverständlich."

„Alles gut und schön", meinte Elieser dazu, „aber gesetzt, ich finde ein Mädchen mit all diesen Eigenschaften, doch es wäre nicht bereit, mir hierher in ein fremdes Land zu folgen, Familie und Freundinnen zu verlassen. Was dann?" Als Abraham stumm blieb, gab Elieser sich selbst die Antwort: „Dann wird deinem Sohn nichts anderes übrig bleiben, als eine Kanaaniterin zu heiraten." „Nie und nimmer!" Abraham packte Elieser heftig am Arm. „Schwöre, Elieser, daß du das verhindern wirst, wenn ich bei deiner Rückkehr nicht mehr unter den Lebenden weile. Schwöre es mir bei meinem Gott, dem Herrn des Himmels und der Erde!"

Elieser starrte seinen Herrn an, ganz verwirrt und ratlos. Abraham fuhr fort: „Ich weiß, daß es mein Gott war, der mich hierher geführt hat, und ich vertraue darauf, daß er meinen Plan segnen wird. Er wird dir beistehen, Elieser, glaube mir." Da leistete Elieser den Schwur. Es war ein feierlicher Augenblick. Danach blieben sie still beieinander und lauschten auf das Säuseln des Windes in den Blättern über ihren Köpfen, das Blöken von Lämmern und den Singsang der Mägde, die ihr Tagewerk getan hatten. „Wie soll ich reisen, Herr?" unterbrach Elieser die Stimmung. „Mit Maultieren?"

„Nein, das würde zu lange dauern, einen ganzen Monat mindestens allein für den Hinweg. Deshalb wirst du die Kamele nehmen, mit ihnen schaffst du die Strecke in der Hälfte der Zeit. Außerdem werden sie in Haran großen Eindruck machen. Zur Sicherheit sollen ein paar Knechte dich begleiten. Auf der Karawanenstraße treiben sich Wegelagerer herum, so hört man. Also Vorsicht vor einem Überfall, denn du wirst kostbare Brautgeschenke mitnehmen, goldenen Schmuck, den Sara getragen hat."

„Und wann soll ich aufbrechen, Herr?"

„So bald wie möglich", antwortete Abraham.

„Ich bin bereit, Herr", sagte Elieser. Bei diesen Worten stand er auf und sagte Gute Nacht. Abraham sah ihm nach, bis sein treuer Großknecht wie ein Schatten von der Dunkelheit verschluckt war. Er war zufrieden, er wußte, daß er die Sorge um die Zukunft seines Sohnes in die richtigen Hände gelegt hatte. Ehrfürchtig und dankbar blickte er zum Firmament empor, an dem nun unzählbare Sterne herniederfunkelten. So zahllos werden meine Nachkommen sein, dachte er, wenn der Herr sein Wort hält. Und sein Wort ist wahr. Mühsam erhob er sich und verschwand hinter dem Teppich, der den Eingang zu seinem Zelt versperrte.

Schon am folgenden Morgen traf Elieser die Vorbereitungen zur großen Reise. Da galt es vor allem, für Proviant zu sorgen. Bis zum Abend hörte man das scharrende monotone Geräusch der handlichen Mühlsteine, mit denen die Mägde, auf den Knien vor den steinernen Mulden hockend, Gerstenkörner zu Mehl zerrieben; andere waren damit beschäftigt, ungesäuertes Brot zu backen: auf glühendheiße Steine legten sie runde Fladen aus Mehl und Wasser. Waren sie gar, wurden sie auf Stecken gereiht. Wieder andere Mägde hatten genug damit zu tun, aus den Bälgen von Ziegen neue Schläuche für Wasser und Dickmilch zu nähen, aus getrockneten Feigen Kuchen zu kneten und in flache tönerne Flaschen Olivenöl zu füllen, in das man das Brot tunkte. Auch geröstetes Korn mußte in Lederbeuteln verwahrt werden, dazu an der Luft getrocknetes Ziegenfleisch. Zwiebeln und Knoblauch, dicke Bohnen und Linsen durften eben-

sowenig vergessen werden, damit die Männer unterwegs in Karawansereien ihre Mahlzeiten selbst bereiten konnten.

Abraham selbst war nicht faul. Hinter seinem Zelt, am Fuß einer Eiche, grub er zwei Krüge aus. Einer davon enthielt Silberlinge, kleine unförmige Stücke, wie sie im Handel üblich waren. Elieser würde sie nötig haben für unvermeidliche Ausgaben. Der zweite Krug, den Abraham zwischen Wurzeln ans Licht holte, enthielt Saras Schmuck. Sorgfältig wählte Abraham aus, was seine zukünftige Schwiegertochter als Brautgeschenk erhalten sollte. Da blinkten Halsreifen, Armbänder und Nasenringe, alles aus Gold geschmiedet. Selbstverständlich erwartete auch die Verwandtschaft beachtliche Mitbringsel von ihrem reichen Onkel Abraham aus Kanaan. Da durfte er sich nicht lumpen lassen! Ein paar kleine Töpfchen mit duftendem, fest gewordenen Öl des Balsamstrauches waren als Schönheitsmittel im Zweistromland gewiß sehr begehrt und würden seine Nichten entzükken. Und die Männer? Nun, ein Stückchen Gold würden sie gewiß nicht verachten. Auch davon besaß Abraham einen gewichtigen Vorrat in einer dritten Kruke, die er unter einem Haufen Schaffelle, seinem Nachtlager, hütete.

Als am anderen Morgen die Sonne aufging, war die Karawane reisefertig. Die Männer, die Elieser aus der Schar der Knechte ausgewählt hatte, die zuverlässigsten, prüften noch einmal die Verschnürungen der Lasten auf dem Rücken der Kamele und ließen die Tiere auf Vorrat saufen.

„Alles ist bereit, Herr", meldete Elieser. Er kniete vor Abraham nieder, den Abschiedssegen erwartend. Abraham legte ihm beide Hände aufs Haupt und sprach: „Der Herr, unser Gott, gebe dir das Geleit, er behüte dich auf deinem Weg und lasse alles gelingen zu seiner Ehre." Dann umarmte er Elieser, küßte ihn auf beide Wangen und entließ ihn. Elieser stieg in den Sattel, schnalzte laut und stieß einen Ruf aus, den sein Kamel als Befehl, sich zu erheben verstand. Langsam setzten sich die hochbeinigen Tiere in Bewegung, erhabenen Schrittes, eines in des vorangehenden Spur. Jeder Kamelreiter führte ein Lastkamel an einem langen Strick, damit es sich unterwegs nicht aus dem Staub machen konnte. Abraham und Isaak blickten der Karawane nach.

„Ich bin gespannt, was für ein weibliches Wesen Elieser mir aus Haran anbringen wird", sagte Isaak. „Wenn die Auserwählte schielt oder einen Buckel hat, soll er sie selbst behalten!" Abraham warf seinem Sohn einen tadelnden Blick zu. „Aber Isaak! Wie kannst du nur so reden!"

„Nichts für ungut, Vater", lachte Isaak. Fröhlich vor sich her pfeifend ging er davon, zu den neuen Gerstenfeldern. Viel Arbeit im Schweiße seines Angesichts wartete dort auf ihn.

Abraham blieb stehen, bis der Zug der Kamele hinter dem nächsten Hügel entschwunden war. Er sehnte die Stunde herbei, in der sie an derselben Stelle wieder in Sicht kommen würden.

Elieser hielt sich an die Karawanenstraße, die seit uralter Zeit die Länder am Nil mit denen am Euphrat und Tigris im Norden verband. Aus dem Reich der Pharaonen kamen Handelswaren, die aus dem fernen Afrika stammten und mit Nilschiffen auf die ägyptischen Märkte im Schatten der Pyramiden geschafft und dort auf Maultiere umgeladen wurden. Da gab es Gold und Elfenbein, Gewürze und edle Hölzer. Dazu kam feines ägyptisches Leinen, auch Kupfer und Edelsteine versprachen glänzende

Geschäfte, Sklaven holten sie aus Minen zutage. Gegen solche Güter tauschten die Ägypter alles, was zu ihrem Wohlstand paßte: Silber, das in Bergwerken des Taurusgebirges gefördert und von Silberschmieden in Damaskus kunstvoll zu allerlei Gerät verarbeitet wurde. Beliebt waren auch prächtige Vasen und bunte Krüge von der Insel Kreta. Dickbauchige Segler brachten sie übers Meer an die Küste Phöniziens in Häfen, die berühmt waren für die Ausfuhr von purpurfarbener Wolle. Aus ihr webte man kostbare Gewänder für Fürsten, Könige und schwerreiche Leute, die sich diesen Luxus leisten konnten, denn Purpur war teuer wie Gold und schwierig zu gewinnen, nämlich aus den Absonderungen der Purpurschnekken, die am Meeressaum in seichtem Wasser lebten. Unter dem Licht der Sonne färbte sich ihr weißer Körpersaft violett, und die Färber hatten erfunden, wie sie daraus den majestätischen Purpur bereiten konnten.

Elieser und seine Gefährten ritten Tag für Tag dahin, unter brennender Sonne und bei vollem Mond auch in der Kühle der Nacht. In der ersten Woche kamen sie durch fruchtbare Gegenden im Tal des Jordans, zwischen Weizen- und Gerstenfeldern, blühenden Obstgärten und Olivenhainen. Sie sahen in der Ferne die schneebedeckten Gipfel des Hermon, während ihnen der Schweiß von der Stirn tropfte. Hier und da erhoben sich aus der Ebene einzelne Hügel, auf ihrer Höhe lagen befestigte Siedlungen wie Adlerhorste, umgeben von Mauern aus unbehauenen Steinen, hinter denen sich niedrige Lehmhäuser duckten. Ihre Bewohner mußten immer darauf gefaßt sein, sich gegen räuberische Nomadenhorden zu verteidigen, die plötzlich, wie ein Windstoß, aus dem Osten, wo das Land an die Sandwüste grenzte, auftauchten, um Menschen zu morden, ihr Vieh zu entführen und Wohnstätten zu plündern. Gefahr drohte auch ständig von Nachbarstädten, in denen Kleinkönige herrschten. Es gelüstete ihnen stets danach, andere Orte zu erobern und sie zu unterjochen.

Bald wurde die Landschaft karger, der Weg führte durch graue, trostlose Steppe, von der Sonne verbrannt. Sie machten halt an den wenigen Brunnen, um die durstigen Kamele zu tränken und die Wasserschläuche aufzufüllen. An Orten, wo sich Karawanenstraßen kreuzten, übernachteten sie in Karawansereien. In den weiten Höfen drängten sich die Tiere, da schwirrten Sprachen vieler Völkerschaften durcheinander, Männer erzählten sich Geschichten und Abenteuer. Das war für alle eine willkommene Abwechslung. Elieser hatte es eilig. Der letzte, sehnliche Wunsch seines Herrn trieb ihn rastlos dem Ziel seiner Reise zu. Er wurde erst ruhiger, als er endlich den Euphrat erreicht hatte, dort, wo der Strom noch jung, schmal und seicht war. Bald fand die Karawane eine Furt, durch die sie mühelos das andere Ufer erreichte. Nun war es nicht mehr weit. Zwei Tage darauf, als die Sonne den Höhepunkt ihrer Tagesbahn bereits überschritten hatte, sah Elieser Haran vor sich liegen, die große Stadt. Sie gehörte zu den wichtigsten Handelsplätzen ihrer Zeit, wo sich Karawanenstraßen aus allen vier Winden trafen. Wer hier ankam, hatte einen langen Weg hinter sich.

Vor dem Stadttor gab es, wie gewöhnlich, einen öffentlichen Brunnen, aus dem Bewohner ihr Trinkwasser schöpften und ankommende Karawanen ihre Tiere tränken konnten. Elieser ließ seine Kamele niederknien unter Dattelpalmen, die bereits lange Schatten warfen. Zum Brunnen mußte man auf Stufen hinabsteigen. Eliesers Begleiter wollten sich sofort daranmachen, Wasser heraufzuschaffen in die Tröge der Viehtränke. Aber Elieser gebot ihnen Einhalt.

„Die Kamele werden sich noch ein Weilchen gedulden müssen", sagte er zu ihnen.

„Warum? Sie sind durstig. Sie riechen das Wasser und werden schon unruhig."

„Die Sonne steht schon tief im Westen", erwiderte Elieser, „bald wird es sich entscheiden."

„Was?" fragten seine Leute. „Du tust ja so geheimnisvoll."

„Ich werde es euch später erklären", antwortete Elieser. „Geht nur hinein in die Stadt und seht euch dort ein wenig um. Doch bleibt nicht zu lange."

„Was hast du vor, Elieser?" fragten sie. Aber Elieser schwieg. Da gingen sie davon in Richtung Stadttor.

Elieser hatte sich unterwegs überlegt, wie er es am besten anstellen könnte, die rechte Braut zu finden. Er wußte, worauf er vor allem achten mußte, wenn er eine prüfte, die ihm gefiel. War sie hilfsbereit und freundlich zu Fremden? Hatte sie ein Herz für Tiere? Ging sie vergnügt an ihre Arbeit? Aber wenn er sich bei der Auswahl täuschte und sich hinterher herausstellte, daß er die falsche erkoren hatte? Sein Herr Abraham vertraute auf die Hilfe seines Gottes. Also mußte Elieser jetzt den Gott Abrahams anrufen. Er ließ sich auf die Knie nieder, streckte seine Hände aus, als wolle er etwas empfangen, und betete:

„Du Gott meines Herrn Abraham, gib mir Glück zu meinem Vorhaben. Gleich werden Mädchen aus der Stadt an die Quelle kommen und Wasser schöpfen. Dann will ich eines von ihnen bitten: reiche mir deinen Krug, damit ich trinken kann. Wenn das Mädchen dann sagt: trinke nur, ich will auch deinen Kamelen zu trinken geben, dann weiß ich: sie ist es, die du für deinen Diener Isaak bestimmt hast. Dann werde ich erkennen, daß du den Wunsch meines Herrn erfüllt hast."

Nach diesen Worten setzte er sich auf den Rand der Tränke. Er wartete noch nicht lange, als er ein Mädchen kommen sah, es trug einen Krug auf der Schulter. Leichtfüßig näherte sie sich dem Brunnen. Als sie Elieser bemerkte, blieb sie für einen Augenblick überrascht stehen und blickte ihn fragend an. Elieser sah, daß sie sehr hübsch war, mit dunklem Haar und großen Augen, schlank wie eine Gazelle und gerade gewachsen wie der junge Stamm eines Granatapfelbaumes. „Sei gegrüßt, fremder Herr", sagte sie freundlich, ein wenig schüchtern. Sie stieg zur Quelle hinab, füllte ihren Krug, hob ihn auf die Schulter und wollte an Elieser vorüber den Heimweg antreten. Da vernahm sie seine Stimme: „Du! – Mädchen!" Sie blieb stehen. „Ja, Herr?"

„Gib mir doch einen Schluck Wasser aus deinem Krug!"

Sogleich ließ das Mädchen den Krug auf ihre Hand herunter und hielt ihn so, daß Elieser daraus trinken konnte. Als er sich sattgetrunken hatte, sagte sie: „Ich will noch mehr Wasser holen, damit auch deine Kamele trinken können."

Elieser beobachtete mit wachsendem Wohlgefallen, wie sie unermüdlich immer wieder zur Quelle des Brunnens hinabstieg, den Krug füllte und das Wasser in die Viehtränke schüttete. Gierig steckten die Kamele ihre Schnauzen in das frische Naß. Das Mädchen streichelte sie und redete ihnen munter zu. Inzwischen hatte Elieser einem Bündel einen goldenen Armreif entnommen und hielt ihn hinter seinem Rücken versteckt.

„Mädchen, komm her zu mir!" Das Mädchen hatte nun genug Wasser für die Tiere geschöpft und den Krug zum letzten Mal gefüllt, um ihn heimzutragen. „Kann ich dir noch mehr behilflich sein?" fragte sie.

„Reich mir deine rechte Hand." Das Mädchen hielt sie

ihm entgegen, neugierig und ahnungslos. Im nächsten Augenblick stieß sie einen Schrei des Entzückens aus, als Elieser ihr schnell den Reif über das Handgelenk streifte. „Soll der für mich sein, Herr?" fragte sie ungläubig.

„Behalte ihn als Geschenk", sagte Elieser, „du hast es verdient." „Noch nie habe ich etwas so Schönes gesehen." Sie ließ das Gold in der Abendsonne aufleuchten.

„Wie heißt du?" fragte Elieser gespannt. Seine Stimme zitterte vor Erwartung. „Und wer ist dein Vater?"

„Ich bin Rebekka, die Tochter des Betuel. Und Betuels Vater hieß Nahor."

„Betuels Tochter? Eine Enkelin des Nahor also?" Elieser konnte seine Erregung kaum verbergen.

„Ja", antwortete Rebekka „aber mein Vater ist gestorben. Sein ältester Sohn, mein Bruder Laban, ist Herr in unserem Haus." „Sag, hat er vielleicht Platz für mich und meine Begleiter? – Sie sind in die Stadt gegangen."

„Oh ja, Herr, wir haben ein großes Haus mit einem weiten Hof, wir geben oft durchreisenden Kaufleuten ein Obdach. Es gibt genug Stroh und auch Futter für die Tiere. Warte nur hier, ich laufe schnell nach Hause und sage meinem Bruder Bescheid. Schon war sie fort. In der Eile vergaß sie ihren Krug. Vor dem Stadttor traf sie auf eine Schar anderer Mädchen, die auf dem Weg zum Brunnen waren, die wunderten sich, daß Rebekka es so eilig hatte. Elieser hörte sie schwatzen und kichern und hinter Rebekka herrufen.

Elieser strahlte vor Glück. „Rebekka – eine Tochter Betuels!" sagte er zu sich selbst. „Dann sind ihr Großvater Nahor und mein Herr Abraham ja Brüder! Und Abraham ist Rebekkas Großonkel! Das ist ja wunderbar!" Dankbar fiel er abermals auf die Knie und betete still: „Dank sei dir, du Gott meines Herrn Abraham. Du hast seinen Wunsch erfüllt und mich geradewegs zu den Verwandten meines Herrn geführt!"

Atemlos kam Rebekka zuhause angerannt. Ihre Mutter schlug die Hände über dem Kopf zusammen. „Wo bleibst du mit dem frischen Wasser? Ich warte darauf. Hast du etwa den Krug zerbrochen?" „In meiner Aufregung hab ich ihn beim Brunnen stehen lassen." Sie hielt ihrer Mutter den goldenen Armreifen unter die Augen. „Sieh her, ein Fremder hat ihn mir geschenkt, er lagert mit seinen Kamelen vor dem Stadttor."

„So mir nichts, dir nichts verschenkt doch niemand ein wertvolles Stück aus Gold! Die Sache kommt mir sehr verdächtig vor!" Der das sagte, war Rebekkas Bruder, der unbemerkt hinzugetreten war. Mißtrauisch betrachtete er den Schmuck. „Was wollte der Mann von dir?" fragte er streng.

„Er ist sehr müde von der Reise. Er bat mich, ihn aus meinem Krug trinken zu lassen. Das tat ich, und dann hab ich auch seine Kamele getränkt. Der Fremde ist nicht mehr jung, weißt du, und seine Begleiter waren in die Stadt gegangen. Zum Dank schenkte er mir den Armreif."

„Und mehr weißt du nicht von ihm? Woher er kommt und wohin er will?" Rebekka schüttelte den Kopf. „Nein, aber er fragte mich nach meinem Namen und wer mein Vater sei."

„Was geht diesen Fremden deine Herkunft an?" rief die Mutter. „Und dann wollte er noch wissen, ob wir Platz hätten für ihn und seine Leute und seine Kamele. – Ja, Kamele! Denkt nur! Ja, hab ich gesagt. Was das nicht recht, Laban?"

„Doch, doch, Schwester", lobte Laban, „das hast du gut gemacht." „Wer weiß, wer uns da ins Haus kommt", gab die Mutter zu bedenken, „er soll sich um ein anderes

Nachtquartier bemühen." Laban lachte sie aus. „Ein reicher Kaufmann auf der Durchreise! Freigebig über alle Maßen! Sollen wir zusehen, wie er unter einem anderen Dach einkehrt und gut dafür zahlt?" Seine Mutter sah ein, daß dies ein Grund war, ihre Bedenken zu beschwichtigen.

„Ich hole ihn her", sagte Laban, „räumt ihr inzwischen das Haus auf. Breitet frisches Stroh im Hof aus und richtet eine Schlafstatt her für die Fremden. Sorgt auch für gutes Essen!" Und schon war er draußen auf der Straße.

„Und wer bringt mir Wasser?" Sie schickte ihre Mägde hinter Laban her. Sie benötigte einen Vorrat, denn die Fremden mußten sich ja die Füße waschen können.

Als die Nacht hereinbrach, war alles geregelt. Die Kamele waren versorgt und gefüttert. Eliesers Knechte hatten sich neben den Tieren auf Stroh gebettet. Elieser aber saß mit Laban, Rebekka und der Mutter beim Licht der Öllampe zu Tisch.

„Laß es dir schmecken, Herr", forderte die Mutter den Gast auf, „du wirst hungrig sein."

„Ich danke euch", erwiderte Elieser, „doch rühre ich keine Speise an, bis ich mein Anliegen vorgetragen habe." „Erstaunte, fragende Blicke aus sechs Augen trafen ihn. „Ich komme nämlich nach Haran in einer wichtigen Sache. Es ist kein Zufall, daß wir uns begegnet sind, Rebekka."

„Rede, Herr", forderte Laban ihn auf, „wir haben keine Ahnung." „Ich bin Elieser, der Großknecht Abrahams, eures Verwandten, der vor vielen vielen Jahren von hier nach Kanaan ausgewandert ist. Erinnert ihr euch noch an ihn?"

Der Mutter blieb vor Überraschung der Mund offen. Es dauerte ein paar Atemzüge, bis sie ihre Sprache wiederfand.

„Abraham?" rief sie verblüfft, „der Bruder meines Schwiegervaters Nahor? Der lebt noch? Ist denn das die Möglichkeit! Er muß ja uralt sein inzwischen, der Abraham. So lange haben wir nichts mehr von ihm gehört. Erzähle, Elieser! Wie ist es ihm ergangen, da unten im Süden, im Lande Kanaan?"

Elieser hatte viel zu berichten, von den schweren Jahren, in denen Abraham mit Fleiß und Ausdauer nach und nach zu Wohlstand und Ansehen gekommen war, – von Gefahren und Abenteuern und auch von Zeiten des Elends, als er mit seiner Frau in Ägypten Zuflucht suchen mußte, während in Kanaan schreckliche Hungersnot herrschte. Elieser wußte alles aus Abrahams Mund.

„Und was ist aus Lot geworden, seinem Neffen?" wollte Rebekkas Mutter wissen. „Lot ist doch mit Abraham gemeinsam ausgewandert, damals."

„Ach, das ist eine lange Geschichte", begann Elieser. Er räusperte sich, bevor er fortfuhr: „Zuerst sind die beiden zusammengeblieben und umhergezogen von Weideplatz zu Weideplatz. Aber da gabs bald Schwierigkeiten. Abrahams und Lots Viehhüter gerieten sich immer häufiger in die Haare wegen der besten Weideplätze und der Brunnen, deren Wasser oft nicht für alle Tiere reichte. Es gab Schlägereien, bis es dem Abraham eines Tages zu bunt wurde. Er schlug Lot vor, sich zu trennen, er überließ seinem Neffen, sich die Weidegebiete auszuwählen, auf denen er allein zu sagen hatte. So war Abraham, immer großzügig! Lot beanspruchte für sich natürlich die fruchtbarsten Gefilde im Jordantal, und Abraham gab sich mit dem Bergland zufrieden. So gerieten sie sich nicht mehr gegenseitig ins Gehege. Ein Jahr darauf kam es in der Gegend, wo Lot lebte, zu einem Krieg zwischen Stadtkönigen. Vier gegen fünf! Lot wollte sich heraushalten, aber es gelang ihm nicht. Er wurde von einem der feindlichen Könige verschleppt. Zum Glück für ihn hörte Abraham davon, der rief alle seine Knechte zusammen, setzte den Leuten, die Lot gefangen genommen hatten, nach und befreite ihn in einem Handstreich. Echt Abraham! Immer tapfer und hilfsbereit! Lot und seine Familie hatten daraufhin keine Lust mehr, sich selbst um die Herden auf dem Lande zu kümmern, also zog er mit Frau und Töchtern – er hatte zwei – in die Stadt Sodom, am Toten Meer. Aber das brachte ihm kein Glück, denn Sodom war eine Stadt, in der es – wie Abraham behauptete – keine zehn Gerechte gab, alles übrige war übles Gesindel, verkommen, gottlos und lasterhaft. Deshalb mußte Sodom untergehen, als Strafe des Himmels, davon ist Abraham überzeugt. Eines Tages fing die Erde an zu beben, vom Himmel fiel Feuer und Schwefel und begrub die ganze Stadt unter sich. Lot konnte sich im letzten Augenblick mit den Seinen retten, aber als seine Frau sich umblickte und sah, wie Sodom in Schutt und Asche versank, blieb ihr vor Schreck das Herz stehen. Lot floh in die Berge mit seinen Töchtern. Seitdem ist er verschollen. Jedenfalls hat Abraham nie wieder was von ihm gehört."

Die Geschichte machte auf seine Zuhörer tiefen Eindruck. Aber Rebekkas Mutter hatte darüber nicht vergessen, daß Elieser ein besonderes Anliegen hatte. Auch wollte sie noch mehr von Abraham wissen. „Hat er Kinder?" fragte sie. „Wieviele Söhne hat Sara ihm geboren?"

„Nur einen", antwortete Elieser. „Darüber war Abraham sehr unglücklich. Sara hat dann doch noch, als sie schon alle Hoffnung auf einen Erben aufgegeben hatten, einen Sohn zur Welt gebracht. Isaak heißt er. Er ist jetzt erwachsen. Seinetwegen bin ich nach Haran gekommen."

„In einer Erbschaftsangelegenheit, nehme ich an",

warf Laban ein. „Nein, nein" sagte Elieser schnell, Rebekka ansehend. „Eine Braut soll ich für Isaak werben. Abraham will ihm nämlich keine Tochter des Landes zur Frau geben, er wünscht sich eine Schwiegertochter aus seiner Verwandtschaft."

„Die Wahl wird nicht leicht sein", meinte die Mutter, „ich kenne mehrere unter meinen Nichten, die in Frage kämen ..."

„Der Gott Abrahams hat die Wahl getroffen", sagte Elieser. „Als ich zum Brunnen vor dem Stadttor kam, bat ich ihn um ein Zeichen. Ich habe zu ihm gerufen: das erste Mädchen, das zum Brunnen kommt, will ich bitten: laß mich aus deinem Krug trinken. Wenn es dann antwortet: trink, und auch deine Kamele will ich tränken, dann weiß ich: die ist es, Gott Abrahams, die du für Isaak bestimmt hast." Elieser schwieg, er sah, wie Rebekka sich in freudigem Schrecken ans Herz faßte. Auch ihre Mutter hatte begriffen.

„Rebekka! – Du?" rief sie mit bebender Stimme.

„Ja, sie ist die Erwählte", bestätigte Elieser. Und zu Laban gewandt, fügte er hinzu: „Du als ältester Bruder hast das Recht und die Pflicht, im Namen eures verstorbenen Vaters Betuel zu entscheiden. Ich frage dich also: bist du bereit, den Herzenswunsch Abrahams zu erfüllen und an ihm in verwandtschaftlicher Treue zu handeln? Wenn nicht, muß ich anderswo suchen." Laban erwiderte darauf: „Wie dürfte ich meine Schwester dem einzigen Sohn Abrahams verweigern? Gott hat ja entschieden. So nimm denn Rebekka und führe sie nach Kanaan."

„Nein!" rief die Mutter, sie hob erschrocken die Hände über den Kopf. „Die weite Reise! Sie ist für Rebekka viel zu beschwerlich. Überall lauern Gefahren!"

„Ich fürchte mich nicht, Mutter", erwiderte Rebekka. „Gott wird mit mir sein." Da mußte ihre Mutter nachgeben. Elieser fiel ein Stein vom Herzen. In bester Laune öffnete er das Bündel, aus dem er Geschenke hervorzauberte und sie verteilte. Laban brachte Wein herbei. Nachbarn kamen und feierten das Ereignis. Rebekkas Freundinnen stellten sich ein und beneideten sie um ihr Glück. Nun, da er die Braut gefunden hatte, wollte Elieser keine Zeit verlieren. Er drängte auf die Abreise schon für den nächsten Morgen. Er dachte an Abraham, an den Tod, der bereits auf der Schwelle seines Zeltes stand. Jeder verlorene Tag, jede vertrödelte Stunde konnte ihn um die Freude bringen, auf die er hoffte. Viel vorzubereiten gab es ja nicht. Rebekka hatte ihre Kleider schnell zusammengepackt, dazu ein paar andere Habseligkeiten. Auch Reiseproviant zu beschaffen machte keine Schwierigkeiten in einer Stadt, wo Karawanen kamen und gingen.

So nahm Rebekka Abschied von ihrer Familie und von ihrer Vaterstadt. Laban und die Mutter begleiteten sie zum Tor hinaus. Am Brunnen ließ Elieser die Kamele noch einmal saufen. Dann half er Rebekka in den Sattel, nachdem sie Bruder und Mutter zum allerletzten Mal umarmt und geküßt hatte. Ihre Mutter winkte ihr weinend nach.

„Wir werden sie nie wiedersehen“, schluchzte sie. Laban versuchte, sie zu trösten. Er beschrieb ihr das Glück, das Rebekka in Kanaan erwartete, aber die Mutter jammerte um so bitterlicher. Als sie endlich ihre Augen getrocknet hatte, war die Karawane am Horizont verschwunden, hinter dem weit, weit im Süden das Land Kanaan lag.

Dort wartete Abraham. Er spürte, wie seine letzten Kräfte sich von Tag zu Tag verzehrten, wie sie dahinschwanden wie Schnee auf den Bergspitzen unter der Frühlingssonne.

„Ist noch nichts zu sehen?" fragte er Isaak morgens, mittags und abends. Auf seine eigenen Augen konnte er sich nicht mehr verlassen.

„Noch immer nichts", mußte Isaak jedesmal antworten. „Wer weiß, was Elieser unterwegs aufgehalten hat."

„Wenn sie nur nicht unter die Räuber gefallen sind", fürchtete Abraham.

Eines Tages, um die Abendzeit, als Abraham auf seinem Fellbett den Schlaf herbeisehnte, stürzte Isaak in seines Vaters Zelt, er war gerade von der Feldarbeit heimgekommen. „Sie sind da, Vater!" rief er. „Eine Karawane nähert sich, sie wird bald hier sein. Es sind unsere Kamele. Ich habe Elieser erkannt. Und auf dem Kamel neben ihm sitzt – meine Braut!" Isaak war vor Aufregung ganz aus dem Häuschen. Er half seinem Vater auf die Beine und führte ihn vor das Zelt. „Warte hier, ich gehe ihr entgegen." Die Karawane kam näher und näher. Isaaks Herz klopfte zum Zerspringen, die Spannung schnürte ihm den Hals zu. Er beobachtete, wie Elieser die Kamele niederknien ließ und er dem Mädchen aus dem Sattel half. Es blickte sich neugierig um, da sah sie Isaak unter den Eichen stehen, wie angewurzelt. Isaak wagte ein paar Schritte ihr entgegen. Und da standen sie sich nun gegenüber, blickten sich in die Augen, stumm, fragend. Das Mädchen fand als erste ein Wort: „Ich bin Rebekka", sagte sie und lächelte, „deine Braut nach dem Willen Gottes." In diesem Augenblick wußte Isaak, daß er sie von Herzen liebhaben werde. Er streckte ihr beide Hände entgegen. „Willkommen, Rebekka", sagte er. Er war zu bewegt und auch zu verwirrt, um ihr noch mehr zu sagen, irgendein herzliches Wort, das sie beglücken würde, aber es kam nicht über die Lippen.

„Isaak!" hörte er seinen Vater rufen, ungeduldig. Das brachte ihn zur Besinnung. Er nahm Rebekka bei der

Hand. „Laß dich zuerst zu meinem Vater führen, auf daß er dich segne. Danach geleite ich dich in das Zelt meiner Mutter Sara, es steht leer seit ihrem Tod. Von heute an sollst du darin die Herrin sein – als meine Frau."

Rebekka kniete vor Abraham nieder. Der Greis legte ihr die Hände auf den Kopf und sprach mit brüchiger Stimme „Dank sei dem Herrn, meinem Gott, der dich hierhergeführt hat. In seinem Namen segne ich dich, Rebekka." Elieser, der Großknecht, stand dabei, er lachte über das ganze Gesicht.

„Bist du mit mir zufrieden, mein Herr Abraham?"

„Ja, mein treuer Elieser", antwortete Abraham. „Jetzt kann ich ruhig sterben."

Zweites Kapitel

Der gestohlene Segen

Mit Isaak und Rebekka war es so wie mit Isaaks Eltern Abraham und Sara. Obwohl sie sich so sehr nach Kindern sehnten und darum beteten, mußten sie lange warten, bis sich endlich neues Leben in Rebekkas Schoß rührte. Als die Stunde der Entbindung kam, waren es Zwillinge, zwei Jungen. Die Magd, die ihr half, die beiden Geschöpfe ans Licht der Welt zu bringen, konnte ihrer Herrin hinterher, als sie die Neugeborenen gewaschen und in Windeln gewickelt hatte, etwas Merkwürdiges berichten: „Denk dir, – als der zweite kam, hielt er die Ferse des ersten fest, als wollte er ihn zurückhalten und selbst als erster hinaus. Ist das nicht komisch?"

Rebekka sagte nichts dazu, aber in diesem Augenblick fiel ihr etwas Seltsames ein: in einer Nacht, als sie zum erstenmal spürte, wie es wild in ihrem Leib strampelte, war ihr, als spreche Gottes Stimme zu ihr: zwei Völker trägst du jetzt in dir, das eine wird das andere unterwerfen. Der zuerst Geborene wird dem zweiten dienen.

Wie verschieden die beiden aussahen! Der erste, den sie Esau nannten, war am ganzen Körper mit rötlichem Flaum bedeckt. Der Bruder, mit glatter Haut, erhielt den Namen Jakob.

Die beiden Knaben wuchsen heran. Sie lernten laufen, spielten miteinander und tollten zwischen den Zelten herum, sich ihres Lebens freuend wie zwei junge Zicklein in den Herden ihres Vaters. Erst als sie größer wurden und ihnen der Bart sproß, zeigte sich, daß jeder seinen eigenen Weg gehen würde.

Vater Isaak mochte Esau am liebsten, nicht weil er der Erstgeborene war, er hatte ja nur ein paar Augenblicke eher den ersten Schrei getan als Jakob. Esau war nicht sehr tugendhaft, das mußte Isaak zugeben, er zeigte sich oft ungestüm und unbeherrscht, er geriet schnell in Wut. Isaaks Knechte und Mägde hatten nicht viel übrig für Esau, er sah ja auch nicht sehr vertrauenerweckend aus mit seinem dichtbehaarten Körper, wie mit einem Fell bedeckt. Um Ackerbau und Viehzucht kümmerte er sich weniger, als eigentlich seine Pflicht war. Lieber trieb er sich in Feld und Wald herum, schlief wie ein wildes Tier unter freiem Himmel auf der nackten Erde und ging auf die Jagd mit Pfeil und Bogen, Wurfspieß und Schleuder. Darin war er Meister. Wenn er Beute heimbrachte, bereitete er seinem Vater ein Wildbret, darauf verstand er sich wie kein anderer, und er wußte genau, wie seinem Vater der Braten am leckersten mundete. Das machte ihn bei Isaak besonders beliebt.

Jakob war da ganz anders, deshalb lag er Rebekka mehr am Herzen. Ein guter Junge, den alle schätzten. Er sorgte sich um die Herden, leitete die Bestellung der Felder, überwachte das Gesinde, flickte Zelte, hielt die Brunnen sauber und reparierte Viehtränken, kurzum: er machte sich überall nützlich. Isaak hätte sich keinen tüchtigeren Verwalter seines Besitzes denken können. Jakob dachte nicht nur an den nächsten Tag wie sein Bruder, sondern an die Zukunft. Rebekka bedauerte, daß nicht Jakob der Erstgeborene war. Hätte er doch Esau an der Ferse zurückgehalten und sich den Vortritt verschafft! Aber nun besaß Esau das Recht der Erstgeburt, daran war nichts zu ändern. Nach Isaaks Tod würde er doppelt so viel erben wie Jakob. So verlangte es nun einmal das ungeschriebene Gesetz der Steppe.

Eines Tages, gegen Abend, war Jakob nach getaner Arbeit damit beschäftigt, sich sein Essen zu kochen. Über der Feuerstelle bei seinem Zelt hing ein Topf, in dem ein Mus aus roten Linsen brodelte. Jakob rührte eifrig, damit es nicht anbrenne. Plötzlich hörte er hinter sich eine Stimme:

„Ah, da komme ich ja im rechten Augenblick, Jakob. Ich bin todmüde und hungrig wie ein Löwe." Es war Esau, der von der Jagd kam. Er lehnte den Wurfspieß gegen einen Baum und warf Bogen und Köcher wütend zu Boden.

„Hast du nichts erlegt?" fragte Jakob, ohne das Linsengericht aus den Augen zu lassen.

„Ach, verflucht!" antwortete Esau, „heut hat mich das Unglück verfolgt. Um ein Haar nur verfehlte ich einen Rehbock, als er im ersten Morgenlicht aus dem Dickicht trat. Damit nicht genug: auch alle Schlingen, die ich ausgelegt hatte, sind leer geblieben. Und nicht eine einzige Wachtel ist mir ins Netz gegangen. Es war zum Verzweifeln. Vater wird enttäuscht sein, daß er heute auf seinen Braten verzichten muß. Jetzt bin ich ganz erschöpft und mein Magen knurrt wie ein gereizter Hund." Neugierig spähte er über Jakobs Schulter in den Topf. „Was kochst du dir da? Linsen?" Er rümpfte die Nase. „Nicht gerade mein Leibgericht. Trotzdem, mir läuft das Wasser im Mund zusammen, solchen Appetit hab ich. Also, gib mir davon, ich komme sonst um vor Hunger."

„Das reicht gerade für mich", erwiderte Jakob.

„Dann teilen wir brüderlich", schlug Esau vor. Jakob schüttelte den Kopf. „Kommt nicht in Frage!"

„Du kannst dafür fordern, was du willst, Jakob", drängte Esau, „nur laß mich nicht länger zappeln. Das

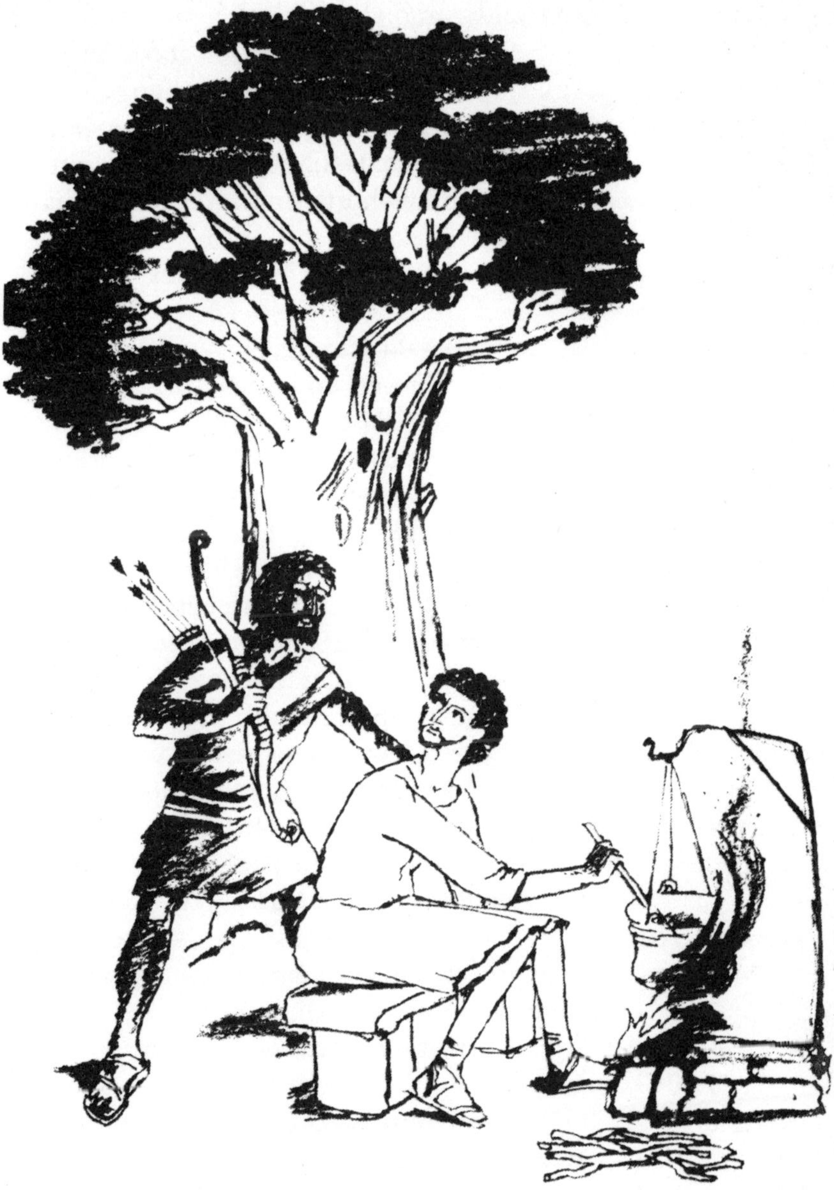

Zeug ist doch schon gar!" Esau trat von einem Bein auf das andere, ungeduldig und gierig.

„Alles, was ich fordere, hast du gesagt?" fragte Jakob ungerührt, „ist das dein Ernst?"

„Ja, verflucht", schrie Esau. „Ich sterbe vor Hunger!"

„Auch das Recht der Erstgeburt?" Jakob blinzelte Esau von der Seite an. Esau glaubte, nicht recht gehört zu haben.

„Mein Erstgeburtsrecht für ein Linsengericht? Spinnst du, Bruder?"

„Du hast das Recht, darauf zu verzichten – zu meinen Gunsten", sagte Jakob.

„Du bist wohl verrückt, Jakob! Was würde Vater dazu sagen?"

„Geh und frag ihn doch", lachte Jakob seinem Bruder ins Gesicht, „solange warte ich mit den Linsen." Esau wandte ihm den Rücken zu und wollte wütend davongehen. Nach wenigen Schritten hielt er an, überlegte ein paar schnaufende Atemzüge lang und kam zurück. „Also gut, Jakob, meinetwegen", knurrte er, „ich bin einverstanden, „was interessiert mich mein Erstgeburtsrecht? Was soll ich später mit meinem doppelten Erbteil anfangen? Ich bin nun mal nicht zum Bauern und Hirten geboren wie du, Jakob. Ich will frei und ungebunden bleiben. Sterben muß auch ich, was nützt mir dann das Recht des Älteren! Mit einem Drittel von Vaters Erbe hab ich mehr als genug."

Während Esau so redete, hatte Jakob den Topf vom Feuer genommen.

„Wie das duftet!" grinste er Esau herausfordernd an. „Also – abgemacht?"

„Abgemacht", bestätigte Esau. „Her mit den Linsen!"

„Zuerst – schwöre!"

„Bei meinem Leben: ich verzichte auf mein Recht der

Erstgeburt! So, und nun laß mich endlich essen und mir den Bauch vollschlagen!" Esau riß dem Bruder den Topf aus der Hand, ließ sich auf einer Bank unter den Eichen nieder und machte sich gierig über das Linsenmus her, mit beiden Händen zugleich stopfte er es sich in den Mund.

„Laß es dir schmecken", rief Jakob ihm zu, „ich bringe dir auch noch Brot dazu und einen Krug Wasser!"

Rebekka war glücklich, als sie von dem Handel erfuhr. Sie hielt ihn für gerecht und vernünftig. „Esau hätte wahrscheinlich doch alles verschleudert", meinte sie zu Isaak. Der war ganz und garnicht damit einverstanden, doch auch als Vater konnte er die Sache nicht mehr rückgängig machen. Aber er hatte allen Grund, Jakob für die Erpressung zu tadeln. Das machte Rebekka unruhig. Sie sah, wie Isaak hinfällig wurde und das Alter ihn plagte. Sein Augenlicht nahm ab, er war fast blind und mußte ein Kleintier betasten, um zu wissen, ob er ein Lamm oder ein Zicklein vor sich hatte. Auch sein Gehör ließ ihn allmählich im Stich. Das Muhen der Kühe, das Geblöke der Schafe und das Gemecker der Ziegen, früher einmal Musik in seinen Ohren als hörbares Zeichen seines Reichtums, es drang nur noch gedämpft in sein Bewußtsein. Allein sein Appetit hatte nicht nachgelassen, und solange Esau fast täglich mit einem Stück Wild von der Jagd heimkam und es seinem Vater zubereitete, mit Kräutern gewürzt und knusprig über dem Holzfeuer gebraten, war Isaak mit seinem Los zufrieden, auch wenn er ahnte, daß er schon mit einem Bein im Grab stand und es nicht mehr lange dauern würde, bis auch seine Knochen neben den Resten seiner Eltern Abraham und Sara unter der Erde in der Höhle von Mamre ruhen würden.

Und so kam, was Rebekka schon seit langem befürchtet hatte. „Schicke Esau zu mir", sagte Isaak eines Morgens, als Rebekka zu ihm ins Zelt trat, in dem er krank und schwach daniederlag. „Die Stunde ist gekommen, daß ich tun muß, was meine heilige Vaterpflicht ist."

„Was hast du vor, Isaak?" fragte Rebekka. Plötzlich fühlte sie wieder die Unruhe aus ihrem Herzen aufsteigen.

„Das geht nur Esau und mich an", erwiderte Isaak, „und den Herrn, unsern Gott." Da wußte Rebekka, daß ihre Ahnung sie nicht getrogen hatte.

Esau war noch nicht zu seinem täglichen Streifzug in die Wildnis aufgebrochen, er war damit beschäftigt, für seinen Bogen neue Sehnen aus Schafdärmen zu drehen. „Ich habe keine Zeit, Mutter", brummelte er, als Rebekka ihm den Befehl seines Vaters überbrachte.

„Sei ein gehorsamer Sohn", mahnte Rebekka. Mürrisch machte sich Esau auf den kurzen Weg zum Zelt seines Vaters. Kaum war er hinter dem Teppich verschwunden, der den Zugang verschloß, als Rebekka ihm hurtig folgte und sich niederhockte, wo hinter der Zeltwand Isaak auf den Bettfellen lag. So konnte sie gut verstehen, was im Innern gesprochen wurde.

„Wer kommt da?" hörte sie Isaak fragen. „Bist du es, mein Sohn Esau?"

„Ja, ich bin es, Vater."

„Komm näher, setze dich zu mir, ganz nahe." Eine Weile blieb es still. Dann vernahm Rebekka wieder die heisere Stimme ihres Mannes: „Du siehst, mein lieber Sohn, wie alt und gebrechlich ich geworden bin. Das Licht der Sonne ist für mich erloschen, und das Gefunkel der Sterne erfreut mein Auge nicht mehr. Schwarze Nacht hält mich umfangen. Ich bin am Ende des Weges angelangt, den mich Gott der Herr hat wandern lassen.

Darum ist es jetzt an der Zeit, daß ich dir, meinem Erstgeborenen, den großen Segen der Verheißung gebe." Isaaks Stimme war zu einem Flüstern geworden, er rang nach Atem, doch der lauschenden Rebekka war keine Silbe entgangen. Ein gewaltiger Schreck fuhr ihr in die Glieder und schnürte ihr die Kehle zu. Isaak wollte Esau den großen Gottessegen geben und nicht dem Bruder! Jakob war doch der würdigere von beiden! Hatte Gott selbst ihr nicht schon vor der Geburt der Zwillinge zu verstehen gegeben: der Ältere wird dem Jüngeren dienen? Seit langem hatte Rebekka auf das Zeichen gewartet, mit dem Gott zu erkennen gebe, daß Jakob der von ihm Erwählte sei. Hatte Gott seine Zusage vergessen? Dann mußte sie selbst etwas unternehmen, um seinen Willen zu erfüllen.

Esau hatte zwar für ein Linsengericht auf seine Rechte aus seiner Erstgeburt verzichtet, dabei ging es nur um einen Teil seines Erbes. Den großen Gottessegen aber hatte er damit nicht verspielt, denn darüber konnte nur sein Vater verfügen – im Namen Gottes, des Herrn der Schöpfung, dem Quell aller Fruchtbarkeit der Menschen, des Viehs und der Felder. Ein Vater holte diesen Segen auf seinen erstgeborenen Sohn herab, indem er ihm die Hände aufs Haupt legte – zum Zeichen, daß er von nunan Gott gehörte, unwiderruflich, und von ihm gesegnet und vor seinen Brüdern bevorzugt war.

Dies alles war Rebekka wohlbekannt. Sie entschloß sich, zu handeln, unverzüglich, denn es ging um die Zukunft Jakobs und das Heil seiner Nachkommen. Aber wie konnte sie Isaaks Absicht im letzten Augenblick vereiteln? Sie war ratlos. Da hörte sie wieder Isaak sprechen: „Doch möchte ich mich vorher ein wenig stärken. Darum geh aufs Feld oder in den Wald, erjage mir ein

Wildbret und bereite mir einen Schmaus, wie ich ihn gerne mag."

„Es soll der beste Braten werden, den du je gerochen und gegessen hast, Vater!" rief Esau prahlerisch. „Eine zarte Rehkeule wäre das richtige. Aber es wird nicht leicht sein, ein Ziel für meine Pfeile zu finden. Du mußt dich ein Weilchen gedulden!"

Ehe Esau das Zelt verließ, hatte Rebekka sich dahinter versteckt. Sie wartete, bis Esau außer Sicht war, dann rief sie nach ihrer Magd: „Wo ist mein Sohn Jakob?" fragte sie aufgeregt.

„Er ist bei der Tränke unten im Tal. Ich sah ihn vorhin mit einer Axt weggehen."

„Hol ihn zurück. Sag ihm, er soll eilen, ich erwarte ihn in meinem Zelt." Die Magd rannte davon. Rebekka blickte ihr nach. „Mein Plan ist gut", sagte sie laut zu sich selbst, um sich Mut zu machen." Ich muß alles wagen – Jakob zuliebe."

Jakob wunderte sich, als er seine Mutter zitternd vor Erregung antraf. Atemlos erzählte sie ihm, was sie gehört hatte. „Jetzt müssen wir handeln, bevor es zu spät ist", sagte sie. „Hör mir genau zu und tu, was ich will."

„Was hast du im Sinn?"

„Ist auch niemand da, der uns belauschen kann?" Sie ging zum Zeltausgang und spähte draußen nach allen Seiten. Niemand war in der Nähe. Da gab sie Jakob die Anweisung: „Geh zur Herde und hole mir zwei Ziegenböckchen, damit ich sie deinem Vater zubereite. Du wirst ihm den Braten hineintragen und so tun, als seist du Esau. Wenn Isaak satt ist, wird er dir den großen Segen geben. So kommen wir Esau zuvor. Wenn er Glück bei der Jagd hat, kann er schon bald zurück sein, deshalb dürfen wir keine Zeit verlieren." Jakob schien von dem Plan wenig begeistert zu sein.

„Mein Vater wird mich gewiß erkennen", sagte er widerstrebend.

„Er ist doch völlig blind", beruhigte ihn seine Mutter.

„Meine Stimme wird mich verraten."

„Verstell sie, das wird ihn täuschen, außerdem ist er ja halbtaub. Geh mit Worten sparsam um und rede auf Esaus Art."

„Esau ist behaart, ich aber habe eine glatte Haut", gab Jakob ihr zu bedenken. „Wenn mein Vater Verdacht schöpft und mich betastet, dann steh ich als Betrüger da und obendrein als einer, der Spott mit ihm treibt. Dann wird er mich nicht segnen, sondern verfluchen."

„Ich habe alles vorbedacht", beschwichtigte Rebekka Jakobs Einwände, „ich werde dir ein Stück Ziegenfell um Hals und Hände wickeln, als seien sie dir angewachsen. Berührt er dich, wird er glauben, du bist Esau. Zieh dir auch von Esaus Kleidern an, in seinem Zelt hängt am Pfosten sein Wams aus Schaffell, das er trägt, wenn er sich nachts draußen herumtreibt. Dann riechst du auch wie Esau." Ja, Rebekka hatte nichts vergessen, was ihr einen Strich durch die Rechnung machen könnte. Trotzdem, Jakob zögerte, in den listigen Plan einzuwilligen, ihm war nicht wohl zumute.

„Was wir tun, ist Unrecht, Mutter", sagte er.

„Wenn es Unrecht ist, mein liebster Sohn, so geschieht es zu deinem Heil. Und Gottes Zorn komme über mich, wenn es gegen seinen Willen geschieht."

Da gab Jakob den Widerstand auf und tat, was seine Mutter von ihm verlangte. Rebekka rief nach ihrer Küchenmagd. „Leg Holz in den Herd und hole frisches Wasser. Pflücke auch Gewürzkräuter. Ich will meinem Mann einen Ziegenbraten zubereiten. Haben wir noch Sauerteig?"

„Er reicht noch für morgen", bejahte die Magd.

„Gut. Dann heize auch den Backofen, damit wir frisches Brot haben. Auch einen Krug Wein bring her. Es soll für meinen Herrn Isaak ein Festmahl werden."

Während Rebekka eigenhändig das Fleisch am Spieß briet, blickte sie immerfort mit klopfendem Herzen zum nahen Waldrand hinüber, aus dem jeden Augenblick Esau auftauchen konnte. Dann wäre alles verloren. Aber Esau kam nicht.

Endlich war der Braten gar und so gewürzt, daß Isaak den Unterschied zu Reh oder Gazelle nicht schmecken würde. Auch aus dem Backofen stieg der Duft von warmem Gerstenbrot in die Morgenluft. Im Krug war Wein, den Rebekka mit wildem Honig versüßt hatte, so wie Isaak ihn am liebsten schlürfte. In Esaus Feldrock stand Jakob, bereit, die Rolle des Bruders zu spielen. Rebekka begleitete ihn zu Isaaks Zelt, ihm noch ein letztes Mal einschärfend, wie er sich zu verhalten habe. Dann nahm sie wieder ihren Horchposten ein. Sie war bleich vor Spannung. Nun würde sich das Schicksal ihres Sohnes Jakob entscheiden, so oder so. Sie spürte plötzlich, wie die Verantwortung schwer auf ihr lastete. Einen Augenblick war sie versucht, alles rückgängig zu machen. Aber zu spät! Jakob hatte bereits das Zelt seines Vaters betreten.

„Ah, welcher Duft steigt mir in die Nase", hörte sie Isaak sagen," so bald habe ich dich nicht zurückerwartet, Esau." Er machte eine Pause. „Du bist doch mein Sohn Esau?"

„Ja, Vater", antwortete Jakob, „mir hat der Herr eine Gazelle über den Weg laufen lassen, ein junges, unerfahrenes Tier. Es war ein Kinderspiel, sie zu erlegen." Rebekka hörte, daß Jakobs Stimme unsicher war. „Setz dich auf, lieber Vater, und iß davon. Hier habe ich auch Brot, es kommt gerade aus dem Ofen. Auch Wein ist da, er wird dir wohltun." Rebekka vernahm das Geräusch von

Geschirr und wie der Wein aus dem Krug in den Becher floß. „Bist du auch wirklich mein Sohn Esau?" Rebekka brach der Schweiß aus. Isaak war anscheinend mißtrauisch, irgend etwas mußte ihm verdächtig vorkommen. Wenn nur Jakob die Ruhe nicht verlor!

„Ja, Vater, ich bin dein Erstgeborener, den du segnen willst."

„Die Stimme ist Jakobs Stimme", sagte Isaak langsam. „Komm her zu mir!" Pause. Rebekka hielt den Atem an. „Noch näher, damit ich dich betasten kann." Rebekka hielt es draußen an der Zeltwand nicht länger aus, sie wollte mit eigenen Augen erleben, was drinnen vor sich ging. Sie schlüpfte lautlos durch den Teppichvorhang hinein und blieb beim Eingang stehen, ohne sich zu rühren. Sie sah zu, wie Jakob sich zu Isaak niederbeugte, wie dieser blind mit den Händen in der Luft suchte, bis er Jakobs Handgelenke erfaßte.

„Der Geruch ist mir vertraut", sagte Isaak, „so riechst du immer, wenn du aus der Wildnis kommst. Es ist der Geruch nach Schweiß und Erde." Scheinbar befriedigt ließ er Jakobs Handgelenke los. „Ja, du fühlst dich immer so an wie das Fell einer jungen Ziege." Doch noch immer schien er nicht völlig überzeugt zu sein. „Du bist also wahrhaftig Esau." War das nun eine Erkenntnis oder eine Frage. Rebekkas Unruhe wuchs.

„Nun iß, Vater, laß den Braten nicht kalt werden", lenkte Jakob ihn ab. Damit hatte er Erfolg. Isaak leckte sich die Lippen. Jakob bediente ihn ohne viele Worte zu machen. Er und seine Mutter beobachteten befriedigt, wie Isaak mit Appetit schmatzte, wie er sich die Finger leckte und genießerisch den süßen Wein durch die Kehle rinnen ließ, das Brot in Stücke riß und es mit Behagen aß. Doch immer wieder lugte Rebekka zum Zelt hinaus in der Furcht, Esau kommen zu sehen.

Endlich stöhnte Isaak vor Sattheit. „Das war ein köstliches Mahl, mein Sohn", lobte er, „es hat mich sehr gestärkt." Er wischte sich Mund und Bart. „Ich danke dir von Herzen. Und nun knie nieder, mein Erstgeborener, auf daß ich dir die Hand auflegen und dich segnen kann."

Jakob kniete nieder am Lager seines Vaters. Er fühlte Isaaks Hände schwer auf seinem Haupt. Eine Weile blieb es totenstill im Zelt, es war, als wolle Isaak Kraft sammeln. Endlich holte er tief Atem und sprach feierlich den großen Gottessegen der Verheißung: „Gott gebe dir Tau vom Himmel und mache deine Felder fruchtbar, damit sie Korn und Wein in Fülle tragen. Nationen sollen sich vor dir verneigen, und Völker sollen deine Diener werden. Du wirst der Herrscher über deine Brüder sein, sie müssen sich in Ehrfurcht vor dir beugen. Wer dich verflucht, den soll das Unglück treffen, doch wer dir wohl will, soll gesegnet sein." Isaaks Stimme war langsamer und schwächer geworden, nach dem letzten Wort sank er erschöpft auf das Kopfpolster zurück und schloß die Augen. Jakob erhob sich leise und verließ mit seiner Mutter das Zelt.

„Jetzt bist du von Gott gesegnet und gehörst ihm, mein Sohn Jakob!" Sie umarmte Jakob stürmisch und küßte ihn auf die Stirn.

„Wie glücklich ich jetzt bin – für dich!" Rebekka strahlte ihren Liebling an. Aber Jakob wollte ihren Triumph nicht teilen.

„Wenn Esau heimkehrt, – was dann? Mein Vater wird erkennen, daß ich ihn schändlich betrogen habe."

„Betrug?" Rebekka hielt sich die Ohren zu. „Ich will dieses Wort nicht hören, Jakob!" stieß sie leidenschaftlich hervor. „Gott hat es so gewollt. Begreifst du das nicht?"

„Meinen Bruder hab ich mir zum Feind gemacht. Er wird sich an mir rächen!"

„Ja, er wird toben und dich verfluchen, aber sein Zorn wird bald verrauchen. Ich kenne Esau. Aus dem Gottessegen seines Vaters hätte er sich sowieso nicht viel gemacht. Besser, du gehst ihm aus dem Weg, er wird bald heimkehren. Bringe seine Kleider in sein Zelt zurück, dann geh zur Höhle von Mamre, zum Grab deiner Großeltern, dort warte, bis ich dir Nachricht zukommen lasse." Das schien auch Jakob im Augenblick das klügste zu sein, und er machte, daß er wegkam. Esau war so jähzornig.

Wenig später kam der Bruder von der Jagd, er trug eine junge Gazelle auf der Schulter. Er war bester Laune, als er das zarteste Stück Fleisch über dem Feuer briet.

„Mein Vater, hier bin ich!" rief er, als er Isaaks Zelt betrat, „jetzt werde ich dir einen Braten vorsetzen, so zart und knusprig wie lange nicht. Danach segne mich, wie du versprochen hast."

„Wer bist du?" fragte Isaak. „Träume ich?" Esau lachte.

„Wer ich bin? Erkennst du mich nicht an der Stimme? Ich bin doch Esau, wer denn sonst?"

„Nein!" Isaak stöhnte laut auf. „Nein! – Oh mein Gott!"

„Vater, was ist?" fragte Esau erschrocken.

„Wenn du Esau bist, wer war dann der andere, der mir vorhin ein Wildbret gebracht hat?"

„Das kann nur Jakob gewesen sein", antwortete Esau, der noch nichts ahnte, „er wollte sich wohl bei dir einschmeicheln?"

„Und ich habe ihm den großen Segen gegeben!" Isaak barg sein Gesicht in beide Hände.

„Wie konntest du das tun, Vater?" fragte Esau vorwurfsvoll, „ich bin doch dein Erstgeborener, und nur mir steht der Segen zu. Warum hast du meinen Bruder vorgezogen? Das versteh ich nicht."

„Jakob hat mich arglistig getäuscht! Ich glaubte, dich vor mir zu haben. Deshalb habe ich ihn gesegnet." Aus Isaaks blinden Augen rollten Tränen die eingefallenen Wangen herab.

„Ja, das ist seine Art!" brauste Esau auf, „erst nutzt er meinen Heißhunger aus und erpreßt mir das Recht der Erstgeburt, und nun hat er mir auch noch den Segen gestohlen!" Esau fiel auf die Knie und beugte vor seinem Vater das Haupt. „Segne auch mich, Vater", flehte er. Aber Isaak rührte keine Hand.

„Meinen Segen hat Jakob", flüsterte er.

„Hast du denn nur einen Segen, Vater?"

„Ja", antwortete Isaak, „mit meinem Segen habe ich Jakob in Gottes Hand gegeben. Ich kann ihn von Gott nicht mehr zurückfordern." Esau geriet in Zorn, er sprang auf und stampfte wütend den Boden. „Mich hat der Herr zum Erstgeborenen erwählt, also hat er gewollt, daß ich gesegnet werde und nicht Jakob! Mein Bruder hat die Absicht des Herrn zunichte gemacht! Gott soll ihn dafür strafen!" Isaak schüttelte den Kopf und entgegnete: „Niemand kann Gottes Pläne stören, mein Sohn. Sie scheinen uns oft rätselhaft, ganz anders als unsere eigenen Gedanken und Wünsche. Wir müssen uns seiner Fügung beugen."

„Ich kann das nicht!" schrie Esau auf, „was soll aus mir werden?" Isaak winkte ihn zu sich heran, innerer Schmerz und Kummer zeichneten sein Gesicht. „Weit weg von guten Feldern wirst du wohnen, kein Tau vom Himmel wird dein Land befruchten. Ernähren mußt du dich mit deinem Schwert. Du wirst der Sklave deines Bruders sein, doch eines Tages stehst du auf und wehrst

dich und reißt sein Joch von deinen Schultern ab." Erschöpft sank Isaak auf sein Lager zurück.

Esau stürzte hinaus ins Freie. „Ich hasse Jakob", stieß er grimmig hervor. „Das wird er mir büßen! Bis zum Tode meines Vaters mag er noch am Leben bleiben. Es wird nicht mehr lange dauern. Aber dann! Dann bring ich Jakob um!" Er schüttelte die Fäuste, reckte sie wie zum Racheschwur gen Himmel. Er rannte davon in den Wald.

Rebekka, hinter dem Zelt verborgen, hatte alles mit angehört. Jetzt galt es für sie, das Schlimmste zu verhüten. Wenn Esau zum Brudermörder wurde, mußte er fliehen, und Rebekka hätte an einem Tag beide Söhne verloren. Der Gedanke brach ihr fast das Herz. Sie wartete, bis es dunkel wurde, dann machte sie sich heimlich auf den Weg zur Höhle. Sie trug ein Reisebündel für Jakob mit sich und einen Beutel Silber. Jakob erwartete sie bereits ungeduldig unter den Eichen.

„Du mußt fliehen, Jakob. Noch in dieser Nacht. Dein Bruder trachtet dir nach dem Leben. Du weißt, er ist zu jeder Gewalttat fähig."

„Flucht? – Ich soll alles verlassen? Dich, die Herden, die Felder? Ist das schon die Strafe für den Betrug an meinem Vater? Wohin könnte ich fliehen, Mutter? Überall wäre ich ein Fremder, von meiner Schuld verfolgt!" Jakob war den Tränen nahe.

„Geh nach Haran", sagte Rebekka, „auf dem Weg, den Abraham und ich gekommen sind. Im Haus meines Bruders Laban wirst du willkommen sein."

„Was wird mein Vater dazu sagen?" klagte Jakob. „Er wird mich verfluchen, so wie ich es verdiene."

„Mach dir darüber keine Sorgen, Jakob", sagte Rebekka, „ich werde deinem Vater alles erklären, ich weiß, er wird mir verzeihen. Er darf nicht erfahren, daß Esau dich töten will und du vor ihm fliehst, das würde ihn noch unglücklicher machen. Ich sage ihm: Jakob will es dir gleichtun und sich aus Haran eine Braut holen. Das wird deinen Vater freuen und trösten. Denn es ist ja sein Herzenswunsch, daß auch seine Söhne Frauen aus Abrahams Geschlecht heiraten und keine Kanaaniterinnen."

„Wird es ein Abschied für immer sein, Mutter?"

„Sei getrost, Jakob", antwortete Rebekka, „eines Tages wirst du heimkehren, und es wird Eintracht sein zwischen dir und Esau, glaube mir. Er wird vergessen, was du ihm angetan hast. Im Grunde hat auch Esau ein gutes Herz." Sie drängte Jakob, aufzubrechen. Der Mond war aufgegangen und tauchte die Landschaft in mildes Licht, hell genug, um Jakob den Weg zu weisen.

Noch eine Umarmung, noch ein Kuß der Mutter, – dann ergriff Jakob das Bündel und den Beutel mit Silber. „Gott sei mit dir", waren die letzten Worte Rebekkas, während er die ersten Schritte in die Nacht tat.

So verließ Jakob alles, was ihm am Herzen lag: das Land, in dem er geboren und aufgewachsen war, seine Heimat, in der er eine glückliche Zukunft erwartet hatte.

Am Abend des ersten Tages seiner Flucht, als die Sonne unterging, gelangte er an eine öde menschenleere Stätte, wo es weder Baum noch Strauch gab. Dort wollte er zur Nacht bleiben. Er suchte sich einen passenden Stein, legte ihn unter seinen Kopf und schlief ein. Er war todmüde und ohne Hoffnung.

Da überkam ihn ein Traum: Er sah eine breite Treppe, die von der Erde zum Himmel reichte. Engel kamen auf ihr zur Erde herunter, andere stiegen wieder zum Himmel hinauf. Der Herr selbst stand oben auf der Treppe und sagte zu Jakob: Ich bin der Herr, der Gott deiner Vorfahren Abraham und Isaak. Das Land, auf dem du liegst, will ich dir und deinen Nachkommen geben, sie werden unzählbar sein wie der Staub auf der Erde und sich nach allen Himmelsrichtungen ausbreiten, und in dir und deinen Nachkommen sollen alle Völker der Erde gesegnet werden. Ich werde dir beistehen. Ich bewahre dich, wo du auch hingehst, und bringe dich wieder in dieses Land zurück. Ich lasse dich nicht im Stich. Alles, was ich versprochen habe, werde ich tun."

Die Strahlen der aufgehenden Sonne weckten Jakob auf. Er erhob sich, reckte die steif gewordenen Glieder. Er fühlte sich auf wundersame Weise gestärkt und getröstet. Und er gelobte: „wenn der Herr mir beisteht und mich bewahrt auf der Reise, die ich jetzt antrete, – wenn er mir Nahrung und Kleidung gibt und mich wohlbehalten wieder nach Hause bringt, dann soll er allein mein Gott sein."

Dann hob er sein Bündel auf die Schulter und wanderte hoffnungsfroh in den hellen Morgen hinein – nach Norden.

Vor ihm lag ein langer, langer Weg.

Drittes Kapitel

Jakobs Heimkehr

Wenn Jakob abends, nach der Mühe des Tages, vor seinem Zelt saß und das Land überschaute, in dem seine Herden weideten, fühlte er sich zufrieden, und er dankte seinem Gott, der schon im Leben seines Vaters Isaak und seines Großvaters Abraham alles zum Guten gewendet hatte.

Auch Jakob war nun schon ein Mann, dem das Alter Falten ins Gesicht gegraben hatte. Aber im Gegensatz zu seinen beiden kinderarmen Vorfahren durfte er stolz auf zwölf Söhne sein. Diese seine Nachkommen waren für ihn die lebendige Erfüllung der Verheißung, die ihm einst in einem Traum zuteil geworden war: daß er zum Stammvater eines großen Volkes werde, so zahlreich wie der Staub der Erde. Dabei hatte es damals wahrlich nicht danach ausgehen, als er sich auf der Flucht vor seinem Zwillingsbruder befand, den er, wenn auch auf Betreiben seiner Mutter Rebekka, um den Segen des Vaters betrogen hatte.

Mit nichts war er nach Haran in das Haus seines Onkels Laban gekommen. Bei wem sonst hätte er Zuflucht suchen sollen als bei dem ältesten Bruder seiner Mutter? Aber da er an Labans Tür klopfte mit nichts an Besitz als dem, was er auf dem Leibe trug, hatte er seinem Onkel nichts zu bieten als seine Arbeitskraft, und Laban war unverschämt genug, seinen Neffen auszubeuten. Wer weiß, ob Jakob sich das auf die Dauer hätte gefallen lassen, wenn da nicht Rahel gewesen wäre, Labans liebliche, blutjunge Tochter. Kein Wunder, daß Jakob sich in sie verliebte und sie zur Frau begehrte. Wäre er als reicher Freier nach Haran gekommen, Laban hätte sie ihm mit Freuden gegeben, so wie er vor vielen Jahren seine Schwester Rebekka dem einzigen Erben Abrahams anvertraut hatte. Aber als Rahels armer Vetter aus Kanaan mußte er sie sich erst erdienen. „Sieben Jahre Arbeit für mich! Das ist der Brautpreis!" So lautete Labans Bedingung. Was blieb Jakob anderes übrig, als auf das Angebot einzugehen? Sieben Jahre Arbeit ohne Lohn! Sieben Jahre lang geschuftet auf Äckern, in Schafställen und in Ziegenpferchen! Er hatte es freudig getan, weil ihm das Glück mit Rahel winkte.

Alle Zeit geht vorüber. Auch die sieben Jahre fanden ein Ende. Jakob erinnerte sich genau an den Tag der Hochzeit. Die Braut war tief verschleiert, er durfte ihr nicht vor dem nächsten Morgen, nach der ersten Nacht im Brautbett, in das unverhüllte Gesicht sehen, so verlangte es die Sitte. Und da, als die Morgensonne die beiden weckte und Jakob seiner geliebten Rahel in die Augen blicken wollte, – da war es Lea, Rahels ältere Schwester, die er zu seiner Frau gemacht hatte. Das war Labans Werk! „Es ist bei uns selbstverständlich, daß ein Vater zuerst die älteste Tochter vor der jüngeren verheiratet. Und da du Lea nicht freiwillig genommen hättest, mußte ich dich zu deinem Glück zwingen. Du kannst Rahel dazu haben, aber dann mußt du mir noch einmal sieben Jahre dienen." Jakob war empört. Nicht, daß Lea häßlich und ihm widerwärtig gewesen wäre, keineswegs, aber neben Rahel war sie wie eine Distel neben einer Lilie. Doch nun war sie seine rechtmäßige Frau, damit mußte er sich abfinden. „Aber ich werde Laban bei Gelegenheit heimzahlen, daß er mich so gemein hereingelegt hat!" das schwor er bei sich. In ruhigen Stunden jedoch mußte er sich eingestehen, daß er wenig Grund hatte, sich über das Unrecht zu beklagen, das ihm zugefügt worden war. Hatte er selbst nicht seinen eigenen Vater arglistig getäuscht und sich den Segen der Verheißung erschlichen?

Und so rackerte Jakob sich noch einmal sieben Jahre lang für Laban ab. Als sie endlich vergangen waren, glaubte Jakob sich frei von der Knechtschaft. Er hatte nur einen Wunsch: so bald wie möglich heimzukehren in das Land seiner Geburt, nach Kanaan und zu den Gräbern seiner Väter. Aber da war ja noch Esau! Was mochte aus ihm geworden sein? Ob sein Zorn inzwischen verraucht war? Hatte er die unselige Geschichte mit dem Linsengericht, dem verkauften Erstgeburtsrecht und dem gestohlenen Segen vergeben und vergessen? Jakob nahm sich vor, seinen Bruder für alles zu entschädigen. Aber womit?

Vierzehn lange Jahre hatte er seinem Onkel in die Tasche gewirtschaftet, als Knecht und später als Verwalter. Jakob hatte Laban reich gemacht an Land und Vieh und ihm zu hohem Ansehen in der ganzen Gegend verholfen. Jakob selbst hatte zwar zwei Frauen – wie viele Männer – aber er stand mit leeren Händen da. Ohne eigenen Besitz konnte er in Kanaan nur das Leben eines Sklaven führen. Jakob aber gedachte, in der Fremde ein großer Herr zu sein wie schon Großvater Abraham und auch Vater Isaak. Und Laben sollte ihm dazu verhelfen! Sein Onkel hatte an ihm viel gutzumachen, vierzehn Jahre lang hatte er ihm den gerechten Lohn vorenthalten. Jetzt war es an der Zeit, ihn dafür bezahlen zu lassen. Jakob hatte sich einen Plan ausgedacht. Oh, er war schlauer, als Laban ahnte.

„Du weißt, was ich alles für dich getan habe, Onkel Laban, und zwar ohne Lohn", sagte Jakob eines Tages zu ihm. „Bevor ich hierher kam, hattest du nur ein paar Tiere. Heute besitzt du große Herden. Aber jetzt muß ich endlich an mich selbst denken und für meine Familie sorgen. Das wirst du wohl einsehen. Laß mich also ziehen, ich will zurück nach Kanaan."

Wie erwartet, wollte Laban davon nichts hören, er wußte zu gut, was er an seinem Neffen hatte.

„Ich weiß, daß ich dir Glück und Wohlstand zu verdanken habe", gab er zu. „Alles, was du anfängst, gelingt dir. Unter deinen Händen gedeiht alles. Deshalb bitte ich dich, zu bleiben. Was verlangst du künftig als Lohn? Ich gebe dir alles, was du willst. Also – wieviel, Jakob?"

„Nichts", antwortete Jakob. Laban glaubte, nicht richtig gehört zu haben. „Sagtest du – nichts?"

„Ich meine, ich verlange für meine Arbeit weder Silber noch Gold, wenn ich bleibe." Laban, der alte Geizkragen, atmete erleichtert auf. „Was dann?" fragte er gespannt.

„Sieh dir deine Herden an", sagte Jakob. „Da gibt es Schafe, die nicht ganz weiß, und Ziegen, die nicht ganz schwarz sind. Die einen sind schwarzgefleckt, die anderen sind weiß gescheckt oder gesprenkelt." Laban nickte: „Ja, ja, – auch Kinder schlagen manchmal aus der Art." Jakob fuhr fort: „Überlaß mir von heut an alle zweifarbenen Tiere und behalte selbst die übrigen. Unter dieser Bedingung bleibe ich."

Laban überlegte nicht lange. Er hatte nicht gehofft, so billig davonzukommen. Gefleckte, gescheckte oder gesprenkelte Schafe oder Ziegen waren selten, er konnte darauf verzichten, wenn sich die reinfarbigen gut vermehrten. Mochte Jakob also ruhig seine eigene zweifarbige, kleine Herde besitzen, wenn er dafür auch weiterhin für die Vermehrung von Labans Tieren sorgte.

„Einverstanden, Jakob", rief er freudig und ging davon, überzeugt, auch bei diesem Handel der Gewinner zu sein. Doch schon im folgenden Frühling, als die Muttertiere ihre Jungen warfen, wunderte er sich, wieviele davon zweifarbig waren. Mißgünstig mußte er ansehen, wie Jakob sie für sich vereinnahmte. Als im nächsten Jahr wiederum eine große Schar schwarzweißer Lämmer Jakobs Herde vergrößerte, fragte sich Laban, ob es dabei wohl mit rechten Dingen zuging. Jakob hütete sich, seinem Onkel die natürliche Ursache der wunderbar scheinenden Vermehrung zu verraten. Nicht umsonst hatte er von Jugend an in Kanaan die Schafe und Ziegen seines Vaters Isaak gehütet und dabei entdeckt, daß es kein Zufall war, wenn ein Lamm ganz weiß oder mit schwarzen Flecken im Fell geworfen wurde, es hing vielmehr von den Böcken und den Tiermüttern ab, die sich paarten. Waren sie zweifarbig, so waren auch schwarz-weiße Jungen zu erwarten. Oft genügte es, wenn nur der Bock oder das weibliche Tier nicht ganz farbrein war. Es kam also nur darauf an, zur Zeit der Paarung die richtigen Vierbeiner zusammenzubringen. Darauf verstand sich Jakob, und er suchte sich nur die kräftigsten Tiere für seine Zucht aus.

Laban kam ihm nicht auf die Schliche. Mit wachsendem Unbehagen mußte er zusehen, wie Jakobs Kleinvieh sich von Jahr zu Jahr so schnell vermehrte, daß es schließlich ebenso zahlreich war wie seine eigenen Herden. Damit war nun auch Jakob zu einem reichen Mann geworden, er gebot über Mägde und Knechte, er besaß Kamele und Esel, und in seinen Truhen hatten sich viele Silberlinge angesammelt. Sein Wohlstand stachelte den Neid im Haus Labans an. „Jakobs ganzer Reichtum gehört eigentlich unserem Vater“, knurrten Labans Söhne, „er hat ihm alles gestohlen.“ Solche Bemerkungen kamen Jakob zu Ohren, und da er spürte, wie Onkel Laban sich ihm gegenüber immer unfreundlicher und sogar feindselig verhielt, beschloß er, aus Haran zu verschwinden.

Er traf seine Vorbereitungen im geheimen, denn er fürchtete, Laban könnte ihn mit Gewalt am Aufbruch hindern oder zumindest seine beiden Töchter Lea und Rahel zurückhalten.

Jakob brauchte einen Vorsprung, er wollte den Euphrat überquert haben, bevor Laban von seinem Auszug erfuhr. Jakob wartete einen Tag ab, an dem Laban mit Söhnen und Knechten die Stadt verlassen hatte. Die Zeit der Schafschur war gekommen, und Labans Herden weideten in einem weit abgelegenen Gebiet. Die Gelegenheit war günstig.

Jakob lud seine ganze Habe auf Packesel, trieb seine Herden zusammen und setzte sich mit Kind und Kegel, mit Tieren und allem Gesinde in Marsch. Lea und Rahel durften auf Kamelen reiten. Als Laban von Jakobs Flucht erfuhr, bewaffnete er seine Knechte und machte sich an die Verfolgung. Aber es war zu spät. Jakobs Karawane hatte bereits den Euphrat überschritten und befand sich in Sicherheit.

Nach drei Wochen gelangten sie an den Jabbok, einen Fluß, der, von Osten kommend, durch ein enges Tal dem Jordan zuströmt. Ein ganzer Tag, vom Morgengrauen bis zum Untergang der Sonne verging, bis Mensch und Tier mit Sack und Pack durch die Furt an das jenseitige Ufer geschafft waren. Jakob ließ dort das Lager aufschlagen. Er selbst wollte erst am nächsten Morgen nachkommen. Er wünschte, in der letzten Nacht allein zu sein. Viele Gedanken gingen ihm durch den Kopf.

Er legte sich am steinigen Ufer nieder, schloß die Augen und lauschte auf das Gemurmel des langsam dahinfließenden Wassers. Pechschwarze Finsternis deckte ihn zu. Kein Stern blickte auf ihn herab.

Jakob fand keinen Schlaf, sein Herz pochte laut. Er dachte an jenen Tag vor nun fast zwanzig Jahren, als er den Jabbok in die entgegengesetzte Richtung durchwatet hatte, als armer Flüchtling, mit einem Wanderstab als einzigem Besitz. Wie wunderbar hatte sich alles zum Guten gewendet! Als reicher Mann kehrte er nun zurück. Dafür sei Dank dem Herrn, dem Gott Abrahams und Isaaks! Von ihm war er durch die Hand seines sterbenden Vaters gesegnet worden. Durfte er nicht getrost in die Zukunft sehen?

In diesem Augenblick, als Jakob so dachte, überfiel ihn Angst. Wie ein unsichtbarer Feind sprang sie ihm aus dem Dunkel an die Gurgel.

Esau!

Wird der Haß meines Bruders wieder auflodern, wenn er erkennt, daß alles, was ich besitze, die Frucht des Großen Segens ist, des Segens, den ich ihm gestohlen habe? Wird Esau nicht blutige Rache nehmen und mir alles rauben, was ich erworben habe, die Herden, meine Frauen und Kinder, meine Sklaven, mein Silber, – alles? Wie konnte ich jemals glauben, er würde mir verzeihen? Was soll ich tun? Soll ich ihm die Hälfte von allem anbieten als Wiedergutmachung? Das würde ihn vielleicht besänftigen. Und wenn nicht? Dann bin ich ihm auf Gnade und Ungnade ausgeliefert, dann wird er an mir die Strafe für meine Schuld vollziehen.

Vielleicht ist das der Wille Gottes. Mit dem Betrug an meinem Vater habe ich ja auch gegen den Herrn gefrevelt. Hat der Gott Isaaks mit der Vergeltung solange gewartet, bis ich etwas zu verlieren habe?

Jakob sprang auf. Es war so düster, daß er die Hand nicht vor den Augen sehen konnte. Er fühlte sich in einen schwarzen Abgrund gestoßen, aus dem es keine Rettung gab. Wie spät war es? Mitternacht? Würde es jemals wieder Tag werden?

Jakob rang mit seinem Gewissen. Er wollte die Schuld loswerden, sie am diesseitigen Flußufer zurücklassen, bevor er den Jabbok überschritt. Aber sie ließ sich nicht abschütteln wie ein leichter Gegner im Zweikampf oder wie ein zu schwer gewordenes lästiges Bündel. Plötzlich durchzuckte ihn ein heftiger Schmerz in der Hüfte. Er stöhnte auf, wankte – und stürzte zu Boden. Er konnte sich die Ursache nicht erklären. Lauerte noch immer sein Widersacher neben ihm, um ihm den Todesstoß zu versetzen? Aber da war doch die Verheißung Gottes in jener Nacht seiner Flucht vor Esau, als er in einer öden, trostlosen Gegend geschlafen hatte, den Kopf auf einen Stein gebettet. „Das Land, auf dem du liegst, will ich dir und deinen Nachkommen geben. Ich werde dir beistehen, ich bewahre dich, wo du auch hingehst, und bringe dich wieder in dieses Land zurück. Ich lasse dich nicht im Stich." So hatte doch der Herr zu ihm geredet! War das vielleicht nur ein verrückter Traum gewesen?

Jakob hatte damals nicht daran gezweifelt, daß es wahrhaftig der Gott seiner Väter war, der ihm Trost und Mut mit auf den Weg gegeben hatte und daß dieser Gott sein Versprechen an ihm erfüllen werde. Aber jetzt, in dieser finsteren Nacht am Jabbok drohten Zweifel seinen Glauben niederzuringen.

Wenn alles nur Schein war, eine Täuschung meiner Sinne? Wenn mein Traumgesicht nur ein Hirngespinst war, mit dem ich selbst, nach meiner Übeltat, mein Gewissen beruhigen wollte? Ist denn der Gott meiner Väter wirklich der Herr, mächtiger als alle Gottheiten und Götzen der Kanaaniter? Und wenn er lebt, kann sich der Mensch auf seine Verheißungen verlassen? Sind nicht alle Götter rachsüchtig und wankelmütig und verlangen Menschen- oder Tieropfer, um sich gnädig stimmen zu lassen? Oder ist der Gott Abrahams und Isaaks so barmherzig, daß er mich, Isaaks Sohn, trotz aller Schuld zum Träger einer Verheißung, zum Stammvater eines großen Volkes erwählt hat? Darauf kann er mir nur selbst die Antwort geben, drüben, jenseits des Flusses, wo das verheißene Land begann. Kanaan!

„Ich muß es wagen. Es gibt kein Zurück. Drüben wartet auf mich ein neues Leben oder der Tod!"

So verbrachte Jakob die Nacht, die schrecklichste seines Lebens. Bis endlich, endlich der neue Tag anbrach. Und da, als sich die Bergspitzen röteten und mit dem Licht der aufgehenden Sonne wieder Hoffnung in Jakobs Seele einzog, nahm er alle Kraft zusammen und betete: „Herr, du Gott meiner Väter, ich will auf dein Wort vertrauen und mein Heil in deine Hand legen. Wenn du mich in das verheißene Land führst und mich mit Nachkommen segnest, damit sie zu einem Volk werden, so soll dieses Volk einen Namen tragen, der dich auf ewig ehrt – einen Namen, der allen Menschen verkündet: Gott soll herrschen ! – Israel soll es heißen!"

Da wich der letzte Rest an Kleinmut von ihm. Er stand auf und hob die Hände zum Himmel, der von Augenblick zu Augenblick heller wurde. Da spürte er wieder den lähmenden Schmerz in der Hüfte. Er versuchte ein paar Schritte, aber er kam nur mühsam voran. Unter Qualen bückte er sich nach seinem Stab, und auf ihn gestützt, hinkte Jakob durch die Furt ans andere Ufer. Er sah sich nicht mehr um.

Nun, da der Grenzfluß überschritten war, drängte Jakob nicht mehr zur Eile. Er schickte ein paar bewährte Knechte auf den schnellsten Kamelen als Boten nach Süden. Sie sollten Esau ausfindig machen und ihm die

Heimkehr seines Bruders ankündigen. „Unser Herr, dein Bruder Jakob, hofft, daß du ihn freundlich empfängst", so sollten sie ihm ausrichten. Dann würde sich herausstellen, ob Esau zum Frieden bereit war oder nicht.

Langsam zog die Karawane weiter. So kamen sie an den Jordan. Dort bezog Jakob ein Lager und wartete. Eines Morgens näherte sich ein Trupp Kamelreiter. Die Boten! Gespannt hörte Jakob, was sie zu berichten hatten:

„Wir haben deinen Bruder Esau gefunden. Er lebt weit im Süden von Kanaan, in den Bergen von Edom. Er hat viele Männer um sich geschart, mit ihnen zieht er umher und nimmt sich von den Edomitern, was er braucht. Wir haben ihm deine Botschaft ausgerichtet. Er ist schon auf dem Weg zu dir, von seiner ganzen Bande begleitet."

„In welcher Absicht?" fragte Jakob.

„Das wissen wir nicht", antworteten die Boten, „aber wenn dein Bruder Böses im Schilde führt, sind wir alle verloren."

„Fürchtet euch nicht", erwiderte Jakob, „denn der Herr ist mit uns. Ich will versuchen, Esau freundlich zu stimmen und ihm einen Teil meiner Herden als Geschenk entgegenschicken." Jakob selbst suchte die Tiere aus: Ziegen und Schafe, Kamelstuten, Stiere, Kühe und Eselinnen. Er ordnete sie zu kleinen Herden und bestimmte für jede einen Treiber. „Haltet euch an die Karawanenstraße", gebot er ihnen, „und wenn ihr auf meinen Bruder trefft, sagt ihm: Jakob, unser Herr, möchte dir diese Tiere als Teil an seinem Besitz schenken, den er in Mesopotamien durch seine Arbeit erworben hat. Er selbst kommt gleich hinterher."

Als die Tiere mit Muh und Mäh davongetrottet waren, ließ Jakob das Lager abbrechen und folgte ihnen. Die Straße führte am Jordan entlang. Jakob schritt dem Zug voraus, ruhig, ohne Furcht, erfüllt von Zuversicht. Er vertraute auf seinen Gott.

Sie waren noch nicht weit gekommen, als er in der Ferne eine Staubwolke sichtete, die sich schnell näherte.

Kamelreiter! Ein großer Trupp!

Jakob blieb stehen und hob die Hand zum Zeichen für die nachfolgenden Gruppen, auf der Stelle zu verharren. Er selbst setzte den Weg fort. Allein schritt er den fremden Männern entgegen. Auch sie hatten ihre Kamele angehalten. Einer, offenbar ihr Anführer, ließ sein Reittier niederknien und sprang aus dem Sattel. Er war in einen ärmellosen, knielangen Rock aus Ziegenleder gekleidet. In einem breiten Gürtel steckte ein kurzes Schwert.

Esau!

Jakob erkannte ihn sofort an seinen dichtbehaarten Armen und Beinen und an der Art, wie er daherkam: ein Mann, der gewohnt war, seinen Willen durchzusetzen und alles aus dem Weg zu räumen, was sich ihm entgegenstellt, – ein Mann, der sich wenig um Recht und Gesetz und Sitte kümmert. Er kam näher, bis er sich darüber im klaren war, in dem hinkenden Mann seinen Bruder Jakob vor sich zu haben, dem er einst den Tod geschworen hatte.

Jakob rührte sich nicht. Da verhielt auch Esau den Schritt. Sie waren sich jetzt so nahe, daß sie einander in die Augen sehen und in ihren Gesichtern lesen konnten. So standen sie sich eine kleine Weile wortlos gegenüber, sich musternd von Kopf bis Fuß. Plötzlich breiteten sie gleichzeitig, wie auf Befehl eines unsichtbaren Gebieters, die Arme weit aus, und mit einem Schrei der Freude stürzten sie sich in die Arme, während ihnen Tränen über die Wangen liefen.

Die Brüder hatten einander wiedergefunden. Da gab es viel zu erzählen! Esau hatte drei kanaanitische Frauen geheiratet und war Vater vieler Kinder. Nach einem Leben als ein Vieh züchtender Nomade, wie Jakob es liebte, stand ihm nicht der Sinn. „Ich werde das Land Edom erobern", rief er, „und meine Nachkommen sollen es besitzen!" Jakob zweifelte nicht daran, daß Esau es damit Ernst meinte. Das beruhigte ihn. „Dann wird er mir in Kanaan nicht ins Gehege kommen und mich dort in Ruhe lassen", dachte er bei sich.

Esau bot Jakob an, ihn nach Kanaan hinein zu begleiten und die Karawane zu beschützen. Im Grunde spürte er wenig Lust dazu, einen so unruhigen Geist wie ihn zog es zurück in das unstete Leben in der Wildnis." Es würde dir und deinen Leuten viel zu langsam gehen", wehrte Jakob ab, „die Kinder werden so schnell müde, und ich muß die Tiere schonen. Es ist besser, du läßt uns allein weiterziehen." Das sah Esau ein. Jakob mußte ihm die zugedachten Tiere geradezu aufdrängen. „Was soll ich damit?" fragte Esau, „sie sind mir nur lästig, außerdem habe ich selbst in Edom genug davon." Aber dann nahm er sie doch an.

So schieden sie voneinander. Als Esau mit seinem Trupp hinter der nächsten Biegung des Jordans verschwunden war, gab Jakob Befehl zum Weitermarsch. Sein Herz war leicht. Die Gefahr war vorüber. Er glaubte an glückliche Tage.

Das friedliche Wiedersehen mit seinem Bruder deutete er als Beweis für das Walten Gottes, der sein Versprechen gehalten hatte: „Ich werde dich beschützen und heimkehren lassen." Zum Dank wollte er dem Herrn einen Altar errichten. Er wußte auch schon einen würdigen Platz, nämlich an dem Ort, an dem ihm der Herr im Traum erschienen war, damals, als er vor seinem Bruder fliehen mußte. Beth-El sollte das Heiligtum heißen: „Haus Gottes".

Jakobs Ziel waren die Gefilde von Hebron, wo schon die Zelte seines Großvaters gestanden hatten. Dort wollte er an die Vergangenheit anknüpfen und einen neuen Anfang machen. Brachte er außer seinem Reichtum an Tieren und vielerlei Besitz nicht elf Söhne mit, – die zukünftigen Ahnherren eines großen Volkes, so wie der Herr es vorausbestimmt hatte? Nur einer seiner männlichen Nachkommen war von Rahel geboren worden. Jakob hatte ihn Josef genannt. Nach vielen Jahren war Rahel endlich wieder schwanger. Jakob wünschte sich von Herzen, daß auch ihr zweites Kind ein Sohn werde und daß er dort zur Welt käme, wo auch Jakob sein Leben begonnen hatte. Es sah ganz danach aus. Nur noch ein paar Tage bis Hebron!

Da setzten plötzlich bei Rahel die Wehen ein. Es wurde eine schwere Geburt am Wegesrand, unter der heißen Sonne. Während sie sich vor Schmerzen krümmte, schenkte sie einem Kind das Leben. „Freue dich, es ist wieder ein Sohn!" rief die Hebamme, eine ihrer treuen Mägde. Aber Rahel spürte, wie ihr eigenes Leben verblutete. Sie sah das neugeborene Knäblein in den Armen der Magd, ein letztes Lächeln verklärte ihr Angesicht. Dann starb sie.

Jakob begrub sie an der Straße nach Efrata, einem kleinen Dorf, das später den Namen Bethlehem erhielt. Er errichtete auf Rahels Grab einen Gedenkstein. Dann zog er weiter, tiefbetrübt. Er hinkte neben dem Maultier her, auf dem die Amme mit dem Baby ritt. Jakob hatte ihm den Namen Benjamin gegeben. Daß sein Jüngster ohne Mutterliebe aufwachsen mußte, vermehrte seinen Schmerz. Als Trost blieb ihm Josef, der würde ihn immer an seine geliebte Rahel erinnern.

Endlich waren sie am Ziel der langen Reise. Im Bergland bei Hebron hatte sich nichts verändert. Alles war ihm vertraut, die Hügel und Täler, jeder Baum, jeder Brunnen erinnerte ihn an die Jahre seiner Jugend, als hier die Zelte seines Vaters Isaak standen. Jakob hoffte, dieses Land niemals wieder verlassen zu müssen. In der Höhle von Mamre, bei den Eichen, hatten Abraham und Sara, Isaak und Rebekka ihre letzte Ruhestätte gefunden. Jakob wünschte sich, daß auch er dereinst von seinen Söhnen dort begraben werde.

Die Kanaaniter in Hebron hießen Jakob willkommen, sie sahen, daß der Sohn Isaaks noch reicher war als sein Vater. Für Jakobs Herden waren die Weidegründe in der Gegend von Hebron nicht ausreichend, er mußte sie grasen lassen, wo auch immer der Regen das Land begrünte, mochte es weit von Jakobs Zelten entfernt liegen. Wie gut, daß er zwölf Söhne hatte!

Viertes Kapitel

Der bunte Rock

Josef war nun schon siebzehn Jahre alt, ein stattlicher junger Mann, das Abbild seiner Mutter Rahel. Vater Jakob wollte ihn immer um sich haben. Während seine zehn Halbbrüder ständig in der Gegend mit den Herden umherzogen, blieb Josef bei den Zelten seines Vaters. Er brauchte sich die Hände nicht schmutzig zu machen, seine Fußsohlen waren nicht mit einer Hornhaut überwachsen wie die seiner barfüßigen Brüder. Nein, Josef durfte Sandalen aus Ziegenleder tragen. Um ihn besonders auszuzeichnen, hatte Jakob seinem Liebling einen bunten Rock schneidern lassen, ein Gewand aus blauer und roter Wolle. Es hatte lange Ärmel und reichte bis zu den Waden. Um die Hüfte wurde es gegürtet. Wie ein Sohn aus fürstlichem Geblüt sah Josef darin aus. Sein Vater war stolz auf ihn. Seine älteren Brüder aber haßten ihn deswegen.

Ruben, Jakobs Ältester, und sein Bruder Simeon lagen unter einem Dach aus Ästen und belaubten Zweigen, das sie zum Schutz gegen die Sonne auf vier Pfählen hergerichtet hatten. Die nach allen Seiten hin offene Hütte stand auf einer Anhöhe, so daß sie keine Mühe hatten, ihre Schafe und Ziegen im Auge zu behalten, die in kleinen Gruppen ringsum grasten und das eintönige, von langer Trockenheit ausgedörrte Weideland mit schwarzen und weißen Flecken belebten.

„Sie finden kaum noch genug zu fressen", sagte Ruben, „wir werden sie wohl bald in eine andere Gegend treiben müssen, weit weg von hier und für lange."

„Für ihn wäre es eine gute Lehrzeit", meinte Simeon.

„Wen meinst du?"

„Unsern Bruder Josef, wen denn sonst?" antwortete Simeon.

„Josef wird zu Hause bleiben, wie gewöhnlich." Ruben sagte es ganz ruhig, aber gerade das reizte Simeon. „Es wird Zeit, daß er ein Mann wird!" maulte er wütend. „Wie lange noch will er sich von unserem Vater wie ein Kind verhätscheln lassen – auf unsere Kosten? Damit muß endlich Schluß sein!"

„Josef ist nun einmal Vaters Augenstern", meinte Ruben beschwichtigend.

„Warum gerade er?" ereiferte sich Simeon. „Warum nicht du, der Erstgeborene? Oder Juda? Oder Issachar?"

„Oder du selbst, Simeon", lachte Ruben.

„Kein Sohn darf dem anderen vorgezogen werden", sagte Simeon, „so hält es ein gerechter Vater. Das ist jedenfalls meine Meinung."

Ruben wollte nicht widersprechen, um Simeon nicht noch mehr zu erregen. „Die jüngsten Kinder liegen dem Herzen eines Vaters oft am nächsten, Simeon", sagte er friedlich.

„Er liebt uns weniger, weil wir Leas Kinder sind", brauste Simeon aufs neue auf. „Er hat unsere Mutter nie besonders gemocht, weil Onkel Laban sie ihm untergeschoben hatte und er sie heiraten mußte. Aber das ist kein Grund, Josef so zu verwöhnen. Dieser Bursche bildet sich ein, was Besseres zu sein. Du solltest ihn sehen, wie er in seinem bunten Rock daherstolziert und sich von den Mägden bewundern läßt. Eines Tages werde ich ihn ...!" Er kam nicht dazu, seine Drohung auszusprechen, denn Ruben unterbrach ihn mit einem Rippenstoß. „Da kommt Juda!" Ein junger Mann winkte ihnen von weitem zu. „Wo sind die anderen?" rief Ruben ihm entgegen.

„Drüben, jenseits des Tales", kam von Juda die Antwort.

„Was gibts Neues in Hebron?" fragte Simeon, als Juda sich neben ihm im Schatten des Daches niederließ. „Wie geht es unserem Vater?" Juda wischte sich den Schweiß von der Stirn. „Er erwartet euch beide bei seinen Zelten. Macht euch gleich auf den Weg."

„Weißt du, was er von uns will?"

„Schafskopf", lachte Simeon, „er will uns auch einen so prächtigen Rock anmessen lassen wie unserem Brüderchen Josef, dem Tagedieb."

„Darauf könnt ihr warten, bis ihr grau seid", bemerkte Juda, Leas Sohn, den sie als vierten, nach Levi, zur Welt gebracht hatte. Und zu Ruben gewandt, setzte er hinzu: „Ich glaube, Vater will mit euch besprechen, wohin wir die Weideplätze für den Sommer verlegen sollen."

„Als hätt ich's geahnt", sagte Ruben, „eben haben wir davon geredet". Er stand auf, reckte die Glieder. „Komm, Simeon, auf nach Hebron! Paß du derweil auf unsere Tiere auf, Juda." Sie nahmen ihre Hirtenstäbe in die Hand, hingen sich die Beuteltaschen aus Ziegenfell um die Schultern, und fertig waren sie zum Abmarsch. Sie brauchten nur drei Stunden, um die Ansammlung von schwarzen Zelten inmitten von Äckern und Gemüsegärten zu erreichen, über die Vater Jakob wie ein Stammesfürst herrschte.

„Seid gegrüßt, Brüder! Ich habe euch kommen sehen. Ich freue mich. Wie geht es euch?" Josef streckte ihnen beide Hände entgegen, aber Simeon und Ruben beachteten es nicht. Simeon musterte Josef feindselig von Kopf bis Fuß.

„Ein Vornehmer bist du ja nun geworden", sagte er bissig, „wir wissen die Ehre deiner Gegenwart und des Empfangs wohl zu schätzen." Simeon verneigte sich tief vor Josef, und auch Ruben beugte spöttisch das Knie. Erschrocken wich Josef vor ihnen zurück.

„Nein, nicht so!" wehrte er die höhnische Huldigung zurück. „Das erinnert mich an meinen Traum!" Die Brüder richteten sich auf, und Simeon sagte zu Ruben: „Hast du das gehört? Unser stolzer kleiner Bruder träumt! Und wir beide und die anderen sind abends so abgeschafft, daß wir wie die Toten schlafen. Was hast du denn geträumt, Kleiner?"

„Von euch allen hat mir geträumt", sagte Josef.

„Du machst uns neugierig", grinste Simeon. „Laß hören."

„Wir banden Garben auf den Gerstenfeldern, wir alle zwölf, auch Benjamin", begann Josef. Doch schon fiel Simeon ihm wieder ins Wort: „Auch du mit deinen zarten Händen? Im Traum arbeitet es sich leicht, nicht wahr?"

„Laß ihn doch weiterreden", sagte Ruben. Josef fuhr fort: „Da richtete sich meine Garbe auf und blieb erhoben stehen, eure Garben aber stellten sich ringsumher im Kreise und verneigten sich vor meiner Garbe."

„Willst du uns zum Narren halten?" rief Ruben scharf, „hüte dich!" Simeon drang auf Josef ein, er krallte beide Fäuste in den Stoff des bunten Leibrocks. „Was bildest du dir ein, du verdammter Nichtstuer? Du willst wohl Herrscher werden über deine Brüder! Wir werden dich schon zur Vernunft bringen. Herunter mit dem bunten Tuch!" Simeon hätte Josef den Rock vom Leib gerissen, wenn in diesem Augenblick nicht Vater Jakob aus seinem Zelt hinter ihnen aufgetaucht wäre.

„Was geht hier vor, meine Söhne?" fragte er streng. „Ruben! Simeon! Kaum seid ihr angekommen, schon fangt ihr Streit mit Josef an. Wißt ihr ihm denn nie ein freundliches Wort zu sagen?"

„Er hat uns herausgefordert", verteidigte sich Simeon. „Er verlangt von uns, daß wir ihm untertan werden."

„Gewiß habt ihr ihn mißverstanden", sagte Jakob dazu. Ruben nahm das Wort: „Er hat im Traum, so behauptet er, gesehen, wie elf Garben, die wir bei der Getreideernte banden, sich vor seiner Garbe verneigten, – so wie Sklaven vor ihrem Herrn. Beweist das nicht seine Überheblichkeit, Vater?"

„Du hättest wahrhaftig allen Grund, ihn dafür zu tadeln", fügte Simeon hinzu. Jakob sah Josef ernst und fragend an.

„Ich hatte noch einen zweiten Traum, Vater", sagte Josef zaghaft.

„Laß mich ihn hören."

„Ich sah im Traum die Sonne, den Mond und ..." Er brach ab, als fürchtete er sich, weiterzusprechen.

„Nun – was?" fragte Jakob ungeduldig.

„... und elf Sterne", antwortete Josef.

„Elf Sterne, da habt ihr's!" rief Simeon. „Elf – genau so viele, wie er Brüder hat! Ich wette, du sahst die elf Sterne vom Himmel fallen, dir zu Füßen. Und du selber warst natürlich die Sonne, und der Mond war unser Vater. Hahaha!" Simeon lief rot an vor Empörung.

Josef schüttelte heftig den Kopf.

„Nein, nein! Aber die Sonne, der Mond und die elf Sterne, sie neigten sich vor mir." Da wurde auch Vater Jakob ärgerlich und tadelte Josef: „Was für Unsinn träumst du!" Josef erwiderte: „Hast du mich nicht gelehrt, Träume als Zeichen Gottes zu deuten, Vater?"

„Da siehst du, Vater", sagte Simeon, „Josef ist übergeschnappt. Er hält seine Träume für Weissagungen des

Herrn. Wer weiß, was er in der Nacht noch alles zusammenphantasiert, um sich über uns Brüder zu erheben – und auch über seinen eigenen Vater!"

„Ich habe die Wahrheit gesagt, Vater", sagte Josef. „Glaubst du mir nicht?"

„Ich werde darüber nachdenken", versetzte Jakob. Er konnte nicht verhehlen, daß Josefs Träume ihn beeindruckt hatten, aber es schien ihm klüger, nicht weiter darüber zu reden. „Laß mich mit Ruben und Simeon allein", forderte er Josef auf, „geh und kümmere dich ein wenig um Benjamin." Als Josef sich gehorsam entfernt hatte, sagte Jakob zu Ruben und Simeon: „Ich habe euch kommen lassen, um euch zu sagen, daß ihr die Herden nach Norden treiben sollt, in die Gefilde von Sichem. Mir ist zu Ohren gekommen, daß es im Gebirge Efraim viel geregnet hat und die Täler grün sind. Das verspricht üppige Futterplätze auf lange Sicht. Ihr werdet euch dort niederlassen. Mit den Grundbesitzern werdet ihr euch schon über die Weiderechte einigen, wenn ihr ihnen genug Silber bietet." Jakob wandte sich zum Gehen. „Doch nun erfrischt euch, wechselt eure Kittel, die Mägde sollen sie waschen. Bei einem guten Mahl sehen wir uns wieder."

Am anderen Tag brachen die zehn Brüder mit ihren Tieren auf nach Norden.

Ein Monat verging, ohne daß Vater Jakob etwas von ihnen hörte. Das beunruhigte ihn. Sichem lag für jemand, der auf einem Maultier reiste, eine Woche weit nach Norden zu. Der Weg war nicht ohne Gefahr. Jakob kannte ihn gut. Soviele Erinnerungen waren für ihn daran geknüpft. Am Rand der Karawanenstraße lag ja Rahels Grab, südlich der Bergfestung Jerusalem, und nördlich dieses Ortes kam man auf steinigen Pfaden nach Beth–El, wo er auf seiner Flucht vor Esau Gott im Traum begegnet war und ihm bei der glücklichen Heimkehr aus Haran zum Dank einen Altar errichtet hatte.

Jakob hatte Bedenken, Josef auszuschicken, um sich nach seinen Brüdern und den Herden zu erkundigen. Aber Josef bestand darauf, er sah darin eine Aufgabe, eine Gelegenheit, sich in den Augen seiner Brüder zu bewähren. Sie würden daran erkennen, daß er keineswegs das verzärtelte Vatersöhnchen war, für das sie ihn hielten. Sie würden ihn dann, so hoffte er, mit mehr Wohlwollen behandeln. Deshalb stimmte Jakob schließlich zu und ließ ihn ziehen. Auf einem Maulesel ritt er davon, mit dem bunten Rock bekleidet, von dem er sich nicht trennen wollte. Als Jakob ihm nachwinkte, den kleinen Benjamin zur Seite, konnte er nicht ahnen, was Gott, der Herr, ihm und Josef zugedacht hatte.

Die Brüder hockten gemeinsam beim Mittagsmahl. Sie hatten ein Lamm geschlachtet und es über dem Feuer gebraten. Dazu aßen sie Brotfladen und tranken frisches Quellwasser. So ließ sich das Hirtenleben aushalten. Die Herden gediehen auf den grünen Fluren prächtig, es herrschte Friede im Gebirge von Efraim und in den Tälern. Die Bewohner von Sichem, der nächstgelegenen Stadt, zeigten sich den Nomaden gegenüber freundlich. Der gestrenge Patriarch Jakob war fern, und so hatten seine Söhne allen Grund, mit ihrem Los zufrieden zu sein. Sie ließen es sich schmecken. Plötzlich rief Simeon: „Täusche ich mich?" Er beschattete seine Augen mit der linken Hand und zeigte mit der rechten nach Süden. „Drüben, bei den Terebinthen! Ein Mann auf einem Maultier: Das ist doch – Josef! Brüder seht! Da kommt der Träumer!" Juda, Levi und Issachar, die ihm am nächsten saßen, hörten auf zu kauen und schauten in die von Simeon angegebene Richtung. Kein Zweifel, es war Josef, der geradewegs, sein Maultier antreibend, ihrem Lagerplatz zustrebte.

„Er trägt den bunten Rock", bemerkte Levi, „er wagt es, uns damit zu ärgern."

„Was will er hier?" fragte Ascher.

„Spionieren, was wir hier treiben und es dann unserem Vater hinterbringen", behauptete Simeon. „Und wenn er ihm nichts Übles über uns melden kann, wird er was erfinden." Simeon erhob sich, er ballte die Fäuste. „Jetzt ist die Gelegenheit da, ihm seinen Hochmut für immer auszutreiben", preßte er zwischen den Lippen hervor. „Nun hat er ausgeträumt!"

„Wie meinst du das, Simeon?" Rubens Stimme klang erschrocken.

„Umbringen werden wir ihn, auf der Stelle", antwortete Simeon. Alle hörten ihm an, daß er es blutig ernst meinte. Levi stimmte sofort zu: „Erschlagen, ja! Für immer fort mit ihm aus unseren Augen und aus der Welt!"

„Damit nicht geschehen kann, was ihm seine Träume verheißen haben", pflichtete ihm Simeon bei.

„Nein!" rief Ruben, „das lasse ich nicht zu." Er blickte seine jüngeren Brüder entsetzt an. „Seid ihr fähig, einen Brudermord zu begehen?" Sie waren alle aufgesprungen, erregt.

„Sollen wir seine Knechte werden? Eher wollte ich selbst den Tod erleiden!" Es war Sebulon, der so sprach, der jüngste von Leas Söhnen. Er war zur bösen Tat entschlossen. „Wenn er vor uns steht und die Botschaft unseres Vaters überbringt, schlag ich ihm von hinten mit einem Stein den Schädel ein. Seine Leiche werfen wir in die leere Zisterne da unten im Tal. Dann ist der Fall für uns erledigt."

„Ein guter Vorschlag", lobte Simeon, „wer dafür ist, hebe die rechte Hand!" Nacheinander streckten sich die

Hände gen Himmel, die einen, ohne zu zögern, die andern langsam, als hinge ein Gewicht daran. Nur Ruben machte nicht mit. Simeon bemerkte es mit Mißfallen. „Du stehst allein gegen neun", sagte er. „Wenn du uns verrätst, bist du nicht mehr unser Bruder." Ruben verstand die Drohung.

„Also, meinetwegen", erwiderte er, „werft ihn in die Zisterne, aber tötet ihn vorher nicht."

„Auch gut", versetzte Simeon befriedigt, „mag er darin verhungern und verdursten. Dann wird sein Blut nicht an unseren Händen kleben." Darauf verstummten sie, denn Josef war inzwischen so nahe, daß er sie hätte hören können. Er stieg ab und kam mit ausgebreiteten Armen auf die Schar seiner Brüder zu.

„Friede sei mit euch!" rief er freudig. „Endlich habe ich euch gefunden. Zum Glück traf ich einen alten Bauern, der von euch wußte und mir den Weg hierher gewiesen hat. Wie geht es euch, liebe Brüder?"

Josef suchte in den Gesichtern vergeblich eine freundliche Regung. In ihren Mienen stand Haß geschrieben, nur in Rubens Augen las er eine Spur von Bruderliebe.

„Vater schickt mich. Er macht sich Sorgen um euer Wohlbefinden, denn ihr wißt: er liebt euch alle." Sie starrten ihn an, ungerührt, als seien sie taub und stumm. „Warum schweigt ihr?" fragte Josef, plötzlich Gefahr witternd. „Warum heißt ihr mich nicht als Boten unseres Vaters willkommen?" Er wollte vor ihnen zurückweichen, aber es war zu spät. Schon hatten sie ihn umringt und den Kreis dicht geschlossen. „Was wollt ihr von mir?" rief er, „was habe ich euch getan?"

Simeon trat ganz nahe an ihn heran, so daß Josef seinen Atem auf dem Gesicht spürte. Simeon grinste ihn böse an. Eiskalt sagte er: „Erinnerst du dich an deinen Traum? Jetzt stehen wir, deine Brüder, um dich herum wie die Garben, aber wir werden uns nicht vor dir verneigen. Jetzt sollst du für deinen Hochmut büßen!" Dann feuerte er seine Brüder an: „Packt ihn!"

Im nächsten Augenblick lag Josef am Boden, niedergestreckt von vielen Fäusten. Er versuchte nicht, sich zu wehren, er war ihnen ausgeliefert wie ein Schaf einem Rudel Wölfe. Sie zogen ihm den bunten Rock aus, rissen ihm die Sandalen von den Füßen. Dann schleppten sie ihn fort zu einem felsigen Vorsprung am Fuße eines Abhangs, wo sich unter immergrünen Steineichen der Zugang zu einer verfallenen Zisterne befand. Neben dem runden Loch lag der steinerne Deckel, der die tief in den Erdboden gegrabene Höhlung abgedeckt hatte, um das darin gespeicherte Regenwasser vor Schmutz zu schützen. Schon seit langem schien die Zisterne nicht mehr benutzt worden zu sein, denn ihr inneres Gemäuer war verfallen, so daß alles Wasser darin schnell versickerte. Vom Grunde, einige Meter unter der Erde, stieg Moderduft herauf.

Sie ließen Josef, mit den Füßen voran, in die Tiefe, in den schwarzen Abgrund fallen. Sie hörten den dumpfen Aufprall, aber keinen Schrei. Befriedigt nickten sich die Brüder zu. Hierher würde sich kein Fremder verlaufen, der Josef befreien könnte, bevor er in der lichtlosen Grube umgekommen war. So kehrten sie an ihren Lagerplatz zurück, um ihre unterbrochene Mahlzeit mit gutem Appetit fortzusetzen. Da erst gewahrten sie, daß Ruben fehlte. Sie hielten Ausschau nach ihm, sahen ihn aber nirgendwo in der Nähe. Dagegen entdeckten sie zu ihrer Überraschung etwas anderes: eine Karawane! In langer Reihe zogen Kamele auf dem Weg durch das Tal, das, von Osten kommend, nach Sichem führte.

„Sie kommt aus Gilead, über den Jordan", schätzte Issachar.

„Dann sind die Kamele mit kostbaren Harzen aus den Wäldern von Gilead beladen", erklärte Juda. „Demnach ist Ägypten ihr Ziel, so was ist dort sehr begehrt. Man braucht dort die Harze als Räucherwerk in den Tempeln der Götter und vor dem Thron des Pharao."

„Ägypten!" Dan ließ den Namen wie Honig auf der Zunge zergehen. „Da möchte ich auch mal hin!" Alle lachten ihn aus, als habe er einen Witz gemacht.

„Nie im Leben", sagte Sebulon. Aber Dan ließ sich nicht aus seinem Tagtraum reißen. „Die Wasser des Nils sehen! Die Paläste des Pharao! Und erst die Pyramiden! Tausend Jahre alt sollen sie sein, wie man erzählt. Tausend Jahre!"

„Ich habe eine Idee", unterbrach ihn Juda. Alle sahen ihn gespannt an. „Wie wär's, wenn wir ihm die Reise nach Ägypten gönnten? Ich meine, unserem Träumer Josef? Was haben wir davon, wenn wir ihn in der Zisterne sterben lassen?"

„Zwickt dich plötzlich das Gewissen?" fragte Ascher spöttisch. Juda antwortete: „Er ist doch unser Bruder. Sein Blut, auch wenn wir es nicht vergießen, wird zum Himmel schreien."

„Wir warten noch immer auf deine Idee, Juda", sagte Simeon.

„Warum sollten wir Josef nicht verkaufen – an die Karawane, auf daß er als Sklave leben muß, er, der unser Herr sein wollte?"

„Allerdings, das ist klug ausgedacht", stimmte Simeon sofort zu. „Ich bin einverstanden. Wer ist dagegen?"

Sie waren alle dafür, nur Issachar legte die Stirn in Falten und gab zu bedenken: „Und wenn der Karawanenführer ihn nicht kaufen will?"

„Keine Sorge", versetzte Juda, „wir werden einen so geringen Preis fordern, daß er sich die Hände reiben wird."

Simeon übernahm jetzt das Kommando: „Kommt mit! Nehmt Stricke, damit wir Josef aus der Zisterne ziehen können."

Josef glaubte, als er das blendende Licht des Tages wiedersah, seine Brüder hätten an ihrem grausamen Spiel mit ihm genug. Stattdessen banden sie ihm die Hände auf den Rücken und trieben ihn vor sich her zu Tal. Sebulon war vorausgerannt, um die vorüberziehende Karawane aufzuhalten.

„Woher kommt ihr?" fragte er den Karawanenführer, der an der Spitze neben einem hochbeladenen Kamel schritt. Er war ein bärtiger Mann in der Tracht der Beduinen aus den Gebieten östlich des Jordans.

„Aus Damaskus über Gilead", bekam Sebulon zur Antwort.

„Und wollt nach Ägypten?"

„Ja, auf den Markt nach Memphis, der Hauptstadt."

„Welchen Weg werdet ihr von Sichem aus nehmen? Etwa nach Süden über Jerusalem und Hebron?"

„Nein", antwortete der Beduine, „wir gehen nach Westen bis zur Küste und dann am Meer entlang. Dieser Weg ist sicherer und auch bequemer als durch das Gebirge zum Toten Meer und durch die Wüste zum Sinai." Die Auskunft schien Dan zu befriedigen.

„Sag, was zahlt man in Memphis auf dem Markt für einen Sklaven?" wollte er als nächstes wissen.

„Das kommt darauf an. Warum fragst du?"

„Weil wir einen Sklaven zu verkaufen haben", sagte Sebulon. „Da! Sieh ihn dir an!"

Die Brüder waren mit ihrem Gefangenen zur Stelle. Josef sah zum Erbarmen aus. Sein ärmelloses wollenes Unterhemd, das ihm bis zu den Knien reichte, war zerrissen und vom Schlamm der Zisterne verdreckt. Seine Haare hingen ihm wirr in die Stirn. Eine blutige Schramme lief vom rechten Auge bis zum Kinn. Ein spitzer Stein in der zerbröckelten Wandung des Zisternenschachtes hatte sie ihm gerissen, als man ihn heraufzerrte. Trotzdem zeigte sich der Karawanenführer auf den ersten Blick an Josef interessiert. „Gut sieht er aus", stellte er fest, „hübsch und wohlgestaltet. Solche Jünglinge aus Kanaan sind bei vornehmen Ägyptern als Haussklaven sehr beliebt."

„Für zwanzig Silberstücke kannst du ihn haben", begann Juda den Handel. Dem Karawanenführer erschien das Angebot so unglaublich niedrig, daß er Verdacht schöpfte. Mißtrauisch fragte er: „Woher habt ihr ihn? Etwa seinem Besitzer geraubt und entführt?"

„Wo denkst du hin?" sagte Juda. „Es geht mir rechten Dingen zu."

„Warum wollt ihr ihn verkaufen? Und so billig?"

„Frag nicht so viel", fuhr Simeon den Karawanenführer barsch an. „Entscheide dich! Willst du ihn kaufen – ja oder nein?"

„Für zwanzig Silberschekel – allemal! Und wenn er euer eigener Bruder wäre!"

„Er ist unser Bruder, damit du's weißt!" bekannte Simeon. Der bärtige Beduine schien eine Weile zu überlegen, ob er sich auf diese schändliche Art von Menschenhandel einlassen durfte. Schließlich siegte sein Geschäftssinn. „Wenn schon!" rief er, „was gehen mich eure Familienangelegenheiten an." Er wühlte in einem Beutel, der am Sattel seines Kamels baumelte und die Reisekasse enthielt. „Her mit dem Burschen. Hier ist das Silber!"

Ohne nachzuzählen ließ Simeon die Stücke hastig in seinem Hirtenbeutel verschwinden.

„Laßt ihn nicht entwischen unterwegs", riet Juda den Beduinen.

„Keine Bange", rief der Karawanenführer, „den seht ihr nie wieder!"

„Na, dann glückliche Reise nach Ägypten!"

„Lebt wohlt", dankte der Beduine. „Mögen eure Herden sich vermehren und euer Vater stolz auf euch sein!"

Aus einiger Entfernung beobachteten die Brüder, wie die Beduinen Josef mit einem langen Strick an das Kamel des Karawanenführers banden. Dann setzten sich die Tiere in Bewegung, gemächlich trotteten sie unter ihren schwankenden Lasten dahin, eins in der Spur des vorangehenden.

Josef drehte sich nicht einmal mehr um nach seinen Brüdern.

„Zwanzig Silberlinge! Macht für jeden von uns zwei!" frohlockte Juda. Er rieb sich dabei die Hände. „Ihr müßt zugeben, es war wirklich eine glänzende Idee von mir."

„Halt dein Maul", herrschte Simeon ihn an.

Von der Karawane war nichts mehr zu sehen. Schweigend kehrten die Brüder zu ihren Zelten zurück. Als sie dort ankamen, stand Ruben da. Er hatte sie erwartet.

„Wo ist Josef? Die Zisterne ist leer. Was habt ihr mit ihm gemacht?" Seine Brüder blickten beschämt zu Boden, als wagten sie nicht, dem Erstgeborenen ihres Vaters in die Augen zu sehen. Nur Simeon brauste auf: „Warst du nicht damit einverstanden, ihn aus dem Weg zu räumen? Als Ältester trägst du dafür die Verantwortung!"

„Ich habe nur zugestimmt, ihn lebend in die Zisterne zu werfen, ja! Aber ich wollte ihn retten und ihm heimlich zur Flucht verhelfen. Habt ihr ihn ermordet?"

„Nein, er lebt noch – und wird auch am Leben bleiben", antwortete Simeon. „Er ist auf dem Weg nach Ägypten. Wir haben Josef an eine Karawane verkauft, die von Gilead kam."

„Was sagst du? Ihr habt euren eigenen Bruder verkauft

wie ein Stück Vieh?" Simeon griff in seine Hirtentasche und holte zwei Silberstücke hervor, hielt sie Ruben unter die Nase und sagte zu ihm: „Hier, nimm! Das ist dein Anteil."

„Das ist Schandgeld!" schrie Ruben. Er warf die Silberlinge den Brüdern vor die Füße. Verzweifelt barg er darauf sein Gesicht in beide Hände und stöhnte: „Verfluchen wird mich mein Vater! Wohin soll ich nun gehen?" Juda trat neben ihn und legte ihm die Hand auf die Schulter. Er sagte: „Mach dir darüber keine Gedanken, Ruben. Vater wird die Wahrheit nie erfahren. Er soll glauben, ein wildes Tier habe Josef zerrissen. Sowas kommt ja vor, auch in dieser Gegend gibt es Löwen. Vater wird nicht daran zweifeln, wenn wir ihm Josefs bunten Rock schicken, getränkt mit dem Blut eines Ziegenbocks."

Einige murmelten Zustimmung, andere blieben stumm. Ruben hatte Simeon und den übrigen den Rükken gekehrt, er war davongegangen zu seiner Schafherde.

Sie warfen das Los. Es traf Dan. Er sollte Vater Jakob die Unglücksnachricht überbringen. Dan schlachtete einen Ziegenbock, goß von dem Blut über Josefs Leibrock und zerriß ihn zu Fetzen. Dann machte er sich auf den Weg nach Hebron.

„Warum kommt Josef nicht zu mir zurück?" fragte Jakob verwundert, nachdem er Dan umarmt hatte. „Er wollte wohl gerne eine zeitlang bei seinen Brüdern sein? Das gefällt mir an ihm. Wie geht es ihm und den andern? Wie steht es mit den Herden?"

„Es geht den Brüdern gut, Vater", antwortete Dan langsam, „nur Josef ..."

Jakob erschrak. „Was ist mit ihm? Sprich weiter, Dan. Ist ihm ein Unglück zugestoßen?" Dan ging zu seinem Maultier und kam mit einem Bündel zurück. Er breitete es vor Jakob aus. „Hier, diesen Ärmelrock fanden wir, als wir nach verirrten Schafen suchten, zerfetzt und blutig. Ein wildes Tier, ein Löwe gewiß, hat den zerrissen, der ihn getragen hat. Wir waren uns nicht sicher, ob es Josefs bunter Rock ist. Du mußt es wissen. Erkennst du ihn? Oh, wenn du doch sagen könntest: nein, es ist nicht Josefs Rock!" Der Anblick traf Jakob wie ein Keulenschlag. Er wankte, griff haltsuchend in die Luft.

„Josef!" Ein Schrei, wie Dan ihn noch nie aus eines Menschen Brust vernommen hatte, ließ ihn vor seinem Vater zurückweichen. Er sah, wie Vater Jakob mit vor Entsetzen weit aufgerissenen Augen zum Himmel blickte und sich darauf mit beiden Händen den eigenen Rock vom Leibe riß, während er, von Schmerz überwältigt, in Tränen ausbrach:

„Josef! – Mein Sohn Josef! Mein Kind! Von einem wilden Tier zerrissen und gefressen! Mein liebstes Kind, der Trost meines Alters ist dahin! Die Sonne meines Lebens erloschen! Der Schmerz zerreißt mir das Herz! Oh, könnte ich hinabsteigen zu ihm in das Reich der Toten! Bis zum Ende meiner Tage muß ich um ihn weinen. Gebt mir ein Gewand der Trauer, ich will es immer um meine Hüften tragen. O Josef!"

So beweinte Jakob seinen Sohn.

Fünftes Kapitel

Der Sklave des Herrn Potifar

Potifar, der Chef der ägyptischen Staatspolizei, hatte mit dem Kauf eines neuen Sklaven Glück gehabt, so glaubte er, und das war auch die Meinung seiner Frau. Was sie an ihm besonders schätzten, waren seine Fähigkeiten. Nach wenigen Wochen hatte er die Sprache des Landes gelernt. Bald konnte er sie auch lesen und schreiben. Bei Festgelagen im Hause Potifar zog er die bewundernden Blicke aller Gäste, vor allem der weiblichen, auf sich, wenn er bei Tisch bediente. Potifar und seine Frau waren richtig stolz auf ihn.

Potifar war einer der höchsten Beamten im Reiche des Pharao, hochgeehrt und dementsprechend von vielen gefürchtet. Er galt als Freund des Pharao. Das hohe Amt und die Gunst des gottgleichen Herrschers hatten Potifar reich gemacht. Er besaß eine prächtige Villa, die in einem Park oberhalb des Nilufers zwischen üppigen Gärten und Palmenhainen lag. Von der Terrasse aus konnte man über die Wipfel von Feigen – und Granatapfelbäumen hinweg auf den Nil sehen, der in majestätischer Breite dahinströmte, dem Meer entgegen. Seine Wasser stammten aus dem tiefen Süden des Erdteils, von dem nur wenige mehr wußten, als daß dort in unendlichen dunklen Wäldern Menschen mit schwarzer Haut zwischen himmelhohen Bergen hausten. Niemand hatte je die Quellen des Nils gesehen. Entsprang er vielleicht im Himmel? Jedenfalls war er ein Geschenk der Götter an das Land

Ägypten. Der Nil spendete ihm das Leben, er war die Ader, die das Reich der Pharaonen mit den übrigen Völkern unter der Sonne verband. Daß dieser Lebensstrom seinen Lauf von Süden nach Norden nahm, um sich schließlich in das Meer zu ergießen, war die Ursache für den Reichtum Ägyptens, denn vom Meer her wehte fast beständig ein Nordwind, er blähte die Segel ungezählter Schiffe und trieb sie gegen die Strömung ins Innere des Landes. So war der Nil zur Wasserstraße geworden zwischen Ägypten und den Ländern, die das Mittelmeer säumten.

Wenn Josef im Auftrag seines Herrn in der Stadt zu tun hatte, fühlte er sich jedesmal in eine andere Welt versetzt. Sie hatte nichts gemeinsam mit der Umgebung, in der er aufgewachsen war. Wie fern lag Kanaan mit seinen Wüsten und Steppen und Gebirgen, – das Land, in dem machtlose Kleinkönige über unbedeutende Siedlungen herrschten, das Land, in dem Nomaden, den Jahreszeiten folgend, mit ihren Herden auf der Suche nach grünen Weiden umherzogen und Bauern dem kargen Boden Getreide für das tägliche Brot abrangen. Im Lande Kanaan wußten die Menschen nicht viel von der übrigen Welt, von Handel und Wandel, von Luxus und Lustbarkeiten, von Kunst und Kultur. Im Lande Kanaan bedeutete das Dasein Kampf um das Überleben.

Die Ägypter sahen auf Menschen jenseits ihrer Grenzen hochmütig herab und bezeichneten sie als Hebräer, vor allem die Kanaaniter. In ihren Augen waren sie ein primitives Volk, ohne Vergangenheit und ohne Zukunft.

Wie anders zeigte sich das Leben in der großen ägyptischen Stadt, in die das Schicksal Josef verschlagen hatte! In dem Gewirr enger Gassen wimmelte es von Menschen aller Hautfarben des Orients. Aus aller Herren Länder kommend, erfüllten sie die übervölkerten Stadtviertel mit lärmendem, brodelnden Betrieb. Da drängten sich Flußschiffer und Seefahrer, Kaufleute und Sklaven, Tagelöhner und Tagediebe, Bauern, die ihre Erzeugnisse vom Land auf die Märkte brachten, eilige Boten, Gaukler und bewaffnete Hüter der öffentlichen Ordnung. In den Kneipen und Herbergen tauschte man Neuigkeiten aus. Überall Geschrei und Gelächter, Feilschen und Geschimpfe, Geblök und Gebrüll von Vieh: alles in allem ein Spektakel für Augen und Ohren. Aber auch die Nasen hatten daran Anteil, wenn auch keinen sehr angenehmen: der Geruch von Schweiß lag in der Luft, und aus den Gossen stieg der Gestank von Kot und Abfall und vermischte sich mit den Düften aus ungezählten Bratküchen. Auf den breiten Straßen hörte man ununterbrochen das Geklapper von Pferdehufen und das Rattern von Rädern der zweirädrigen offenen Wagen, mit denen sich die Reichen, die Vornehmen und die Würdenträger fortzubewegen pflegten.

Am meisten staunte Josef über die Geschäftigkeit am Hafen. Bevor er auf dem Sklavenmarkt verkauft worden war, hatte er noch nie ein Schiff gesehen. Hier nun lagen sie aufgereiht an den Kais, mit dicken Tauen an Pfähle gebunden. Die meisten waren Lastschiffe, die nur auf dem Nil verkehrten und sich selten auf die hohe See hinauswagten. Sie hatten nur einen Mast in der Mitte, daran führten sie ein großes viereckiges Segel aus Leinwand. Daneben sah man Schiffe, die aus Häfen des Auslandes angelangt waren. Ihre Kapitäne und Matrosen waren Phönizier. Sie waren die Meister der Seefahrt. Mit ihren starkgebauten, dickbauchigen Schiffen beherrschten sie den Handel im ganzen Mittelmeer.

In den luftigen Schuppen am Kai stapelten sich Waren, die von Schiffen ausgeladen wurden oder darauf warteten, in den Luken verstaut zu werden. Josef sah Elfenbein und kostbare Hölzer aus südlichen Regionen. Von dort kamen auch Tiere und farbenprächtige Vögel. Am lustigsten fand er Affen. Was für seltsame Geschöpfe mit ihren menschenähnlichen Gesichtern, langen Armen und Schwänzen, mit denen sie possierlich an Masten und Segelstangen oder auf straff gespannten Schiffstauen herumturnten!

Aus den phönizischen Schiffen, die von fernen Küsten oder Inseln kamen, schleppten halbnackte Sklaven Berge von bunten Töpferwaren und von Krügen, deren Hälse mit Wachs versiegelt waren. Sie enthielten Wein, Olivenöl oder Honig. Auch Ballen mit Stoffen kamen zum Vorschein, und aus manchen Schiffen wurden Pferde zu Dutzenden an Land gesetzt.

Wenn sie wieder in See gingen, trugen sie in ihren Laderäumen von allem, was Ägypten anzubieten hatte, vor allem weißes Leinen, wie es sonst nirgendwo so fein gewebt wurde. Sehr begehrt war auch Papier. An einem Uferabschnitt lagen die Werkstätten, in denen es hergestellt wurde aus den dicken Stengeln einer Wasserpflanze, Papyrus genannt. Sie wuchs in seichten und sumpfigen Flußniederungen. Aus ihrem getrockneten Bast fertigte man Rollen an, auf die man mit Tinte schreiben konnte: Gesetze und heilige Texte, zum Beispiel, und überhaupt alles, was wert war, aufgezeichnet zu werden, in Ägypten und anderswo.

Potifar schätzte Josef mehr als alle übrigen in der Schar seiner Sklaven. Er hatte schnell erkannt, daß er ihm voll vertrauen konnte und daß alle Angelegenheiten seines Haushaltes bei Josef in den besten Händen lagen. Deshalb setzte er ihn über das ganze Gesinde und kümmerte sich selbst um garnichts mehr. Josef überwachte die Arbeiten im Hause, er kontrollierte die Ausgaben, prüfte alles, was von Händlern geliefert und von Handwerkern erledigt wurde. Er ließ sich weder betrügen noch bestechen. In allem vertrat er die Interessen des Hauses Potifar. Der ließ sich nur noch von Josef bedienen. Josef mußte alle Speisen und Getränke probieren, bevor sie ihm serviert wurden, um sicher zu sein, daß sie nicht vergiftet waren, denn ein Mann wie Potifar hatte viele Feinde. Josef las seinem Herrn in dessen Mußestunden aus unterhaltsamen oder erbaulichen Papyrusrollen vor, und wenn der Polizeichef morgens im Wagen zum Dienst fuhr, wartete Josef bereits am Tor und verneigte sich vor ihm zum Abschied. Potifar, neben dem Rosselenker stehend, würdigte ihn dabei eines freundlichen Blickes. Auch wenn er abends heimkehrte, war Josef zur Stelle und hielt für ihn das Bad bereit.

Josef hatte sich dem Leben nach ägyptischer Art angepaßt. In Kleidung und Haartracht, in Gebärden und Sprache war er von Einheimischen kaum noch zu unterscheiden. Er war zuversichtlich, sein Leben nicht als Sklave beenden zu müssen, sondern eines Tages wieder frei zu sein. Hielt der Herr, sein Gott, nicht eine schützende Hand über ihm – wie an jenem Tag, als seine Brüder ihn in die Zisterne geworfen hatten, um ihn darin sterben zu lassen? Josef sah getrost in die Zukunft.

Aber dann, eines Tages, geschah es.

Potifars Frau ließ Josef zu sich rufen. Es war am Nachmittag. Sie empfing den Hausverwalter in ihren eigenen Gemächern. Das hatte sie noch nie getan. Josef wunderte sich, daß sie um diese Zeit aufgeputzt und geschminkt war, als wolle sie zu einem Fest beim Pharao gehen.

„Zu deinen Diensten, Herrin", sagte Josef. Er beugte vor ihr das Knie.

„Steh auf! Komm näher!" forderte sie ihn auf. Ihre Stimme klang sanft und freundlich. Josef gehorchte, blieb aber in respektvollem Abstand. Der Duft eines kostbaren Salböls stieg ihm in die Nase. „Wo ist Potifar?" fragte sie.

„Er ist mit seinen Freunden auf Krokodiljagd am anderen Ufer des Nils gegangen", gab Josef Auskunft.

„Sehr gut, dann wird er vor Sonnenuntergang nicht heimkommen", sagte die Frau. Sie streckte die Hände nach Josef aus. „Wir sind ganz allein im Hause. Ich habe meine Sklavinnen fortgeschickt. Niemand wird uns stören."

„Ich warte auf deine Befehle, Herrin", sagte Josef.

„Befehle gibt dir mein Mann", lächelte sie. „Ich aber will dir meine Gunst schenken." Sie machte einen Schritt auf Josef zu.

„Deine Gunst gehört allein deinem Gemahl, meinem Gebieter", stammelte Josef verwirrt. Potifars Frau verzog ihr Gesicht zu einer verächtlichen Miene. „Sprich nicht von Potifar", sagte sie. „Der feiste Kahlkopf ist mir so zuwider, daß ich ihn umbringen könnte. Ich kann ihn nicht ausstehen. Er denkt nur noch ans Essen, um mich kümmert er sich nicht mehr. Zum Glück, denn ich könnte es nicht ertragen, mich von diesem Fettkloß berühren zu lassen." Sie machte eine Pause und blickte Josef mit lüsternen Augen an. „Du aber, du gefällst mir sehr. Du bist jung und schön von Gestalt und Angesicht. Du sollst mein Geliebter sein. Das wünsch ich mir schon seit langem. Umarme mich!"

Josef suchte nach Worten. Er hatte plötzlich das Gefühl, in eine Falle geraten zu sein, aus der es keinen Ausweg gab. „Dein Gemahl hat mich über sein Haus gesetzt und mir seinen ganzen Besitz anvertraut. Er läßt mich schalten und walten. Mein Herr, dein Gemahl, baut darauf, daß ich sein Vertrauen nicht mißbrauche. Und nun verlangst du, mit mir die Ehe zu brechen?"

„Was ist denn schon dabei?" lachte Potifars Frau, „der Dummkopf wird es nie erfahren."

„Wie könnte ich ein so großes Unrecht an meinem Herrn begehen?"

„Ich will es!" stieß Potifars Frau hervor. „Vergiß nicht, wer du bist!"

„Es wäre schändlich gehandelt an deinem Gemahl", beteuerte Josef, „und vor dem Angesicht des Gottes meiner Väter wäre es ein Greuel."

„Du bist in Ägypten", erwiderte sie. „Die hebräischen Götter brauchst du nicht zu fürchten." Sie legte ihm die Hände auf die Schultern. „Komm, sei kein Narr."

„Ich bitte dich, Herrin", flehte Josef sie mit gefalteten Händen an, „laß deinen Diener in Frieden gehen." Er drehte ihr den Rücken zu und wollte den Raum verlassen. Aber er kam nicht weit. Er fühlte sich von hinten gepackt.

„Was bildest du dir ein, du hebräischer Sklave", schrie sie ihn an in kalter Wut. „Du wagst es, mich zu verschmähen und zu demütigen, – mich, die Gemahlin des Potifar? Hast du vor, ihm alles zu erzählen und mich vor ihm bloßzustellen? Hüte dich! Es wäre dein Tod!" Bei ihren Worten versuchte Josef, sich loszureißen, aber ihre Hände waren in sein leichtes ärmelloses Obergewand verkrallt. Mit einem Ruck befreite er sich – und ließ das Kleidungsstück zerrissen in ihren Fäusten zurück. Hinter sich hörte er sie gellend nach ihren Sklavinnen um Hilfe rufen. Als Potifar nach Hause kam, stürzte ihm seine Frau entgegen. „Dieser Hebräer, den du ins Haus gebracht hast, – er hat dein Vertrauen schändlich mißbraucht", stieß sie keuchend hervor. „Ich bin noch ganz außer mir. Sieh, wie ich vor Empörung zittere!"

„Erzähle, was geschehen ist", forderte Potifar sie auf, „aber bleibe bei der Wahrheit." Potifar schien an der Geschichte zu zweifeln, noch bevor er sie vernommen hatte.

„Heute am Nachmittag, während du auf der Krokodiljagd warst, schlich dieser Hebräer zu mir herein ..." Potifar unterbrach sie: „Du meinst meinen getreuen Hausverwalter?"

„Der und getreu!" lachte sie ihm spöttisch ins Gesicht. „Du ahnungsloser Potifar! Er tat, als wolle er in meinen Gemächern nach dem rechten sehen. Aber ich habe ihn gleich durchschaut, den Heuchler."

„Heuchler?" fragte Potifar ungläubig. „Was soll das heißen?"

„Zum Ehebruch wollte er mich verführen!" Sie machte eine Pause, die Wirkung ihrer Behauptung abwartend. Potifar schien in der Tat erschüttert. Eine Weile ging er nachdenklich hin und her. Schließlich blieb er vor seiner Frau stehen und schüttelte den Kopf. „Nein, das ist unmöglich", sagte er. „Ich kenne ihn durch und durch. Seit drei Jahren lebt er unter meinem Dach und ist mir zum Segen für Haus und Hof geworden. Nie und nimmer wäre er zu einer solchen Tat fähig. Du hast gewiß ein Wort aus seinem Mund falsch gedeutet. Er ist doch ein Hebräer."

„Du täuschst dich, Potifar", entgegnete seine Frau gereizt. „Mit frechen Reden und Gebärden hat er mich belästigt. Als ich ihn streng hinauswies, versuchte er, mir Gewalt anzutun. Ich mußte schreien, um mich seiner zu erwehren. Da bekam er es mit der Angst zu tun und lief hinaus, so schnell er konnte."

„Es fällt mir schwer, dir Glauben zu schenken", versetzte Potifar.

„Dann sieh dir das an!" Sie hielt ihm Josefs Obergewand unter die Augen. „Kennst du es?" Potifar warf einen kurzen Blick darauf und nickte stumm.

„Er ließ es in der Eile der Flucht zurück wie ein Dieb, der stehlen will und sich ertappt sieht, bevor er sich mit seinem Raub davonmachen kann. Bist du jetzt überzeugt?" Potifar zuckte unschlüssig mit den Schultern. „Ich werde ihn zur Rede stellen", entschied er. Seine Frau setzte eine beleidigte Miene auf. „Wirst du einem Sklaven, der seine Unschuld beteuert, mehr glauben als deiner Frau?" Potifar seufzte getroffen auf. „Nein, nein", beschwichtigte er sie. Nun geriet er endlich in Zorn, wie seine Frau befriedigt bemerkte. „Das ist also der Dank dafür, daß ich ihn wie einen Freund und nicht wie einen Sklaven behandelt habe! – Ins Gefängnis mit ihm!"

„So ist es recht, mein liebster Gemahl", lobte sie ihn. „Bestrafe ihn, wie er es verdient." Triumphierend sah sie ihrem Gemahl nach, der eilig davonging, um den Haftbefehl zu erlassen.

Als Josef am anderen Morgen in der düsteren Zelle aufwachte und hörte, wie die Kette rasselte, mit der die Tür verschlossen war, glaubte er, es sei der Henker, der ihn zur Hinrichtung holen wollte. Aber es war nur der Kerkermeister, und der machte keineswegs ein grimmiges Gesicht. Im Gegenteil.

„Du bist also der hebräische Hausverwalter meines Chefs, des hochgeehrten Herrn Potifar", sagte er freundlich. „Er hat mir berichtet, was du angeblich verbrochen hast, aber ich hatte den Eindruck, daß er von deiner Schuld nicht überzeugt ist, sonst hätte er kurzen Prozeß mit dir gemacht und dich lebendig den Krokodilen vorgeworfen oder dich auf einen Pfahl spießen lassen. Aber den Gefallen wollte er seiner Frau nicht tun. Ich wette, er hätte dich am liebsten im Amt gelassen. Aber er hat Angst vor seiner Frau. Sie ist nämlich die beste Freundin von der Gemahlin des Pharao, verstehst du? Nur durch ihre Beziehungen ist Potifar zum Obersten der Leibwache und zum Chef der Staatspolizei befördert worden. Genau so schnell könnte er auch wieder abgesetzt werden. Beim Pharao geht so was schnell. Heute noch in hohen Würden, morgen in der Unterwelt."

Der Kerkermeister war offenbar ein redseliger Mensch. Josef war ihm auf den ersten Blick sympathisch. „Ehrlich gesagt, ich freue mich, daß du hier bist", fuhr er gutgelaunt fort. „Wie du an meinen grauen Haaren erkennst, bin ich nicht mehr der Jüngste. Da kommt mir ein zuverlässiger Gehilfe gerade recht. Übrigens, – Potifar hat mir selbst den Tip gegeben. In seinem Haus warst du ja die Nummer Eins. Ich werde dich anständig behandeln und dich besser verpflegen, als es für Untersuchungshäftlinge üblich ist." „Wie lange werde ich in diesem Gefängnis zubringen müssen?" fragte Josef verdrießlich. Auch als Gehilfe des Kerkermeisters schien ihm die Zukunft in Unfreiheit wenig verlockend.

„Sowas kann man nie wissen", antwortete der Kerkermeister. „Wer hier eingeliefert wird, darf hoffen oder er muß zittern. Entweder wird er vom Pharao begnadigt oder zum Tode verurteilt. Bei dir ist weder das eine noch das andere zu erwarten. Eine Begnadigung wird die Frau des Potifar zu verhindern wissen. Dem Todesurteil aber würde sich Potifar vermutlich widersetzen. Also mach dich darauf gefaßt, dein Leben in meiner Gesellschaft zu verbringen. Vielleicht wirst du eines Tages mein Nachfolger." Das waren trübe Aussichten. Doch Josef durfte froh sein, daß ihm nichts Schrecklicheres widerfuhr. Als Gehilfe des Kerkermeisters mußte er den übrigen Häftlingen das Essen bringen und ihre Zellen sauberhalten. „Die meisten Gefangenen sind Männer, die in ihrem Amt hohes Ansehen genossen haben, Beamte des Pharao oder andere Würdenträger. Mit kleinen Übeltätern gibt man sich bei uns, wie du weißt, nicht ab. Die sorgen dafür, daß die Henker nicht arbeitslos werden. Mit den besseren Herren aber darf man es nicht verderben. Man kann nie wissen, ob man ihre Fürsprache noch einmal braucht, falls sie freikommen und wieder in Amt und Würden eingesetzt werden. Es wäre nicht das erste Mal in meiner Praxis."

Josef versah seine Pflichten vorbildlich. Bald überließ ihm der Kerkermeister alles, was es in seinem Bereich zu tun gab, und rührte sich nur noch von der Stelle, wenn neue Untersuchungsgefangene eingeliefert oder alte entlassen wurden – in die Freiheit oder in den Tod. Eines Tages wurden dem Kerkermeister zwei neue Verhaftete übergeben.

„Denk dir, es sind zwei von den höchsten Beamten des Pharao", unterrichtete er seinen Gehilfen. „Der Mundschenk und der Oberbäcker!"

„Was haben sie verbrochen?" wollte Josef gerne wissen. Der Kerkermeister wußte nichts Genaues. „Sie haben sich schwer gegen den Pharao vergangen, heißt es. Mehr wird man wohl nie erfahren. Manchmal sind solche Leute ganz unschuldig – jedenfalls beteuern sie das immer – und nur das Opfer einer Laune unseres gottgleichen Herrschers. Vielleicht hat ihm der Mundschenk sauren Wein servieren lassen und den guten unter der Hand verkauft. Der Oberbäcker ist dafür verantwortlich, daß die Schar der Bäcker Brot und Kuchen backt, wie sie dem Pharao am besten schmecken. Aber auch ein Oberbäcker gerät leicht in Versuchung, mit dem besten Weizenmehl eigene Geschäfte zu machen, wer weiß?" Alle Gefangenen mochten Josef sehr. Er bereitete ihnen das Essen, fegte ihre Zellen, wusch ihre Kleidung, und immer, wenn sie ihr Los beklagten, fand Josef für sie ermunternde Worte. Eines Morgens, als er die Zelle des

Mundschenks und des Oberbäckers betrat, in der sie gemeinsam hausten, fand er sie in gedrückter Stimmung.

„Was ist los?" fragte Josef. „Ihr seht ja ganz verstört aus." „Wir warten nun schon seit Wochen auf unser Urteil", sagte der Oberbäcker. „Jeden Tag, jede Stunde kann die Entscheidung fallen: Leben oder Tod. Und nun hatten wir beide in der vergangenen Nacht einen Traum. Wir sind sicher, daß er eine Weissagung über unser Schicksal enthält, aber wir können ihn nicht deuten. Das versetzt uns in Furcht."

„Dabei gibt es in der Stadt manchen Weisen, der sich auf die Kunst versteht, Träume zu deuten", sagte der Mundschenk. „Den besten aus dieser Zunft würde ich rufen lassen, dafür wäre mir kein Geld zu schade. Aber das ist uns ja nicht erlaubt." Er und der Oberbäcker seufzten beide laut auf. Josef aber lachte. „Meint ihr wirklich, jemand könnte als Beruf erlernen, in die Zukunft zu sehen? Eure sogenannten Traumdeuter sind Betrüger und Geschäftemacher."

„Was verstehst denn du Hebräer schon davon?" spottete der Oberbäcker. Josef erwiderte mit fester Stimme:

„Gott, der Herr, allein kennt die Zukunft. Traumzeichen kommen von ihm, und deuten kann sie nur ein Mensch, dem Gott selbst die Wahrheit offenbart."

„Kennst du einen solchen Auserwählten?" fragte der Oberbäcker ironisch.

„Erzählt mir eure Träume", forderte Josef die Gefangenen auf. „Ach, was gehen dich unsere Träume an", sagte der Oberbäcker unwirsch. Der Mundschenk war anderer Meinung und begann:

„Also, ich sah in meinem Traum einen Weinstock vor mir mit drei Reben daran. Der Weinstock trieb Knospen. Blüten sprangen auf, und die Trauben reiften vor meinen Augen heran. Ich selbst hielt, während das geschah, den Becher des Pharao in der Hand. Wie ich nun sah, daß die Trauben reif waren und die Beeren vor Saft strotzten, pflückte ich sie, preßte den Saft mit den Händen aus und ließ ihn in den Becher tropfen, bis er voll war." Er machte eine Pause, dann fuhr er fort: „Das ist alles, der ganze Traum. Darüber grüble ich, seit ich erwachte. Der Sinn bleibt mir verborgen." Er schaute Josef fragend an. Josef schwieg. Er schien ganz in sich gekehrt, als horche er auf eine innere Stimme. „Siehst du", rief der Mundschenk enttäuscht, „du hast auch keine Ahnung." Da kam Josef wieder zu sich.

„Die drei Reben bedeuten drei Tage", sagte er.

„So, meinst du?" Der Mundschenk schien nicht viel von dieser Erklärung zu halten. Josef sprach unbeirrt weiter: „Noch drei Tage, dann wird der Pharao dich begnadigen und dich wieder als seinen Mundschenk einsetzen." Da mischte sich der Oberbäcker ein: „Der Hebräer will dir nur Mut machen, Mundschenk. Übrigens, – war der Traubensaft in deinem Traum weiß oder rot?" Der Mundschenk dachte nach. „Er floß rot in den Becher", erinnerte er sich. „Also wird dein Blut fließen, das ist doch ganz klar", rief der Oberbäcker. „Warum bist du nicht selbst darauf gekommen?" Der Mundschenk sackte zusammen. „Ich bin verloren!" jammerte er. Doch im nächsten Augenblick erwachten seine Lebensgeister aufs neue. „Da fällt mir ein", rief er, „in drei Tagen feiert der Pharao den Jahrestag seiner Thronbesteigung. Da gibt es in seiner Residenz ein großes Fest. Er würde mich vermissen, denn einen so guten Mundschenk wie mich gibt es in seinem Reich keinen zweiten." Überglücklich nahm er Josefs Hände und küßte sie. „Jetzt weiß ich: du hast meinen Traum richtig gedeutet. Ich bleibe am Leben!"

„Mach dir keine Hoffnung", sagte der Oberbäcker mürrisch. „Wenn der Pharao einen von uns beiden wieder in Gnaden aufnimmt, so werde ich es sein. Wein kann jeder probieren und einschenken, Brot und Kuchen backen aber ist eine Kunst, die in ganz Ägypten niemand so beherrscht wie ich." Nach diesem Selbstlob wandte er sich an Josef. „Ich bin gespannt, wie du meinen Traum deuten wirst. Ich will ihn dir erzählen, – nur zum Zeitvertreib."

„Laß hören!"

„Also, paß gut auf, Hebräer, das war so: In meinem Traum ging ich zum Palast des Pharao. Ich kam von den Backstuben und trug drei Körbe auf dem Kopf wie die Bäckerjungen, wenn sie Brot austragen. In dem obersten Korb war allerlei Backwerk für den Pharao. Merkwürdigerweise war es nicht mit einem Tuch bedeckt, wie es sich gehört, damit es gegen Staub und Vögel geschützt wird. Tatsächlich, – es kamen Vögel angeschwirrt, sie stürzten sich auf den offenen Korb und fraßen ihn leer, ohne daß ich etwas dagegen machen konnte. – Damit war mein Traum zu Ende. Hast du selbst schon mal etwas so Komisches geträumt?"

Josef gab nicht gleich eine Antwort. Er sah zu Boden, als sei sie vielleicht in den Lehm geschrieben. Der Oberbäcker wurde ungeduldig. „Na, was ist? Dein hebräischer Gott läßt wohl nichts von sich hören? Oder er weiß selbst nicht, was mein Traum bedeutet?" „Doch!" antwortete Josef, den Oberbäcker ernst anblickend. „Die drei Körbe bedeuten auch in deinem Traum drei Tage."

„Das hab ich mir gleich gedacht", nickte der Oberbäcker. „Der Jahrestag gilt ja auch für mich. Da möchte sich jeder Gast an süßen Kuchen erfreuen. Aber die Vögel, die mir das Backwerk raubten. Weißt du auch für sie eine Erklärung?" Da antwortete Josef: „Noch drei Tage, dann wird der Pharao dir das Leben rauben, und Vögel des Himmels werden kommen und dein Fleisch fressen."

Den Oberbäcker packte lähmendes Entsetzen. „Nein!" schrie er, „das kann nicht wahr sein! Du mußt dich irren, Hebräer. Denk noch einmal nach. Warum sollte der Pharao den Mundschenk begnadigen und mich töten lassen?" Josef sagte kein Wort weiter, stumm und traurig verließ er die Zelle.

„Beruhige dich, Oberbäcker", tröstete der Mundschenk seinen Kollegen. „Dieser Hebräer hat sich doch nur einen grausamen Scherz mit dir erlaubt, weil du dich vorher lustig über ihn gemacht und seinen Gott verhöhnt hast." Aber der Oberbäcker fand seine Ruhe nicht wieder. Angstschweiß perlte auf seiner Stirn. Er bebte am ganzen Leib. „Und wenn der Hebräer meinen Traum richtig gedeutet hätte?"

Nach drei Tagen geschah, was Josef vorhergesagt hatte. Am frühen Morgen kamen die Henker des Potifar. Sie schleppten den Oberbäcker zum Richtplatz, wo der Galgen für ihn aufgerichtet war. Bald darauf erschien eine Abordnung aus dem Palast des Pharao vor dem Gefängnistor. Sie holte den Mundschenk ab. Auf einem Wagen, von zwei Pferden gezogen, sollte er in die Freiheit und in sein ehrenvolles Amt zurückkehren. Zum Abschied bat Josef ihn: „Erinnere dich meiner, wenn du wieder im Angesicht des Pharao glücklich bist. Lege bei ihm ein gutes Wort für mich ein, damit auch ich bald wieder unter seinem Himmel frei atmen darf. Denn ich bin unschuldig."

„Was hat dich, einen Hebräer, nach Ägypten verschlagen?" fragte der Mundschenk.

„Man hat mich aus meiner Heimat Kanaan nach Ägypten verschleppt und mich zum Sklaven gemacht. Ich hatte Glück, daß der Herr Potifar mich erwarb. Dennoch ist es mir, wie du siehst, zum Verhängnis geworden. Ich war sein Hausverwalter."

„Ach ja, ich erinnere mich", sagte der Mundschenk. „Warum hat Potifar dich ins Loch stecken lassen?"

„Seine Gemahlin hat mich bei ihm verleumdet."

„Das sieht ihr ähnlich", sagte der Mundschenk. „Ich kenne das Weib, schön aber falsch. Potifar ist ihr hörig, der alte Trottel. Aber du kannst dich auf mich verlassen. Ich werde dafür sorgen, daß du mir bald nachfolgen darfst."

Nach diesen Worten bestieg der Mundschenk den vorgefahrenen Wagen, stellte sich neben den Rosselenker und gab ihm Befehl, loszutraben, mitten durch die Stadt, auf der Prachtstraße, damit jedermann ihn sehen und sich wieder vor ihm verneigen sollte. Noch bevor er den Palast des Pharao erreicht hatte, dachte er nicht mehr an Josef.

Wochen und Monate vergingen. Aus der Außenwelt drang kein Zeichen der Hoffnung für Josef ins Gefängnis. Aber er verzagte nicht. Er wußte, daß der Herr, der Gott seiner Väter, Abrahams, Isaaks und Jakobs, ihn dennoch nicht verlassen hatte. In diesem Glauben fühlte er sich geborgen.

Sechstes Kapitel

Die Träume des Pharao

Der Pharao erwachte mitten in der Nacht. Was hatte ihn aus dem Schlaf gerissen? Sein Herz pochte wild in seiner Brust. Auf seiner Stirn perlten Schweißtropfen. Er lauschte, aber um ihn her war alles totenstill. Durch die Fensteröffnungen konnte er Sterne sehen, die auf ihrer Bahn am unendlichen Firmament dahinzogen.

Der Pharao erhob sich von seinem Bett, trat an die Brüstung und blickte hinaus. Der lautlose Friede, der über dem von Mondlicht übergossenen Garten des Palastes lag, ließ sein Herz wieder zur Ruhe kommen. Tief atmete er die kühle Luft ein, die ihm ein Windhauch zufächelte. Sie war gewürzt mit dem Duft von Blumen und Baumblüten. Die Stellung der Gestirne sagte ihm, daß es nicht mehr lange dauern werde, bis im Osten ein rosiger Schimmer den neuen Tag als ein Geschenk des Sonnengottes ankündigte.

Der Pharao seufzte zufrieden, erfüllt vom Gefühl seiner Macht, die ihn umgab. Doch im nächsten Augenblick spürte er ein Unbehagen, eine unbestimmbare Furcht. Plötzlich wußte er, was ihn aufgeschreckt hatte: ein böser Traum! Und er konnte sich wieder an alles erinnern:

Er stand am Ufer des Nils und betrachtete stolz das fruchtbare Land zu beiden Seiten, das ihm, dem Herrscher, gehörte. Da geschah etwas Phantastisches: aus der Flut stiegen Kühe an Land, schöne fette Tiere mit glänzendem Fell und prallen Eutern. Es waren sieben, ja, daran erinnerte er sich, denn er hatte sie im Traum gezählt und sie eine Weile mit Wohlgefallen beobachtet, wie sie friedlich im grünen Schilf weideten und wiederkäuten. Mit einem Mal wallte das Wasser wieder auf, und ein zweiter Trupp Kühe stampfte ans Ufer, ebenfalls sieben an der Zahl, aber sie waren mager und häßlich, ihr Gerippe zeichnete sich ab unter dem glanzlosen Fell, ihre Euter zuckten leer unter den faltigen Bäuchen. Mit wilden Sprüngen fielen die sieben verhungerten Mißgestalten über die sieben Prachtexemplare her und fraßen sie gierig auf. Und er, der Pharao, stand dabei wie gelähmt, wie festgewurzelt, unfähig, die gefräßigen Monster zu vertreiben. Das Entsetzen über den Anblick hatte ihn aufgeschreckt.

Ein solcher Traum kommt nicht von ungefähr, sagte sich der Pharao, er hat gewiß etwas zu bedeuten. Aber welche geheime Botschaft enthielt er für ihn? Vergeblich zerbrach er sich den Kopf, um eine Antwort zu finden. Da beschloß er, sein Bett wieder aufzusuchen. „Bei Licht besehen, werde ich über meinen Traum lachen können." Mit diesem Gedanken legte er sich nieder. Bald fielen ihm die Augen zu.

Noch nie war der Oberkämmerer des Pharao so früh vor seinen Gebieter gerufen worden wie an diesem Morgen. Er fand ihn in großer Erregung.

„Die Traumdeuter sollen unverzüglich vor meinem Angesicht erscheinen!" Der Oberkämmerer beeilte sich, den Befehl auszuführen. Er ließ die schnellsten Pferde vor Kurierwagen spannen und schickte die Rosselenker zu den drei berühmtesten Traumdeutern der Stadt. Diese weisen Herren erfreuten sich einer großen Kundschaft. Wem von reichen und bedeutenden Leuten ein Traum rätselhaft schien, nahm ihre Dienste in Anspruch. Sie besaßen Bücher, die ihnen alle Geheimnisse offenbarten. Darin war auf Papyrus mit roter Tinte aufgezeichnet, was Menschen im Traum an guten oder bösen Dingen begegnen konnte und was ihre Traumgeschichten für ihr Leben bedeuteten. Doch hielten die Traumdeuter ihre Kenntnisse für sich. Sie machten damit glänzende Geschäfte, denn sie forderten für ihre Auskünfte mehr als die besten Ärzte, und die waren schon geldgierig genug.

Da standen sie nun vor dem Thron des Pharao. Ihre Haltung war ehrerbietig, aber ihre Mienen verrieten sie als Wichtigtuer, die sich einbildeten, von ihren Enthüllungen hinge das Schicksal der Welt ab. Während sie mit der Stirn ihrer kahlgeschorenen Häupter den Boden berührten, dachten sie an das Gold, das ihnen als Belohnung winkte, falls sie den Traum des Pharao für ihn günstig auslegen konnten. Aber das machte ihnen keine Sorge, darin waren sie geübt. Ihre Kunden gingen immer befriedigt von dannen.

Sie hörten aufmerksam zu, als der Pharao ihnen von den fetten und den mageren Kühen erzählte. Als er damit zu Ende gekommen war und sie gespannt anblickte, runzelten sie die Stirn, nickten sich gegenseitig zu, um einander zu bestätigen, daß es sich hier um einen sehr interessanten, aber auch ungewöhnlich schwierigen Fall handele. Sie steckten die Köpfe zusammen, murmelten, tuschelten, kratzten sich nervös hinter den Ohren und befragten alsdann ihre Traumbücher. Nachdem sie eine Weile vergeblich darin geforscht hatten, schüttelten sie ratlos den Kopf. Der berühmteste und teuerste der Traumdeuter, ein alter, glatzköpfiger Mann mit einem Hängebauch, mußte gestehen: „Von mageren Kühen, die fette Kühe auffressen, steht in unseren Papieren leider nichts vermerkt, Erhabener Pharao."

„Die Sache scheint sehr kompliziert zu sein", bemerkte sein Kollege, der mit seinen langen dürren Beinen unter dem weißen knielangen Leibrock und einer gebogenen spitzen Nase wie ein Storch aussah. „Gebt uns nur Zeit, dann werden wir dem Geheimnis schon auf den Grund kommen." Darauf der Pharao:

„Vielleicht werdet ihr die Bedeutung schneller erkennen, wenn ich euch meinen zweiten Traum erzähle, den ich hatte, nachdem ich wieder eingeschlafen war. Er ist dem ersten ähnlich." Die Traumdeuter schöpften neuen Mut. Einer, der halbtaub war, legte die Hände wie Segel an die Ohren, damit ihm keine Silbe entgehe. „Ich sah, wie auf einem einzigen Halm sieben schöne Ähren wuchsen", begann der Pharao.

„Waren es wirklich sieben?" unterbrach ihn der Dicke. Und der Storchbeinige fragte: „Handelte es sich um Weizen oder Gerste?" Der Pharao hob bedauernd die Schulter. „Ich weiß nur, daß es sieben Ähren auf einem einzigen Halm waren, in der Fülle der goldenen Körner so wundervoll anzuschauen, daß jeder Bauer davon begeistert wäre, sähe er so etwas auf seinem Feld. Aber dann", so fuhr der Pharao fort, „wuchsen plötzlich neben ihnen sieben andere Ähren hoch, gleichfalls alle auf einem Halm, aber diese waren ganz kümmerlich, so wie Ähren sind, wenn der heiße Wind sie ausgetrocknet hat. Und diese sieben verdorrten Ähren verschlangen die vollen. Während dies geschah, wachte ich auf und begriff, daß ich wiederum nur geträumt hatte. Könnt ihr wenigstens diesen meinen zweiten Traum deuten?"

Aufs neue suchten sie in ihren Traumbüchern. Der Storchbeinige, der kurzsichtig war, hielt seine Papyrusrolle so nahe vor das Gesicht, als wolle er mit der Nasenspitze die Lösung finden. Aber so eifrig sie auch mit den Fingerspitzen die Liste aller möglichen Traumzeichen herauf – und hinunter abfragten, es kam nichts dabei heraus. Auch von leeren Ähren, die volle verschlangen, war nichts zu entdecken. Und damit waren sie mit ihrer Weisheit am Ende, wenn sie es auch nicht zugeben wollten. Der wandelnde Fettkloß meinte mit gerunzelter Stirn. „Vielleicht werden sich die Träume des Pharao wiederholen. Dann möge er auf jede Einzelheit achten. Denn darauf kommt es an. Und der Glatzköpfige ergänzte die Belehrung mit den Worten: „Wir sind sicher, daß der Pharao das Wichtigste übersehen hat."

„Ich werde Euren Rat befolgen", erwiderte der Pharao. Bis zu diesem Augenblick hatte der Mundschenk bewegungslos wie eine Statue in angemessener Entfernung neben dem Thron gestanden, auf Befehle wartend. Ohne gefragt zu sein, hätte er nie gewagt, in Gegenwart des göttlichen Herrschers den Mund zu öffnen. Nun aber fühlte er sich dazu verpflichtet.

„Wenn der erhabene Pharao es seinem Diener erlaubt, möchte ich ihm etwas Wichtiges zur Kenntnis geben." Der Pharao musterte ihn herablassend. „Rede!"

Der Mundschenk begann: „Als ich vor zwei Jahren mit dem Oberbäcker zusammen im Gefängnis saß, – es ist mir peinlich, an die Geschichte zu erinnern – damals also hatten auch wir einen merkwürdigen Traum. Er beunruhigte uns sehr, weil wir den Sinn nicht verstanden. Aber da war ein junger Gefangener, der Gehilfe des Kerkermeisters, ein Hebräer, ehemals Sklave des Herrn Potifar. Er hatte es in dessen Haus zu seinem Verwalter gebracht. Er wäre es wohl auch geblieben, wenn er nicht die Gemahlin des Herrn Potifar beleidigt hätte."

„Du langweilst mich, Mundschenk", unterbrach ihn der Pharao. „Komm endlich zur Sache."

„Nun, – jener Hebräer verstand sich darauf, unsere Träume zu deuten, nämlich: daß der erhabene Pharao mich, seinen Mundschenk, nach drei Tagen wieder in Gnaden aufnehmen, den Oberbäcker aber aufhängen lassen werde. Und genau so ist es eingetroffen. Vielleicht kann der Mann auch die Träume des Pharao deuten."

Lautes Gelächter der Traumdeuter beendete den Bericht des Mundschenks. Ihre Belustigung schlug jedoch im nächsten Augenblick in Empörung um. Erregt schrien sie durcheinander: „Ein Hebräer als Traumdeuter? – Unmöglich!" – „Das ist ein Witz!" „Nein – eine Beleidigung!" – „Eine Verhöhnung unserer Kunst!" „Eine Anmaßung ohnegleichen!" – „Der Mann gehört vor das Gericht des Pharao!" Mit einer zornigen Handbewegung gebot ihnen der Pharao, sich zu beruhigen. „Ich brauche eure Dienste nicht weiter", sagte er zu ihnen. „Ihr seid für heute entlassen." Die Traumdeuter warfen sich vor dem Thron auf die Knie, mit der Stirn berührten sie den Boden, wobei der mit dem Hängebauch sichtlich Mühe hatte, das Gleichgewicht zu halten. Darauf erhoben sie sich und empfahlen sich mit dem Spruch: „Möge der Pharao ewig leben!" Rückwärts gehend verließen sie den Raum. Ihren Mienen war deutlich abzulesen, daß sie sich in ihrer Ehre tief gekränkt und in ihrem Geschäft geschädigt fühlten.

„Hast du die Wahrheit gesagt, Mundschenk?" fragte der Pharao, als die Gesellschaft der aufgeblasenen Schwätzer von der Bildfläche verschwunden war.

„Bei Isis und Osiris und den göttlichen Ahnen des Pharao: ja!"

„Befindet sich der Hebräer noch im Gefängnis?"

„Wahrscheinlich".

„So laß ihn holen. Ich will ihn sehen."

Der Kerkermeister war nicht sehr erfreut, als er den Befehl erhielt, Josef zum Pharao bringen zu lassen.

„Ich fürchte, ich werde dich in diesen Mauern nicht

wiedersehen", sagte er. „Woher soll ich dann einen Gehilfen nehmen, der dir gleichkommt?"

„Was mag der Pharao von mir wollen?" fragte Josef.

„Woher soll ich das wissen?" Der Kerkermeister lachte. „Hat der Gott der Hebräer es dir nicht in einem Traum vorhergesagt?"

„Was weißt du von meinem Gott!" erwiderte Josef.

„Nichts für ungut", sagte der Kerkermeister versöhnlich. „Ehrlich, ich habe keine Ahnung." Er musterte Josef von Kopf bis Fuß und rümpfte die Nase. „So, wie du da stehst, kannst du unmöglich vor unserem erhabenen Herrscher erscheinen. Er würde es mir sehr übelnehmen. Ich bin schließlich für dich verantwortlich. Also, geh dich waschen, aber gründlich. Der Pharao hat eine feine Nase. Nimm ein Bad, salbe hinterher deinen Leib mit duftendem Öl. Und dann – deine Haare! Struppig und lang bis auf die Schultern! Unmöglich! Bedenke, du bist ein Sklave, und ein Sklave darf nur mit kahlgeschorenem Kopf und ohne Bart vor dem Pharao erscheinen. Das tun sogar seine Beamten, um sich vor ihm zu demütigen. Das hat es mit sich gebracht, daß es heutzutage Mode unter Männern geworden ist, sich den Kopf zu scheren. Von deinem schäbigen Kittel wirst du dich selbstverständlich auch trennen. Ich werde dir ein Gewand geben, in dem du dich vor dem Pharao niederwerfen kannst, ohne sein Auge zu beleidigen."

Als Josef vor dem Pharao erschien, war er nicht wiederzuerkennen. Aus dem Sträfling hatte er sich in einen vornehmen jungen Ägypter gewandelt. Der Pharao, selbst noch jung an Jahren, prüfte ihn mit verwunderten Blicken. „In seiner Haltung liegt Würde, aus seinen Augen sprechen Stolz und Klugheit", so sagte er sich. „Und das soll ein hebräischer Sklave sein? Nicht einmal meine höchsten Beamten wagen es, mir so freimütig ins Gesicht

zu sehen. Meine Höflinge nähern sich mir nur katzbukkelnd oder kriecherisch wie Hunde, die Schläge ihres Herrn fürchten." Auf den ersten Blick faßte der Pharao Zuneigung zu Josef. „Ich habe von dir erfahren", sagte er freundlich. „Ist es wahr, daß du Träume deuten kannst?" Josef hob abwehrend die Hände. „Das steht nicht bei mir", sagte er mit Nachdruck. „Ich bin keiner von den Traumdeutern und Wahrsagern, die sich anmaßen, Menschen gegen Geld die Zukunft zu enthüllen. Sie können es nicht. Das Schicksal von Menschen, Völkern und ihren Herrschern kennt nur Gott, der Herr. Und nur, wenn es sein Ratschluß ist, läßt er mich wissen, was er einem Menschen im Traum sagen will." „Nun, vielleicht gibt dir dein Gott auch den Sinn meiner Träume an", sagte der Pharao. Darauf erzählte er Josef, was er in der vergangenen Nacht im Traum gesehen hatte. Er schloß mit den Worten: „Meine Traumdeuter haben versagt. Nun setze ich meine Hoffnung auf dich, Hebräer. Kannst du mir weissagen in der Vollmacht deines Gottes?"

„Ja", antwortete Josef. „Der Gott meiner Väter hat dir in deinen Träumen kundgetan, was in Ägypten, dem Lande, in dem ich lebe, geschehen wird." Der Pharao beugte sich gespannt vor. „Laß hören!" „Beide Träume bedeuten dasselbe", erklärte Josef. „Daraus mag der Pharao ersehen, wie wichtig die Botschaft ist, die ihm darin zuteil wird."

„Welche Botschaft?"

„Die sieben fetten Kühe am Nilufer und die sieben vollen Ähren kündigen für Ägypten Jahre der Fruchtbarkeit an. Es werden die Äcker überreiche Ernten hervorbringen, und auf den Weiden wird das Vieh gedeihen und sich vermehren wie nie zuvor." Der Pharao strahlte: „So verheißen mir meine Träume Glück!" Er erhob sich von seinem Thron, um Josef zu umarmen. Der aber kam ihm zuvor mit den Worten: „Den Jahren des Glücks werden ebenso viele Jahre des Unglücks folgen!"

Der Pharao erblaßte. „Ich verstehe", sagte er düster, „so deutest du die mageren Kühe und die leeren Ähren." Josef nickte.

„Jahre des Hungers! Das wäre eine Katastrophe für mein Ägypten!" rief der Pharao erschrocken. „Wenn mein Volk nicht mehr das tägliche Brot erhält, wird es rebellisch. Es gäbe Bürgerkrieg und Revolution. Es wäre mein Tod, und mein Reich fiele seinen Feinden in die Hände. – Bist du ganz sicher?"

„Dein Traum hat sich in seiner Bedeutung wiederholt", antwortete Josef. „Das heißt: die Sache ist bei Gott beschlossen. Und sie wird bald geschehen."

„Gibt es denn keinen Ausweg aus dem drohenden Unheil? Befrage deinen Gott!"

Josef schüttelte den Kopf und sagte: „Der Gott, der Himmel und Erde erschaffen hat, – er hat uns Menschen auch Verstand gegeben." „Was willst du damit sagen, Hebräer?" fragte der Pharao.

„Daß der Pharao sich nicht zu sorgen braucht, wenn er Voraussicht walten läßt."

„Aber was kann ich denn tun, wenn ein Jahr der Dürre dem anderen folgt? Wenn bald die Scheuern leer sind und der Wüstenwind über das fruchtbare Land bläst und die Saat mit sich fortträgt? Wenn Heuschrecken das erste Grün kahlfressen oder Sand sich über die Felder legt und alles erstickt? Wenn kein Regen mehr fällt und die Sonne alles verbrennt und das Vieh verdurstet? Da sind wir Menschen doch machtlos, und nur die Götter können uns vor dem Verderben retten."

„Der Pharao möge nicht verzagen", entgegnete Josef.

„Weißt du vielleicht einen Rat?" fragte der Pharao.

„Ja", antwortete Josef. „Höre, erhabener Pharao: sieh dich beizeiten nach einem tüchtigen Mann um. Gib ihm Vollmacht, im Namen des Pharao zu handeln. Unterstützt von gewissenhaften Aufsehern soll dieser Mann dafür Sorge tragen, daß von der Ernte während der reichen Jahre im ganzen Land der fünfte Teil des Getreides abgeliefert wird. Diesen Überschuß soll er sammeln und in großen Kornspeichern aufbewahren lassen als Vorrat für die Kummerjahre. Dann wird die Gefahr gebannt sein, daß dein Volk hungern muß."

Der Pharao antwortete darauf nicht sogleich. Langsam schritt er zu einem der Fenster, durch das er weit hinaus über sein Land schauen konnte. Wie schön es in der Sommersonne lag unter einem tiefblauen Himmel, an dem weiße Wolken südwärts flogen. Wie ein breites Band aus Silber glänzte der Nil, von den bunten Segeln vieler Barken und Boote belebt. Und dieses herrliche Reich, über das er herrschte wie ein Gott, als Hüter von Frieden, Wohlstand und Macht, – dieses Land war bedroht, wenn der Hebräer die Träume des Pharao richtig gedeutet hatte. Plötzlich überkam ihn die Gewißheit: von diesem Hebräer allein ist Hilfe zu erwarten. In ihm lebt der Geist eines mächtigen Gottes.

Lange stand der Pharao am Fenster, tief in Gedanken versunken, ohne sich zu rühren, als ringe er mit sich um eine wichtige Entscheidung. Plötzlich wandte er sich um, ging schnell auf Josef zu, legte ihm fest die rechte Hand auf die Schulter und sprach: „Du selbst sollst der Mann sein! Ich ernenne dich hiermit zu meinem Wesir, zum höchsten Beamten in meinem Reich. Ich verleihe dir alle Vollmacht, die einem solchen Amt zustehen. Nur ich allein werde über dir stehen. Deinen Befehlen wird jedermann in Ägypten ohne Widerstand zu folgen haben. Tu, was dir nützlich scheint, um die drohenden Hungerjahre zu überstehen. Meine Schatztruhen stehen dir offen. Mit meinem eigenen Siegelring kannst du alle Verordnungen, die du erläßt, zum Gesetz machen. Eine goldene Amtskette wird dich allem Volk als meinen Stellvertreter ausweisen. Wenn du mit einem Wagen durch die Stadt gefahren wirst, sollen Herolde vor ihm herlaufen und dem letzten auf der Straße zurufen: Werft euch in den Staub! Hier kommt der Mann, den der Pharao zum Retter Ägyptens berufen hat."

Es war der Monat, in dem die Sonne den höchsten Stand im Jahreslauf erreichte und die Tage länger waren als die Nächte. In diesen Wochen erwarteten die Menschen zu beiden Seiten des Nils das in jedem Jahr sehnlich erwartete Wunder der Natur: das Steigen des Wassers als Beginn der Überschwemmung. Sie wußten nichts von der Ursache der Erscheinung: daß fern im Süden, in den Gebirgen, aus denen der Nil kam, die Schleusen des Himmels sich öffneten und ungeheure Regenfluten zur Erde niederschütteten. Bäche und Flüsse schwollen gewaltig an. Sie rissen Massen von Lehm mit sich fort und trugen sie weiter in den Nil. Von seinen immer höher steigenden Wassern wurde der Schlamm mitgenommen auf seinem Lauf nach Norden. Dort, in den Ebenen, trat der Strom über die Ufer, überflutete das niedrig gelegene Land mit seinen Weiden und Äckern und ließ es versinken, bis nur noch die Hügel mit ihren Dörfern wie Inseln aus einem Meer ragten. Wo zuvor Wege und Straßen die Menschen miteinander verbunden hatten, mußten nun Boote und Flöße klargemacht werden. Dennoch war die Überschwemmung für die Bauern ein Grund zum Jubel, denn sie versprach ihnen gute Ernten für das nächste Jahr. Es dauerte Wochen, bis die Flut zurückging und das Land wieder auftauchte. Es war nun mit einer Schicht Nilschlamm bedeckt, der sich während des

Hochwassers abgesetzt hatte. Er war sehr fruchtbar. Nun konnte er die neue Saat aufnehmen. Bald strotzten dann auch die Viehweiden wieder von saftigem Gras, in unzählbaren Gärten reiften Früchte, und auf den Märkten türmte sich Gemüse für die Tische der Ägypter. Es gab auch Jahre, in denen das Hochwasser ausblieb und der Nil träge dahinströmte, ohne über seine Ufer zu treten. Dann mußten die Bauern ihr Land mit eigener Kraft bewässern. Dazu dienten ihnen Schöpfwerke und Kanäle. Ohne neuen Schlamm wurden die Ernten geringer, doch es blieb ihnen die Hoffnung auf das nächste Jahr.

Die fruchtbarsten Gebiete Ägyptens lagen im Norden, wo sich der Nil in viele Arme teilt, bevor sich seine Wasser in das nahe Meer ergießen. Es war die Provinz Goschen, die Kornkammer des Reiches. Sie war aus dem Schlamm entstanden, den der Nil im Laufe von Jahrtausenden in seinem Mündungsgebiet abgelagert hatte. Wenn in Goschen im April das Getreide reifte und sich die goldenen Ähren auf den Halmen im Winde wiegten, – wenn auf sattgrünen Weiden das Rindvieh immer fetter wurde, dann hatten die Bauern allen Grund, den heiligen Nil zu preisen und Osiris, dem Gott der Fruchtbarkeit, zu opfern.

In jenen Monaten, als Josef sein Amt als Wesir des Pharao angetreten hatte, kam die Nilflut zur gewohnten Zeit. Im Oktober hatte sie ihren höchsten Stand erreicht und Goschen überschwemmt. Als sie das Land wieder freigab, feierten die Bauern das Ereignis, wie gewöhnlich, mit einem Freudenfest. Mit der Aussicht auf reiche Erträge bereiteten sie die neue Aussaat vor.

Auch Josef begann eine rege Tätigkeit. Er bereiste das ganze Land und ließ in allen Städten Kornspeicher bauen. „Befehl des Pharao!" gab er den Bewohnern zur Antwort, wenn sie ihn verwundert fragten: „Was sollen wir damit?" Die Getreidebauern wurden mißtrauisch und murrten. „Will der Pharao uns noch höhere Abgaben abverlangen als bisher?" Aber gegen einen Befehl des Herrschers gab es keinen Widerspruch. Überall erschienen unerwartet Aufseher, um den Fortgang der Bauarbeiten zu überwachen. Die Ziegelbrenner mußten Überstunden machen.

Als aber die Zeit der neuen Ernte kam, ging den Bauern und den Stadtbewohnern ein Licht auf. Die ältesten Landleute konnten sich nicht daran erinnern, jemals soviel Getreide eingefahren und gedroschen zu haben. Ihre eigenen Scheuern quollen über, und ihnen blieb noch mehr als genug an Vorrat, nachdem sie den fünften Teil an die neuen Kornhäuser abgeliefert hatten, wie das Gesetz es befahl.

Es sprach sich herum, daß der neue Wesir hinter dem Plan stand. Er hatte den Pharao dazu gedrängt. Woher hatte der Wesir sein Wissen? Konnte er in die Zukunft sehen? War er vielleicht ein Auserwählter der Götter?

Von nun an sprachen sie seinen Namen mit Respekt und Ehrfurcht aus.

Siebentes Kapitel

Die Prüfung der Brüder

Es kam so, wie Josef die Träume des Pharao gedeutet hatte: nach Jahren der Fülle wandelte sich der Segen der Natur in Fluch. Die Hochflut des Nils blieb aus, das Land wartete vergebens auf den fruchtbaren Schlamm, der ihm die Kraft zu frischem Wachstum geben sollte.

Den Himmel über Goschen trübten nur noch selten dunkle Wolken, so sehr auch die Menschen ihre Götter um Regen anflehten. Es schien, als habe Osiris ihnen seine Gunst entzogen. Aus der Wüste wehte der heiße Wind und dörrte das Land aus. Wo sich dennoch hier und da ein Hauch von Grün zeigte, wo Saaten spärlich aufgingen, brachen über Nacht Heuschrecken in Schwärmen herein und fraßen alles kahl bis auf den letzten Halm, das letzte Blatt.

Trotzdem blieben die Menschen vor einer Hungersnot bewahrt. Die Rettung verdankten sie dem Wesir des Reiches. Über die ganze Provinz Goschen verstreut hatte Josef Getreidespeicher bauen lassen und darin während der Jahre des Überflusses soviel Weizen und Gerste anhäufen lassen, daß niemand die Menge messen konnte. Als nun die Zeit des Mangels begann, ließ er die Kornhäuser öffnen.

Die gerechte Verteilung von Brotgetreide an das Volk war keine leichte Aufgabe. Da mußte Maß gehalten werden. Niemand sollte bevorzugt werden, weil er reich war, und niemand benachteiligt werden, weil er zu den Armen gehörte. Ägyptischen Beamten war nicht zu trauen, die ließen sich bestechen und wirtschafteten gern in die eigene Tasche, wo sie nur konnten. Deshalb hatte Josef die Versorgung selbst in die Hand genommen und seinen Amtssitz in die Hauptstadt von Goschen verlegt.

Eines Morgens, als Josef in seine Listen vertieft war und die Kornverkäufe der vergangenen Woche prüfte, betrat sein Sekretär den Raum.

„Was gibt es, daß du mich in meiner Arbeit störst?" herrschte Josef ihn an.

„Verzeih, Herr", sagte der Sekretär. „Der Verwalter der Kornspeicher schickt mich. Soeben ist eine Karawane angekommen, – so läßt er dir melden. Aus dem Land Kanaan."

Josef schob die Papyrusrolle, die er gerade vor Augen hatte, mit einer schnellen Bewegung zur Seite. „Aus Kanaan, sagst du?" „Auch dort geht der Hunger um, die Kinder der Hebräer schreien nach Brot. So berichten die Männer. Es sind ihrer zehn, alle aus einer einzigen Familie. Jedenfalls behaupten sie das."

„Zehn Brüder?" Josef erhob sich mit einem Ruck. Dem Sekretär entging die plötzliche Erregung seines Herrn. Er sagte: „Der Verwalter der Kornspeicher läßt dich fragen, ob er den Hebräern Korn verkaufen soll, vorausgesetzt, sie haben genug Silber bei sich."

„Wo sind sie?" fragte Josef. Der Sekretär wies nach draußen auf den Platz vor dem Amtsgebäude.

„Ich werde selbst mit ihnen sprechen", entschied Josef.

„Das wird für die Hebräer eine große Ehre sein", sagte der Sekretär verwundert, „ich werde sie darauf vorbereiten." Er wandte sich zum Gehen. Josef hielt ihn zurück. „Warte!" Dann fuhr er nachdenklich fort: „Ich selbst stamme aus dem Lande Kanaan. Vor vielen Jahren habe ich meine Heimat und meine Familie verlassen müssen. Doch sage den zehn Hebräern nichts davon." Der Sekretär grinste: „Ich verstehe, Herr. Die würden gleich auf gute Beziehungen pochen und das Korn billiger haben wollen als sonstwer."

„Noch eins, Sekretär!" sagte Josef. „Ich will mich mit diesen Leuten nicht in ihrer Sprache unterhalten. Sie sollen glauben, ich verstünde sie nicht. Hole also einen Dolmetscher." Der Sekretär verneigte sich gehorsam und ging hinaus.

Als Josef wieder allein war, trat er ans Fenster, das ihm Sicht auf den Platz gewährte. Auf der gegenüber liegenden Seite wurde er von den Kornspeichern begrenzt. Im Schatten der weit vorspringenden Schilfdächer lagerten die Kornkäufer mit ihren Mauleseln und warteten geduldig, bis sie an die Reihe kamen und ihre Säcke füllen durften.

Josef erkannte die Fremden an ihrer Tracht und an ihren Bärten. Und auf den zweiten Blick wußte er, daß er seine eigenen Brüder vor sich hatte. Ja, da hockten sie zusammen, einige wandten ihm den Rücken zu, anderen aber konnte er ins Gesicht sehen. Ruben, Simeon, Juda und Issachar! Sie hatten sich wenig verändert in all den Jahren, stellte er fest, nur Ruben hatte schon graue Haare. Gewiß waren sie inzwischen verheiratet, hatten Frau und Kinder, lebten in eigenen Zeltlagern und waren Herren über Knechte und Mägde, über Vieh und Felder. Josef zählte die Köpfe: ja, es waren zehn. Also war einer zuhause geblieben. Benjamin! Ihn vermißte er. Warum war Benjamin nicht mitgekommen? Viele Fragen schossen Josef durch den Kopf, als er seine Brüder beobachtete. Ob sie mich erkennen, wenn ich plötzlich vor ihnen stehe. Ob sie ihre Tat bereut haben? Oder würden sie noch einmal einen mißliebigen Bruder für zwanzig Silberlinge als Sklaven verkaufen?

Josef stand lange Zeit wie angewurzelt an der Fensterbrüstung. Er überlegte, wie er sich verhalten sollte: sich seinen Brüdern sofort zu erkennen geben oder ...? Plötzlich wußte er die Antwort: ich werde sie in Bedrängnis bringen und sie prüfen! Er wartete, bis der Dolmetscher erschien. Dann ging er mit ihm hinaus.

Als er sich den zehn Brüdern näherte, fielen sie vor ihm auf die Knie, sie drückten ihre Stirn in den Staub als Zeichen ihrer Ergebenheit. In diesem Augenblick hatte sich Josefs Traum von den elf Garben erfüllt, der einst den Haß seiner Brüder erregt hatte.

„Erhebt euch!" forderte er sie durch den Mund des Dolmetschers auf. Sie stellten sich auf die Füße. Josef sah sie der Reihe nach an. Ihre Mienen drückten Ehrfurcht und Bitten aus – sonst nichts. Nein, sie erkannten ihn nicht. Für sie war er der hochgestellte Ägypter, der Wesir, auf dessen Wohlwollen sie hofften. Wie hätten sie ahnen können, daß sie ihrem verschollenen Bruder gegenüberstanden?

„Woher kommt ihr?" ließ er sie fragen. Ruben antwortete als erster: „Wir kommen aus dem Lande Kanaan, aus der Gegend von Hebron." Juda nahm ihm das Wort ab und fuhr fort: „Wir haben gehört, daß es in Ägypten Korn gibt wie Sand am Meer." Und Simeon fügte hinzu: „In unseren Zelten ist der Hunger zu Hause. Unsere Felder bringen keine Frucht mehr hervor, unsere Herden verdursten, die Tiere sind nur noch Haut und Knochen." Alle zehn blickten Josef erwartungsvoll an. Der aber tat, als habe er keine Silbe verstanden. Nachdem der Dolmetscher ihre Erklärungen ins Ägyptische übersetzt hatte, packte ihn der Zorn.

„Ihr lügt!" schrie er sie an. „Spione seid ihr! Ihr wollt

auskundschaften, wo unsere Grenze im Osten ungeschützt ist und unseren Feinden offensteht!"

Die Brüder erstarrten wie vom Blitz getroffen. Ruben war der erste, der die Sprache wiederfand. Er fiel vor Josef nieder, hob beide Hände zum Himmel und beteuerte: „Beim Gott unserer Väter, wir sind ehrliche Leute! Wir haben die weite Reise nur unternommen, damit unser alter Vater und unsere Kinder nicht verhungern." Weder Ruben noch einer der Brüder bemerkten, daß Josef nahe daran war, in Tränen auszubrechen. Doch er beherrschte seine Gefühle. Er begann ein Verhör:

„Ihr behauptet also, zehn Brüder zu sein?"

„Ja, Herr" versicherte Ruben. „Ich bin der älteste, Ruben mit Namen. Wir waren früher unserer zwölf. Benjamin, der jüngste, ist daheimgeblieben bei unserem Vater, der ihn liebt wie seinen Augapfel."

„Und der zwölfte?"

„Der zwölfte Sohn unseres Vaters ist nicht mehr", sagte Ruben langsam. In seiner Stimme klang ein Ton der Trauer mit. Die Brüder nickten zu Rubens Worten. Aller Augen hingen nun an Josefs Mund, hoffend, er werde seinen Verdacht widerrufen. Aber Josef blieb hart.

„Und ihr seid doch Spione", schleuderte er ihnen abermals ins Gesicht. Da fielen sie alle vor ihm nieder. Ruben flehte: „Nein, Herr! So glaub uns doch!" Er wollte noch mehr sagen, aber der Wesir schnitt ihm das Wort ab: „Gut, ihr sollt mir beweisen, daß ihr die Wahrheit sagt. Einer von euch mag heimkehren zu eurem Vater, damit er Benjamin zu mir sende. Die übrigen bleiben hier in Gewahrsam als meine Gefangenen. Ich werde sie nicht freilassen, bevor ich euren jüngsten Bruder vor mir gesehen habe." Nach diesen Worten drehte er ihnen den Rücken zu, winkte dem Dolmetscher und ging mit ihm davon.

Ehe die Brüder beraten konnten, wer von ihnen der Unglücksbote sein solle, waren sie von der Leibwache des Wesirs umringt. Es half ihnen nichts, die Fäuste zu schütteln, sich Haare und Bart zu raufen und sich die Oberkleider zu zerreißen, um gegen die Verhaftung zu protestieren. Wehrlos wie sie waren, mußten sie den Weg in den Kerker antreten. Da hockten sie nun auf Stroh, verwirrt und verzweifelt. So hatten sie sich die Reise nach Ägypten wahrhaftig nicht vorgestellt.

„Was wird unser Vater sagen, wenn nur einer von uns heimkommt?“ fragte Ruben. „Hat er nicht schon Kummer genug mit seiner Trauer um Josef?“

„Erinnere mich nicht an Josef!“ rief Juda, „ich kann es nicht ertragen!“ Er hielt sich die Ohren zu. Aber Ruben ließ sich nicht zum Schweigen bringen. „Habe ich euch damals nicht ins Gewissen geredet: vergreift euch nicht an Josef! Darum kommt die Angst, die unser Bruder Josef verspürt hat, jetzt über uns, und sein Blut wird von uns gefordert.“

„Wir haben's nicht anders verdient“, sagte Simeon düster. Eine Weile schwiegen sie, ein jeder starrte dumpf vor sich hin.

In dieser Nacht fanden sie keine Ruhe. Sie teilten das Lager aus faulem Stroh mit Ratten, die erschrocken hin und her huschten und raschelten, wenn sich die Männer schlaflos von einer Seite auf die andere drehten. Sie alle wurden von den gleichen Gedanken verfolgt, von der Erinnerung an das schändliche Verbrechen an ihrem Bruder Josef und an den gemeinen Betrug an ihrem Vater, der seit jener Schreckensnachricht und dem Anblick des blutgetränkten bunten Rockes keine glückliche Stunde mehr erlebt hatte.

Sie hatten ihre Schuld verdrängt, sie zugedeckt mit ihrer Tagesarbeit und den Sorgen um die Zukunft, mit dem Kampf ums Dasein in einem Land, dessen Herren sie nicht waren, in dem sie als Eingewanderte nur geduldet waren. Sie hatten eigene Familien gegründet. Schon wuchsen in ihren Zeltlagern Söhne und Töchter einer neuen Generation heran. Darüber war die Erinnerung an den ungeliebten, verschollenen Bruder verblaßt. Aber in dieser Nacht, in einem ägyptischen Kerker, war sie plötzlich wieder aufgebrochen wie ein Geschwür und bedrängte sie wie ein böser Dämon. Reue und Scham raubten ihnen den Schlaf. Keiner gestand es dem anderen, aber jeder wußte, was den Bruder an seiner Seite quälte. So vergingen die Stunden, bis der neue Tag vor dem vergitterten Kerkerfenster graute und der Morgenwind die Wipfel der Palmen aufrauschen ließ.

Niemand kümmerte sich um sie. Erst gegen Mittag bekamen sie einen Sklaven zu Gesicht, der ihnen wortlos Wasser, trockenes Gerstenbrot und einen Korb mit Datteln vorsetzte. Auch am folgenden Tag geschah nichts, es schien, als habe man sie vergessen. Erst am dritten Morgen ihrer Gefangenschaft hörten sie plötzlich schwere Schritte, die sich der Kerkertür näherten. Eine Kette klirrte, der Riegel knarrte, die Tür wurde aufgestoßen. Draußen standen Soldaten der Leibwache des Wesirs. Ihr Anführer gab den Häftlingen ein Zeichen, ihm zu folgen. Nichts Gutes ahnend, ließen sie sich abführen. Zu ihrer Verwunderung wurden sie an den Ort gebracht, wo sie zum ersten Mal dem Wesir begegnet waren. Was hatte das zu bedeuten? Sie brauchten sich darüber nicht lange den Kopf zu zerbrechen, denn schon sahen sie den Wesir, von seinem Dolmetscher begleitet, aus dem Portal seiner Residenz treten. Die Brüder warfen sich vor ihm in den Staub. Sie wagten nicht, ihre Augen zu ihm zu erheben. Mit klopfenden Herzen warteten sie auf die Worte des Dolmetschers. Der übersetzte: „Der erhabene

Wesir läßt euch sagen: ich habe es mir anders überlegt. Vielleicht seid ihr wirklich friedliche Leute, wie ihr beteuert. Darum will ich euch ziehen lassen – bis auf einen von euch, den ich hier solange gefangen halte, bis ihr mir euren jüngsten Bruder bringt – als Beweis für eure Aufrichtigkeit. Macht unter euch aus, wer in meiner Gewalt bleiben will und mit seinem Leben für den jüngsten Bruder einsteht."

Josef beobachtete sie gespannt. Wer von ihnen war bereit, freiwillig für lange Zeit die Gefangenschaft zu erdulden? Würde jeder versuchen, sich davor zu drücken? Würden sie das Los werfen und ihren Gott entscheiden lassen?

Nein, im Gegenteil! Sie redeten laut und mit viel Gebärden aufeinander ein, jeder bot sich als Opfer an und drängte die übrigen, ohne ihn nach Kanaan heimzukehren. Als sie sich nicht einigen konnten, spielte Josef den Ungeduldigen. Er zeigte auf Simeon und entschied: „Diesen Mann will ich als Geisel behalten. Ihr übrigen seid frei. Meldet euch bei den Kornspeichern. Dort wird man eure Säcke füllen. Alsdann mögt ihr heimkehren nach Kanaan zu eurem alten Vater."

Nach diesen Worten ließ er sie stehen und zog sich in sein Amtsgebäude zurück. Er befahl seinem Sekretär, unverzüglich den Verwalter der Kornspeicher zu holen.

„Du hast die zehn Hebräer gesehen?" fragte Josef.

„Die Spione aus Kanaan?"

„Es sind Brüder", sagte Josef.

„Das glaube ich nicht, Herr", erwiderte der Verwalter. „Hebräern ist nicht zu trauen."

„In diesem Fall täuschst du dich", entgegnete Josef und fuhr fort: „Höre gut zu: Wenn die Hebräer das Korn bezahlt haben, legst du das Silber in die Säcke obenauf, ohne daß die Männer es bemerken. Hast du verstanden?"

Der Verwalter der Kornspeicher schnappte nach Luft mit offenem Mund wie ein Fisch auf dem Trockenen, ehe er stotternd hervorbrachte: „Ja, ja, Herr, – mit den Ohren habe ich verstanden, aber es will nicht in meinen Kopf."

„Kümmere dich auch um Futter für die Maultiere und laß den Hebräern Reiseproviant aushändigen – ohne Bezahlung und ohne zu knausern." Der Verwalter der Kornspeicher wußte nun überhaupt nicht mehr, ob er wache oder träume. Den Kopf schüttelnd stammelte er: „Das soll einer begreifen, Herr. Erst läßt du alle zehn auf einen Schlag verhaften und ins Loch stecken für drei Tage unter dem dringenden Verdacht, Feinde unseres Landes zu sein und Böses zu planen, – und nun behandelst du sie wie willkommene Gäste – bis auf einen, den die Wache soeben wieder ins Gefängnis geworfen hat."

„Das alles geht dich nichts an", lächelte Josef geheimnisvoll.
„Geh und gehorche!"

Der Verwalter der Kornspeicher verneigte sich dienstbeflissen, konnte sich aber nicht beherrschen, dabei zu murmeln: „Diese Leute werden es nicht fassen, wenn sie zu Hause ankommen und ihre Säcke öffnen. So eine freudige Überraschung möchte ich auch mal erleben." Sein Blick auf den Wesir verriet, daß er begonnen hatte, am gesunden Menschenverstand seines Gebieters zu zweifeln. Aber hohe Herren, das wußte er aus Erfahrung, hatten manchmal seltsame Launen. Wenn schon, – Befehl war Befehl!

Die Not wollte nicht weichen im Lande Kanaan. Die Erde dürstete, und die Menschen wurden nicht mehr satt. An jedem Morgen suchten die Bauern und die Hirten nach Anzeichen für den ersehnten Frühjahrsregen, aber der Himmel blieb blau bei Tag und sternklar in der Nacht. Jakob und seine Söhne schlachteten ihre besten Jungtiere und opferten sie dem Herrn, um ihn gnädig zu stimmen. Viele Kanaaniter töteten sogar ihre erstgeborenen Söhne in der Hoffnung, ihre Götzen würden ihnen die grausame Ehrerbietung danken, wenn ihnen auf den Gipfeln der Berge der Rauch von Menschenopfern in die Nasen stieg. Aber alles war vergeblich. Es schien, als seien die überirdischen Mächte taub oder unbarmherzig.

Das Getreide, das die Brüder aus Ägypten geholt hatten, ging zur Neige. Wenn nicht bald eine neue Saat grünte, – und dazu bestand wenig Hoffnung – würde der letzte Rest bald aufgezehrt sein. Deshalb hatte Vater Jakob sich entschlossen, seine Söhne ein zweites Mal nach Goschen zu schicken. Ruben drängte schon lange dazu, weil er an Simeon dachte, der im Gefängnis schmachtete und darauf wartete, bald befreit zu werden.

„Aber wir dürfen nicht ohne Benjamin kommen", sagte Ruben. „Ohne euren jüngsten Bruder tretet ihr mir nicht noch einmal unter die Augen! So hat der Wesir uns gedroht."

Vorwurfsvoll sagte Jakob: „Hättet ihr ihm doch nichts von Benjamin gesagt!" Juda verteidigte sich: „Wer konnte denn ahnen, daß sich der Wesir des Pharao so für Benjamin interessiert?"

„Ich verstehe das nicht", sagte Vater Jakob kopfschüttelnd.

„Alles an diesem Mann ist mir ein Rätsel", sagte Ruben. „Erst verdächtigt er uns als Spione und läßt uns ins Gefängnis werfen, dann gibt er uns nach drei Tagen wieder frei, liefert uns Korn, soviel wir wollen, verlangt einen happigen Preis dafür, und dann finden wir unsere Silberlinge in unseren Säcken wieder! Das kann doch nur der Wesir befohlen haben."

Dagegen gab Issachar zu bedenken: „Wenn er neun von uns so großmütig beschenkt hat, warum behält er dann Simeon als Geisel?" Dazu meinte Juda: „Der Wesir führt etwas gegen uns im Schilde, von dem wir keine Ahnung haben. Er will uns noch einmal nach Ägypten lokken. Aber wozu? Nur, um Benjamin zu sehen? Nein, das glaube ich nicht. Eher fürchte ich, daß er uns alle zu seinen Sklaven machen will."

„Wir müssen es darauf ankommen lassen", sagte Ruben, „denn erstens brauchen wir Korn für unsere Familien, und zweitens dürfen wir unseren Bruder Simeon nicht im Stich lassen." „Aber Benjamin bleibt hier!" rief Jakob. „An seiner Stelle werde ich euch nach Ägypten begleiten. Ich werde den Wesir bitten, mir meinen Sohn Simeon herauszugeben. Er wird mich nicht abweisen. Er hat doch selbst einen Vater gehabt."

Ruben und seine Brüder waren dagegen. Sie schilderten ihm die Gefahren und Strapazen der weiten Reise in allen Farben, bis ihr Vater schließlich seine Absicht aufgab.

„Aber Benjamin bleibt hier!" wiederholte er starrköpfig. Da legte Ruben ihm die Hand aufs graue Haupt und sagte: „Vertraue mir Benjamin an. Mit meinem Leben bürge ich für ihn. Wenn ich ihn dir nicht wieder heimbringe, will ich von dir verflucht sein."

Da gab Jakob seinem Herzen einen Stoß und willigte ein. „Wenn es denn sein muß", seufzte er, „so nehmt Benjamin mit euch. Der Herr, unser Gott, möge euch begleiten und behüten."

Sie rüsteten sich für die neue Unternehmung. Sie füllten die Lederbeutel mit Silber und packten auch Geschenke für den Wesir ein: Honig, Pistazien und Balsam, das Beste, was Kanaan den verwöhnten Ägyptern bieten konnte. Ihre kräftigsten Maultiere beluden sie mit leeren

Säcken und Proviant. Als sie reisefertig waren, brachten sie gemeinsam dem Herrn ein Brandopfer dar und baten ihn um seinen Segen. Dann nahmen sie Abschied von ihren Frauen und Kindern. Jakob begleitete die Karawane ein Stück Wegs, bis der Pfad bergauf zu steil für ihn wurde. Noch einmal küßte er seine Söhne und legte ihnen die Hände auf. Mit Tränen in den Augen sah er, wie sie davonzogen, wie einer hinter dem anderen mit seinem Lasttier hinter dem Bergrücken entschwand. Benjamin beschloß den Zug. Auf der Höhe drehte er sich noch einmal um. Er winkte seinem Vater einen letzten Gruß zu.

Jakob stand eine Weile, auf seinen Stab gestützt, und blickte nach Süden. Still und einsam war es um ihn her, nur der trockene heiße Wind raschelte in verdorrtem Gebüsch. Langsam ging Jakob heim zu seinen Zelten, ein alter, von Sorgen gebeugter Mann. „Benjamin, Benjamin", murmelte er vor sich hin, „Rahels Kind, der Trost meines Alters. Josef ist mir genommen, wenn ich auch dich verliere, geht für mich die Sonne nicht mehr auf."

Seit vielen Wochen wartete Josef auf die Rückkehr seiner Brüder. Endlich, eines Morgens, kam der Verwalter der Kornspeicher aufgeregt zu ihm und meldete:

„Sie sind wieder da, Herr."

„Von wem sprichst du?"

„Von den Hebräern aus Kanaan, die sich als Brüder ausgaben und die du für Spione gehalten hast."

„Wieviele sind es?" fragte Josef. Sein Herz klopfte schneller.

„Zehn", antwortete der Verwalter. „Sie lassen dir sagen, sie hätten ihren jüngsten Bruder mitgebracht, so wie du es verlangst. Außerdem möchten sie dir gerne ein paar kleine Geschenke übergeben – als Gruß ihres Vaters an dich.“ Josef blieb äußerlich ganz ruhig. Der Verwalter der Kornspeicher sollte nicht merken, daß im Innern seines Herrn ein Sturm der Freude ausgebrochen war.

„Der älteste der Brüder“, fuhr der Verwalter fort, „hat mir erzählt, wie erschrocken sie waren, als sie bei ihrer Heimkehr die Kornsäcke öffneten und darin das Silber wiederfanden, mit dem sie das Korn bezahlt hatten. Das war vielleicht ein Irrtum, meinen sie. Deshalb haben sie es wieder mitgebracht, dazu genug Silber, um eine zweite Ladung zu kaufen. Soll ich sie ihnen geben?“ „Selbstverständlich“, sagte Josef. Darauf ließ er seinen Haushofmeister kommen.

„Richte ein Festessen her für mich und die zehn Hebräer, die mit ihrer Karawane aus Kanaan gekommen sind. Sie sollen fürstlich bewirtet werden mit köstlichen Speisen, Wein und süßen Früchten.“ Der Haushofmeister sah Josef entgeistert an. Hatte er richtig gehört? Der Wesir des Pharao wollte sich dazu erniedrigen, barfüßige hebräische Nomaden die Schwelle seines Palastes überschreiten zu lassen, gemeines Volk, das von gebildeten Ägyptern verachtet wurde? Seit einiger Zeit kamen immer mehr von dieser Sorte über den Nil nach Goschen, um Getreide zu kaufen. Schlimm genug, daß man es ihnen überließ. Besser wäre es, sie verhungern zu lassen. Josef las die Gedanken des Mannes. „Du wirst dich morgen noch mehr über mich wundern“, sagte er zu ihm. „Geh und tue, was ich befohlen habe.“

Noch verblüffter als der Haushofmeister zeigten sich die zehn Brüder, als sie – nachdem man ihnen Wasser zum Füßewaschen gegeben hatte – in den prächtigen, vom Sonnenlicht durchfluteten Saal geführt wurden. Staunend blickten sie um sich. Wahrlich, in ihren schwarzen Zelten zuhause sah es nicht so großartig aus.

Sie bewunderten die kostbaren Wandbehänge, die üppigen, kunstvoll bestickten Polster aus feinstem, mit Purpur gefärbtem Leinen. In goldenen Käfigen zwitscherten seltsame bunte Vögel, und in silbernen Schalen verströmten Blumenblüten angenehme Düfte. Wie fremd dies alles war! Wie im Traum. Sie fühlten sich unbehaglich. Wenn sie nur gewußt hätten, wie man sich in solcher Umgebung zu benehmen hatte!

Da wurde plötzlich die Saaltür geöffnet und herein kam – Simeon! Mit einem Jubelschrei stürzte er seinen Brüdern in die Arme, er wurde von ihnen beinah erdrückt. Simeon sah nicht aus, als käme er geradewegs aus einem finsteren Kerker. „Es ist mir nicht schlecht ergangen", berichtete er, „im Gegenteil. Der Kerkermeister hatte Befehl, mich freundlich zu behandeln und mich gut zu verköstigen."

„Das sieht man dir an, Bruder", lachte Issachar und tätschelte ihm den Bauch. Während sie laut ihre Erlebnisse austauschten, war Josef in Begleitung seines Dolmetschers eingetreten. Seine Augen suchten Benjamin. Ja, da stand er mitten unter seinen Brüdern. Wie groß er geworden war! Ein stattlicher junger Mann. Vater Jakob hatte immer behauptet, Benjamin sähe seiner Mutter Rahel ähnlich, ein Grund mehr für ihn, seinen Jüngsten besonders ins väterliche Herz zu schließen, so wie Jakob auch Josef geliebt hatte. Und die Brüder? Ob auch sie Benjamin herzlich zugetan waren?

„Ihr Männer aus Kanaan, seid willkommen!" rief Josef ihnen zu. Da bemerkten sie ihn. Sie verstummten und fielen vor Josef auf die Knie. „Ich freue mich, euch wiederzusehen. Nun weiß ich, daß man euch trauen kann. Steht auf!"

Sie erhoben sich zaghaft. Josef zeigte auf Benjamin. „Ist das euer jüngster Bruder?"

„Ja, Herr", antwortete Ruben. „Ich bürge für ihn mit meinem Leben."

„Komm näher", forderte er Benjamin freundlich auf. Als er ihm in die Augen sehen konnte, spürte er, wie es ihm heiß ums Herz wurde und Tränen ihn zu ersticken drohten. Schon wollte er die Arme ausbreiten, Benjamin an sich drücken und sich seinen Brüdern zu erkennen geben. Aber er unterdrückte die Regung im letzten Augenblick. Die Stunde der Wahrheit war noch nicht gekommen, das Spiel noch nicht zu Ende. Die Prüfung der Bruder hatte erst begonnen.

Josef lud sie ein, sich auf den Polstern an der langen Tafel niederzulassen. Er wies einem jeden den Platz an, so wie er ihm zukam, – von Ruben, dem Ältesten bis zu Benjamin, dem Jüngsten. Darüber wunderten sich die Brüder, sie fragten sich im stillen: wie kann der Wesir so genau wissen, wie alt wir sind. Ebenso wenig konnten sie sich erklären, warum er ausgerechnet Benjamin mit besonderer Herzlichkeit auszeichnete.

Josef nahm nicht unter ihnen Platz, wie er am liebsten getan hätte. Daran hinderte ihn die Sitte. Als Ägypter durfte er sich nicht mit Hebräern an einen Tisch setzen. Die Dienerschaft hätte das als einen Greuel empfunden, sein Ansehen hätte dadurch sehr gelitten. Außerdem verbot ihm die hohe Würde seines Amtes, mit gewöhnlichen Leuten aus einer Schüssel zu essen. Die Brüder hatten noch nie so köstliche Speisen genossen. Der Speisemeister ließ immer neue Gerichte auftragen. Er hatte Befehl, von allem die besten Stücke Benjamin vorzulegen. Der Mundschenk sorgte dafür, daß die Becher der Gäste nicht leer wurden, auch er bediente Benjamin mit auffallender Sorgfalt. Es fehlte nicht viel, und die übrigen wären neidisch geworden. Da sie aber alle satt wurden und ihnen das Fett von Mund und Fingern tropfte, dazu der süße Wein seine Wirkung zeigte, gerieten sie in Stimmung und wurden guter Dinge. Sie priesen den Wesir, und Simeon erklärte: „Er ist ein gerechter Mann, er will heute an uns gutmachen, was er uns beim ersten Besuch angetan hat." Dieser Meinung waren sie alle.

Am anderen Tag, bei Sonnenaufgang, brachen sie auf. Die Nacht hatten sie in einer Karawanserei zugebracht. Ihre Maultiere waren beladen, das Korn bezahlt, auch hatten sie sich reichlich mit Proviant versorgt. Sie waren überglücklich, daß alles so gut verlaufen war. Wie würde Vater Jakob sich freuen! Sie hatten die Stadt kaum verlassen, als sich hinter ihnen eine Staubwolke erhob. Sie hörten Hufgetrampel. Es war ein Trupp bewaffneter Reiter. Ihm folgten zwei Streitwagen. In dem ersten stand neben dem Rosselenker der Dolmetscher des Wesirs, in dem andern der Haushofmeister. Ehe sie wußten, was ge-

schah, war die Karawane der Hebräer umzingelt und gezwungen, anzuhalten. „Was wollt ihr von uns"? fragte Ruben erschrocken. Die ägyptischen Soldaten verstanden ihn nicht, sie schüttelten nur drohend ihre Speere oder richteten die Pfeile ihrer gespannten Bogen auf die Brüder. Da waren auch die Streitwagen zur Stelle. Der Dolmetscher sprang zur Erde.

„Was geht hier vor?" fragte Ruben. Die Antwort traf sie wie ein Keulenschlag. „Ihr seid Diebe! Warum habt ihr Gutes mit Bösem vergolten? Den silbernen Becher meines Herr und eures Wohltäters hat einer von euch gestohlen!"

„Wir – und Diebe? Du machst wohl Witze!" Ruben lachte dem Dolmetscher ins Gesicht. „Nicht im Traum würde einem von uns solche Übeltat einfallen."

„Der Becher ist verschwunden", erwiderte der Dolmetscher, „und niemand als ihr kommt als Diebe in Be-

tracht, denn es handelt sich um den Becher, aus dem mein Herr gestern beim Festmahl getrunken hat."

Ruben behielt die Ruhe, er entgegnete: „Nun, wenn du uns der Tat verdächtigst, dann werden wir auf der Stelle unsere Unschuld beweisen. Durchsucht alles, was wir mit uns führen. Bei wem ihr den Becher findet, der soll sterben, die anderen wollen deine Sklaven sein." Und seinen Brüdern rief er zuversichtlich zu: „Los, ladet die Säcke ab und öffnet sie. Beeilt euch, damit wir bald weiterkommen!"

Der Haushofmeister fing bei Rubens Säcken an, wühlte mit den Händen in den Körnern und, da er nichts fand, schritt er zum nächsten. Seine Untersuchung war nicht sehr gründlich, wie es den Brüdern schien, offenbar glaubte der Ägypter selbst nicht an Diebstahl und tat nur seine Pflicht. Schließlich blieb er vor Benjamin stehen, faßte ihn scharf ins Auge und sagte: „Du hast meinem Herrn am nächsten gesessen. Du hattest also die beste Gelegenheit, den Becher heimlich an dich zu nehmen." Benjamin erwiderte ruhig. „Eher fällt die Sonne vom Himmel und der Nil trocknet aus, als daß du aus meinen Kornsäcken einen Becher ans Licht bringst." Lachend beobachtete er, wie der Haushofmeister beide Hände tief in das Korn versenkte, während die Brüder im Kreis herumstanden und sich über den Ägypter lustig machten. Doch im nächsten Augenblick stockte ihnen der Atem, ihre Herzschläge setzten vor Schreck aus, denn was zog der Haushofmeister triumphierend hervor: – den silbernen Trinkbecher des Wesirs.

„Benjamin!" rief Ruben entsetzt. „Was hast du getan?"

„Ich bin unschuldig!" schrie Benjamin. „Ich schwöre es beim Haupt unseres Vaters und bei Gott, unserem Herrn!"

„Wie kommt denn der Becher in deinen Kornsack?" fragte Juda.

„Ich weiß es nicht!" beteuerte Benjamin. Die Brüder waren fassungslos, sie jammerten, fluchten, zerissen ihre Kleider über der Brust. Aber das änderte nichts an der Tatsache: der Becher war gefunden.

„Das ist unsere Strafe", sagte Ruben verzweifelt. „Die Hand Gottes hat uns getroffen." Seine Brüder begriffen, was Ruben meinte: die Strafe für die Schuld an Josef hatte sie eingeholt.

„Vorwärts!" kommandierte der Haushofmeister. „Ladet wieder auf und dann – zurück mit euch in die Stadt. Verantwortet euch vor dem Wesir. Er wird entscheiden, was mit euch geschieht."

Unter Bewachung der Soldaten kehrten sie in die Stadt zurück. Josef wartete bereits gespannt auf den Bericht des Haushofmeisters. „Es ist alles wie geplant verlaufen, Herr. Nachdem gestern der jüngste der Brüder seine Maulesel beladen hatte, ist es mir gelungen, deinen silbernen Becher in einem der Säcke zu verstecken. Bei der Durchsuchung habe ich so getan, als ob ich einen jeden verdächtige. Sie fühlten sich alle unschuldig und glaubten wohl, man habe ihnen eine Falle gestellt." Der Haushofmeister schwieg. Offenbar erwartete er nun endlich eine Erklärung, warum sein Herr ihm befohlen hatte, Benjamin den Becher unterzuschieben.

„Ich will sie nicht versklaven", sagte Josef, „sondern sie von einer alten Schuld befreien." Zu diesen Worten machte der Haushofmeister kein besonders kluges Gesicht. Wieder ein Rätsel, das er nicht lösen konnte. Er zuckte mit den Schultern, als wolle er es endgültig aufgeben, die seltsamen Ideen seines Herrn zu ergründen.

„Wo sind die Brüder jetzt?" fragte Josef.

„Draußen in der Vorhalle. Dort erwarten sie dein Urteil."

Wieder warfen sich die elf Söhne Jakobs vor ihm nieder.

„Was habt ihr euch eigentlich gedacht", herrschte er sie an.

„Ihr mußtet doch wissen, daß eure Missetat nicht verborgen bleiben kann." Als der Dolmetscher übersetzt hatte, erhob sich Juda, bot Josef die Stirn und sprach: „Herr, was sollen wir dazu sagen, wie uns vor dir rechtfertigen? An dem Diebstahl deines Bechers sind wir unschuldig, aber der Herr, unser Gott, hat an uns eine andere schwere Schuld gefunden. Nun ereilt uns seine Strafe. Was mit uns geschieht, ist sein Wille. Laß uns töten oder mache uns zu Sklaven."

„Nein", erwiderte Josef. „Mir liegt nicht daran, euch alle zu bestrafen für das Vergehen eines einzelnen. So ungerecht bin ich nicht. Nur der eine, bei dem der Becher gefunden wurde, – nur er soll mein Sklave werden. Ihr andern könnt heimkehren zu eurem Vater."

Da erhob sich auch Ruben.

„Höre mich an, erhabener Herr", begann er flehentlich, „ich habe mich bei unserem Vater für die Heimkehr seines jüngsten Sohnes verbürgt mit meinem Leben. Ohne ihn kann ich nicht vor unsern alten Vater treten. Er würde vor Gram sterben. Er hat schon vor vielen Jahren einen anderen Sohn verloren, den er sehr lieb hatte –, – verloren durch unsere Schuld. Darum bitte ich dich, Herr, – nimm mich an Benjamins statt als Sklaven." Auch die anderen Brüder traten für Benjamin ein, alle boten ihre eigene Freiheit und sogar ihr Leben als Preis für seine Heimkehr nach Kanaan.

Da schickte Josef den Dolmetscher fort. Er brauchte ihn nicht mehr. Als er mit seinen Brüdern allein war, sprach er zu ihnen: „Fürchtet euch nicht. Ich habe euch nur auf die Probe gestellt. Ihr habt sie bestanden. Weder Benjamin noch einem von euch soll ein Leid geschehen. – Steht auf!"

„Herr!" rief Ruben verblüfft. „Wie kommt es, daß du plötzlich in unserer Sprache reden kannst als wärest du einer von uns? Du bist doch ein Ägypter!" Da breitete Josef die Arme weit aus, als wolle er sie alle umfangen, und rief: „Ja, ich bin einer von euch!" Seine Stimme zitterte, als er sie fragte: „Erkennt ihr mich denn nicht? Ich bin doch Josef! Euer Bruder!" Er konnte nicht weitersprechen, denn aus seinen Augen brachen Tränen. Die Brüder standen wie versteinert da, dann wichen sie vor Josef zurück, sie starrten ihn an, als sei er ein Gespenst, eine Traumgestalt. Keiner brachte einen Laut über die Lippen. Sie konnten nicht fassen, was sie gehört hatten. Josef sah, wie sehr sie erschrocken waren.

„Ja, ich bin es wirklich", sagte er, „ich bin euer Bruder Josef, den ihr einst nach Ägypten verkauft habt. Doch fürchtet nicht meine Rache. Ich habe euch verziehen, denn jetzt weiß ich, daß ihr eure Schuld bereut und euer Herz gewandelt habt. Ihr wolltet mir Böses antun, doch Gott hat es zum Guten gewendet. Er hat es gefügt, daß ich die rechte Hand des Pharao geworden bin. Er, der Herr, hat mich hierher nach Ägypten gebracht, damit ich euch und euren Nachkommen das Leben rette, denn die Hungersnot wird noch Jahre dauern. In Kanaan würdet ihr zugrunde gehen. Deshalb macht euch schnell auf den Weg zu unserem Vater. Berichtet ihm, was ihr hier gesehen habt, erzählt ihm, daß ich noch lebe und bringt ihm diese Botschaft: dein Sohn Josef läßt dir sagen: Gott, der Herr, hat mir in Ägypten große Macht verliehen. Komm her zu mir, besinne dich nicht lange. Bringe deine Kinder und Enkel mit, deinen Besitz und all dein Vieh, Schafe,

Ziegen und Rinder. Du kannst dich in der Provinz Goschen ansiedeln, ganz in meiner Nähe. Ich werde euch das beste Land zuteilen, damit ihr es bestellt. Macht Ägypten zu eurer neuen Heimat. Ich, dein Sohn, werde meine Hand über dich und deine Nachkommen halten, solange ich lebe."

Sie standen noch immer wie gelähmt und sprachlos, die Augen ungläubig auf Josef gerichtet.

„Benjamin!" rief Josef unter Tränen und streckte die Hände nach seinem jüngsten Bruder aus. „Du erkennst mich doch!" Im nächsten Augenblick fiel Benjamin ihm schluchzend um den Hals. Und damit war der Bann gebrochen. Nun endlich hatten auch die übrigen Brüder das Wunder des Wiedersehens begriffen. Sie jubelten, dankten Gott und gerieten vor Freude außer sich.

Josef hatte ihnen noch mehr zu sagen: „Ich werde euch Wagen mitgeben für eure Frauen und die kleinen Kinder, besonders für unseren alten Vater, damit sie bequem hierher reisen. Sagt den Frauen, sie sollen ihren Hausrat ruhig zurücklassen. Sie werden hier neuen erhalten, das Beste, was es auf unseren Märkten zu kaufen gibt."

Vater Jakob traf beinah der Schlag, als er hörte, daß Josef noch lebte. Zuerst wollte er es nicht glauben. Als die Söhne ihm aber die Reisewagen vorführten und ihm die vielen Geschenke zeigten, die Josef ihnen für seinen Vater mitgegeben hatte, da war er überzeugt, daß sie ihm die Wahrheit gesagt hatten.

Von dieser Stunde an drängte er zum Aufbruch. „Ich muß hin und Josef sehen, bevor ich sterbe", rief er immer wieder. Er wollte keine Zeit verlieren. Sie verschenkten ihre Habe an andere Nomaden. Nur von ihrem Herdenvieh wollten sie sich nicht trennen, so wenig Tiere ihnen auch geblieben waren. Die jungen Männer sollten sie vor sich hertreiben. Sie spannten Maulesel vor die Wagen, ließen die Frauen und die kleinen Kinder aufsteigen – und los ging's. Vater Jakob zählte stolz die Häupter der Karawane. Mit seinen Söhnen und deren männlichen Nachkommen waren es fast siebzig Angehörige seiner Sippe. Dazu kamen die Frauen der Söhne und deren Töchter.

So verließen sie das Land Kanaan, das Land, in das ihr Stammvater Abraham mit seiner Frau Sara auf Geheiß ihres Gottes eingewandert war, – das Land, in dem Isaak mit seiner Rebekka hart gearbeitet hatte, – das Land, in dem Jakob und Esau aufgewachsen waren. Hier war auch Jakob alt geworden. Der Tod würde nicht mehr lange auf sich warten lassen. Aber er hatte ja zwölf Söhne. Welcher Reichtum aus der Hand des Herrn! In ihnen würde Gott sein Versprechen erfüllen: ich will die Nachkommen Abrahams, Isaaks und Jakobs zu einem großen Volk wachsen lassen! Jakob hatte nie daran gezweifelt, daß Kanaan das verheißene Land der Zukunft für seine Nachkommen war. Und nun sollte er ihm den Rücken kehren – für immer?

Als sich die Karawane der ägyptischen Grenze näherte, ließ Jakob dem Herrn ein Opfer darbringen. Da plötzlich wurde er von Unruhe und Furcht ergriffen. Er fragte sich: „Ist es nicht gegen den Willen Gottes, das Land Kanaan zu verlassen und seine Pläne zu durchkreuzen, – nur um eines besseren Lebens willen? Ist unser Auszug aus Kanaan nicht wie eine Flucht vor dem Gott meiner Väter in das Reich ägyptischer Götter, – ein Verrat an Abraham und Isaak? Ihr Grab liegt doch in Kanaan, bei den Eichen von Mamre. Auch meine Großmutter Sara und meine Mutter Rebekka und Lea, meine erste Frau haben dort ihre letzte Ruhestätte gefunden. Und ich selbst soll bald in fremder Erde liegen?"

In der Nacht, als er schlaflos, in eine Decke gewickelt unter einer Terebinthe lag und über ihm die Sterne herabfunkelten, war ihm, als höre er deutlich eine Stimme, die ihn rief: „Jakob! Jakob!“ Er richtete sich auf und sah um sich. Aber er sah niemanden. „Ja?“ antwortete er leise, um die Schläfer in seiner Nähe nicht aufzuwecken. Da sprach die Stimme: „Ich bin der Gott deines Vaters Isaak. Ziehe unbesorgt nach Ägypten. Es ist mein Wille. Ich will mit dir gehen und dich auch wieder zurückbringen.“ Da war Jakob beruhigt. Mit neuem Mut setzte er am Morgen die Reise fort. Er schickte Juda voraus, um Josef seine Ankunft anzukündigen. Josef ließ seinen Wagen anspannen und fuhr seinem Vater entgegen. Er schloß ihn in seine Arme und weinte. Auch Jakob rannen die Tränen in seinen weißen Bart. „Nun will ich gerne sterben, da ich dich wiedergefunden habe“, sagte er. So kam Jakob mit seiner Großfamilie in das Land am Nil. Dort lebten sie fortan auf ihre Art, nicht mehr als Nomaden in schwarzen Zelten, sondern als seßhafte Viehzüchter und Ackerbauern in Häusern aus Lehmziegeln unter Dächern aus Schilf. Nach den Jahren der Entbehrungen kam bald wieder eine bessere Zeit. Osiris besann sich auf seine Pflicht als Gott der Fruchtbarkeit und ließ zur rechten Zeit den heiligen Nil anschwellen und auf die ausgelaugten Ländereien neuen Schlamm ablagern. Die Provinz Goschen blühte wieder auf, allenthalben sprossen Halme und Gräser, und in den Bauerndörfern ertönten Musik und Lieder zu Ehren der ägyptischen Gottheiten. Die Kinder und Enkel Jakobs aber dankten dem Gott ihrer Väter.

Als Jakob den Tod nahen fühlte, ließ er Josef zu sich rufen. „Ich habe einen letzten Wunsch an dich. Wenn du mich liebst, wirst du ihn mir erfüllen“, sagte er mit schwacher Stimme. „Du weißt, mein Vater, daß ich dich liebe“, erwiderte Josef.

„Wenn ich gestorben bin“, fuhr Jakob fort, „begrabe mich nicht in Ägypten. Laß mich im Tod mit meinen Vätern vereint sein, mit Abraham und Isaak. Bring mich zurück nach Kanaan und begrabe mich, wo auch sie in der Erde ruhen, in der Höhle bei den Eichen von Mamre.“

„Ich verspreche es dir“, sagte Josef.

„Schwöre es“, bat Jakob. Josef tat es. Bald darauf ließ Jakob alle Söhne kommen. Er wollte sie zum letzten Mal segnen. Mit sterbender Stimme gab er ihnen die Verheißung weiter, die er von Gott empfangen hatte: „Er wird allezeit mit euch sein und euch in Ägypten zu einem großen Volk machen. Eines Tages wird er euch wieder heimführen in das Land eurer Väter, nach Kanaan.“

Nach diesen Worten nahm ihn ein sanfter Tod in die Arme. Josef ließ den Leichnam von ägyptischen Ärzten einbalsamieren, wie es für vornehme Verstorbene Brauch war. Dann rüstete er den Trauerzug aus. Soldaten mit Pferdegespannen gaben dem toten Stammvater das Geleit. Josef selbst führte den Zug an, alle Brüder begleiteten ihn. Sie begruben Jakob, wie es sein letzter Wunsch gewesen war, neben Abraham und Isaak. Viele Jahre später, nachdem auch Josef den letzten Atemzug getan hatte, trat auch er seine letzte Reise dorthin an.

Jakobs Söhne hatten viele Nachkommen. Von Generation zu Generation vermehrten sich ihre Sippen. Auch Josef hinterließ bei seinem Tod Kinder und Enkel. Die „Kinder Israel“ – so nannten sich Jakobs Nachfahren – hielten zusammen wie Pech und Schwefel. Sie wollten sich nicht mit den Ägyptern vermischen und deren Götter und Göttinnen verehren. Nein, sie blieben dem Gott Abrahams, Isaaks und Jakobs treu.

So lebten sie ein paar Jahrhunderte glücklich und zufrieden. Sie kamen zu Ansehen und Wohlstand. Aber dann änderten sich die Zeiten. Auf dem ägyptischen Thron regierten Pharaonen, die von Josef und seinen Verdiensten um das Reich nichts mehr wußten. Sie unterdrückten die Kinder Israel und machten sie zu Sklaven. Unter der Peitsche grausamer Aufseher mußten sie schwere Arbeiten verrichten. Doch als die Not am größten und das Joch am schwersten war, berief Gott einen Mann, der die Kinder Israel aus der ägyptischen Knechtschaft befreien und sie heimführen sollte in die Freiheit, in das Land der Verheißung – nach Kanaan.

Dieser Mann hieß Moses.

Aber das ist eine andere, lange Geschichte.

ZWEITER TEIL

Achtes Kapitel

Das Baby im Binsenkorb

Der Herrscher über Ägypten hatte seine Minister zu sich befohlen. Nachdem er ihre tiefen Verneigungen huldvoll beachtet und ihre Segenswünsche für ewiges Leben im Licht des Sonnengottes entgegengenommen hatte, kam er unverzüglich zur Sache:

„Ich bin besorgt um die Sicherheit des Reiches", begann er. „Unsere Grenze im Nordosten gegen Palästina, am Rande der Provinz Goschen, liegt ungeschützt. Die alten Befestigungen sind verfallen. Sie würden einem Ansturm von Feinden, die uns aus der Wüste angreifen, nicht lange standhalten. Deshalb befehle ich, dort zwei neue befestigte Städte zu bauen mit Kasernen für Truppen – vor allem für Streitwagen – und Arsenale für Waffen und Lebensmittelvorräte. Auch Tempel für unsere Gottheiten und ein Palast für mich soll innerhalb der Mauern erstehen."

Der Pharao hielt inne, er hatte bemerkt, daß der Minister für das öffentliche Bauwesen die Stirn runzelte, er schien von den Plänen seines göttergleichen Herrn wenig begeistert zu sein.

„Hast du Bedenken?" fragte ihn der Pharao.

„Hmm, ja, allerdings, Erhabener Pharao", antwortete der Minister. „Ich verfüge für ein solches Unternehmen zwar über genug Facharbeiter und Handwerker, aber es fehlt an Hilfskräften. Ohne ein Heer von Sklaven wäre das nicht zu schaffen. Wer sonst sollte die Berge von Ziegelsteinen herstellen, die ich benötige, oder in den Steinbrüchen arbeiten?"

Der Verteidigungsminister meldete sich mit einem Vorschlag: „Das Einfachste wäre", so meinte er, „wir unternehmen einen Feldzug gegen ein schwaches Nachbarvolk. Dann machen wir die Kriegsgefangenen zu Sklaven." Seine Kollegen nickten beifällig.

„Keine schlechte Idee", lobte der Bauminister. Der Pharao dagegen schüttelte energisch den Kopf.

„Warum so umständlich?" sagte er, „wir werden uns an die Hebräer halten." Er wartete, bis seine gehorsamen Staatsdiener ihre vor Verblüffung aufgesperrten Münder wieder geschlossen hatten, ehe er fortfuhr: „Es gibt in Ägypten schon zuviele von dieser Sorte." „Die Hebräer?" rief der Bauminister. „Daran hätte ich wahrhaftig nicht gedacht."

„Von diesem Volk droht uns Gefahr", erklärte der Pharao. „Es lebt abgesondert ganz für sich und nach eigenen Sitten. Von unseren Göttern wollen diese Leute nichts wissen, und untereinander sprechen sie die Sprache ihrer Vorfahren, dic cinmal – wer weiß, vor wieviel Jahren – aus dem Lande Kanaan eingewandert sind. Niemand weiß darüber etwas Genaues. Jedenfalls sind es Fremde und sie werden es bleiben. Dabei werden sie immer zahlreicher, wie man mir gesagt hat. Es scheint mir deshalb an der Zeit, ihre weitere Vermehrung zu unterbinden, sonst könnten sie sich, im Falle eines Krieges, mit unseren Feinden gegen uns verbünden. Diesen Hebräern ist alles zuzutrauen."

Der Minister für Landwirtschaft hatte eine andere Meinung, und er wagte, sie auszusprechen: „Bisher, so muß man sagen, haben sich die Hebräer nichts zuschulden kommen lassen. Im Gegenteil: was sie auf ihren Äkkern in Goschen ernten, kommt den Menschen in unseren Städten zugute. Auch unsere Fleischtöpfe werden hauptsächlich von hebräischen Viehzüchtern gefüllt. Ihre Rinderherden sind die fettesten im Lande."

„Daran soll sich nichts ändern", entgegnete der Pharao. „Nur die kräftigsten Hebräer sollen zur Fronarbeit herangezogen werden. So bleiben genug andere für die Feldarbeit und das Hüten ihrer Herden. Die müssen dann eben um so härter arbeiten. Ich erwarte, daß sie in Zukunft ebensoviel auf die Märkte bringen wie eh und je, und du, Minister für die Landwirtschaft, bist mir dafür verantwortlich." Das klang wie eine Drohung. Mit einem Kniefall unterwarf sich der Beamte seinem Herrscher. Der Pharao, an solche Gesten des absoluten Gehorsams gewöhnt, verzog dazu keine Miene. Er wandte sich an den Minister für öffentliche Dienste. „Laß alle Hebräer zwischen zwanzig und fünzig Jahren in Listen erfassen. Schicke sie in die Lehmgruben und in die Steinbrüche. Laß sie Ziegel pressen, neue Kanäle graben und Schöpfräder treten. Beute ihre Kräfte aus bis zum Umfallen. Wenn einer unter seiner Last zusammenbricht und nicht wieder aufstehen kann, – um so besser. Hast du mich verstanden?"

„Jawohl, du Licht der göttlichen Weisheit", quittierte der Minister den Auftrag. „Du wirst mit mir zufrieden sein."

Schon hatte der Pharao einen letzten Befehl für den Bauminister auf den Lippen. „Bevor sich der neue Mond am Himmel zur vollen Scheibe gerundet hat, wirst du mir die Pläne für die Städte vorlegen. Sie sollen Pitom und Ramses heißen."

Der Minister legte die rechte Hand aufs Herz. „Ich bin dein niedrigster Knecht, du Ruhm Ägyptens."

Mit einer herablassenden Geste entließ der Pharao

seine Getreuen. Er wußte seine üblen Absichten bei ihnen in besten Händen.

Die Hebräer, die zahlreichen Nachkommen der Söhne Jakobs, überkam Angst und Schrecken, als sie erfuhren, was mit ihnen geschehen sollte.

Knechtschaft!

Sie konnten es nicht begreifen. „Wie haben wir das verdient? Ist das der Dank für die Verdienste unseres Vorfahren Josef, der einst zum Wesir des ägyptischen Reiches aufgestiegen ist und das Land durch seine Klugheit vor einer Hungersnot bewahrt hat? Aber was weiß denn der Pharao, der heute regiert, von Josef? Kein Ägypter kennt mehr seinen Namen, und in den Staatsarchiven ist über sein Amt und sein Leben nichts zu finden. Der Pharao würde uns auslachen, wenn wir uns auf Josef berufen und ihn bitten würden, uns in Ruhe und Freiheit arbeiten zu lassen, wie bisher. Nein, gegen die Willkür eines Pharao sind wir wehrlos. Wenn uns nicht der Gott Abrahams, Isaaks und Jakobs zu Hilfe kommt, sind wir verloren." So jammerten sie.

Sie hatten allen Grund dazu. In den Dörfern des fruchtbaren Nil-Deltas, in der Provinz Goschen, wo hinter dem Horizont und jenseits der Wüste Palästina begann, tauchten die bewaffneten Häscher des Pharao auf und trieben die hebräischen Männer zur Zwangsarbeit. Sie mußten sich fügen, wenn ihnen das Leben lieb war, auch wenn es ihnen von Stund an zur Qual wurde.

Die meisten von ihnen wurden zur Herstellung von Ziegelsteinen eingesetzt. Die Arbeitsstellen lagen dort, wo der Nil im Laufe der Zeiten lehmigen Schlamm abgelagert hatte. Unter der glühenden Hitze war er steinhart geworden. Es war eine Schinderei, ihn mit hölzernen Hacken loszubrechen. In Körben wurde er zu ausgemauerten Gruben gebracht und darin, mit Wasser, Sand und Stroh vermischt, gründlich durchgeknetet. Den Teig schleppten andere Hebräer in Kübeln zur nächsten Ziegelei. Dort wurde er in Formen gepreßt, die man in langen Reihen der Sonne aussetzte. Waren sie schließlich durch und durch trocken, konnten sie zu den Baustellen gebracht werden. Zu Dutzenden auf einem Brett gestapelt, hing die Last an langen Stangen zwischen den nackten Schultern zweier Träger. Wenn sie unter ihrer Bürde zusammenbrachen, zwang sie die Nilpferdpeitsche eines Aufsehers wieder auf die Beine, und sie taumelten, vor Schmerzen halb ohnmächtig, weiter. Aber manch einer konnte sich nicht mehr erheben. Er starb unter Hieben und Tritten. Sein letzter Schrei war ein Fluch auf seinen Peiniger.

Nicht weniger grausam ging es in den Steinbrüchen zu, wo sich die Männer unter der glühenden Sonne mit schweren, scharfkantigen Granitblöcken abplagten. Auch tiefe Gräben auszuheben und die Erde wegzuschaffen, erschöpfte die Sklaven zu Tode. Ebenso litten ihre Brüder, die von morgens bis abends mit den Füßen die riesigen Schöpfräder in Bewegung halten mußten, die Wasser aus Nilarmen in Kanäle hoben, aus denen später die neuen Städte versorgt werden sollten.

Nur im Herbst, wenn der Nil stieg und das umliegende Land überschwemmte, durften die zur Fronarbeit gepreßten Hebräer zu ihren Familien heimkehren, ausgehungert, mit Narben und Schwielen bedeckt. Und ohne Hoffnung, denn sie wußten: sobald das Land im Nildelta wieder trocken fiel, würden die Fronvögte sie von neuem zur Arbeit treiben.

Wie sollte das enden?

Doch je härter die Ägypter die Israeliten unterdrückten, ihren Mut konnten sie nicht brechen.

„Es ist, als sei unter den Hebräern eine geheime Verschwörung im Gange", berichtete eines Tages der Minister für die öffentlichen Arbeiten dem Pharao.

„Planen sie etwa einen Aufstand?" Der Pharao lachte verächtlich. „Nicht von der Art, daß wir sie heute schon zu fürchten hätten", antwortete der Minister. „Es gehen zwar immer mehr Hebräer bei der Zwangsarbeit zugrunde, doch für jeden, den man im Sand verscharrt wie einen toten Hund, bringen die hebräischen Weiber zwei neue zur Welt, so scheint es. Jedenfalls melden unsere Gewährsleute, daß in den Siedlungen der Hebräer so viele Kinder männlichen Geschlechts umherkrabbeln wie nie zuvor. Wenn wir diese Nachkommenschaft ungezügelt heranwachsen lassen, könnte sie eines Tages zu einer Gefahr für die innere Sicherheit deines Reiches werden."

„Du hast recht", bekräftigte der Pharao die Vermutung seines Ministers. „Wir müssen die Gefahr in der Wurzel ersticken." „Aber wie?" warf der Minister ein. „Man kann die Hebräerinnen schlecht daran hindern, Kinder zu gebären, es sei denn, wir trennen sie von ihren Männern, bis sie unfruchtbar werden." Der Pharao lachte ihm ins Gesicht. „Ich wüßte eine bessere Lösung", sagte er. „Wenn in Zukunft eine Hebräerin einen Sohn gebiert, wird man ihn ihr abnehmen und – in den Nil werfen." „Sehr gut", stimmte der Minister zu. „Und wenn sie von einem Mädchen entbunden wird?"

„Dann mag es am Leben bleiben", beschied ihn der Pharao, „denn ihre Mädchen können uns nicht schaden, im Gegenteil. Sind sie erwachsen, finden sie unter Hebräern keinen Mann zum Heiraten. Dann müssen sie mit einem jungen Ägypter vorlieb nehmen. Auf diese Weise sterben die Hebräer langsam aus."

Der Minister staunte. „Die Götter haben dir Weisheit in Fülle verliehen", sagte er lobhudelnd. Im Innern aber wurmte es ihn, nicht selbst auf diese Idee gekommen zu sein. Sie hätte ihm gewiß Ehre eingebracht.

„Ich werde die erforderlichen Verfügungen unverzüglich erlassen", sagte der Pharao. „Sie sollen für alle Hebräer gelten, nicht nur für das gemeine Volk in Goschen, nein, auch für die Familien in unseren Städten. Und niemand soll glauben, er könne einen neu geborenen Knaben verstecken und heimlich großziehen. Er müßte es mit Leben und Besitz bezahlen."

„So sei es, erhabener Herrscher", sagte der Minister, „in allem, was du tust, vollstreckst du den Willen der Götter."

Der Pharao entließ ihn gnädig. Rückwärts schlurfend und tief verneigt nahm der Minister Abschied.

„Schicke mir den Staatsschreiber!" rief ihm der Pharao nach.

Da war ein Mann aus dem Stamm Levi, des dritten Sohnes von Jakob, dem Patriarchen. Er lebte in einer Gasse am Rande der ägyptischen Hauptstadt, die sich am Ufer des Nils ausbreitete. Auch seine Nachbarn gehörten zu seinem Volk, den Kindern Israel. Wenn sie auch wenig Rechte hatten, so waren sie unter den Ägyptern geachtete Leute, die in vielen Geschäften erfahren und in handwerklichen Künsten bewandert waren. Vor allem die Händler hielt man für unentbehrlich. Alles, was an ausländischen Produkten über Land und Meer nach Memphis auf den Markt kam, ging durch die Hand der hebräischen Händler an die Kunden. Deshalb hatte der Pharao kein Interesse daran, auch sie zu unterdrücken, solange es draußen auf dem Lande, in Goschen, genug kinderreiche Bauern und Viehhirten gab, die als Fronarbeiter nützlich waren. Der Erlaß, keine neugeborenen Söhne der Hebräer am Leben zu lassen, galt aber für alle.

Der Mann aus dem Stamm Levi hatte zwei Kinder: eine Tochter, sie hieß Mirjam, und einen Sohn mit Namen Aaron. Sie erschraken, als ihnen ein drittes Kind geboren wurde und sie sahen, daß es ein Junge war.

„Wir müssen ihn töten", jammerte der Vater verzweifelt. Er raufte sich die Haare, zerriß sein Hemd vor der Brust und trommelte mit den Fäusten dagegen, während ihm die Tränen in den Bart flossen. „Niemals!" schrie die Mutter auf. Sie warf sich über das Neugeborene, um es zu schützen. „Eher will ich selbst sterben!" Sie hob ihr Baby hoch und hielt es ihrem Mann vor die Augen: „Sieh nur, wie schön er ist. Und wie lieb er dich anschaut. Kannst du es übers Herz bringen, ihn in den Nil zu werfen?"

Sie bekam keine Antwort. Stumm reckte ihr Mann die Fäuste zum Himmel, als wolle er einen unsichtbaren Gott anklagen.

„Wir werden ihn verstecken", entschied die Mutter.

„Das ist unmöglich, Frau. Alle Nachbarn wissen doch, daß du schwanger warst. Sie werden dich nach dem Neugeborenen fragen und es sehen wollen. Glaubst du, die könnten ein Geheimnis hüten?"

„Ich werde ihnen sagen, das Kind sei ein Mädchen gewesen und totgeboren."

Der Vater schüttelte traurig den Kopf. „Es wird nicht lange dauern, und es kommt ans Licht. Dann sind wir alle verloren. Also sei vernünftig, Frau." Er streckte die Hand nach dem Kleinen aus. Der begann zu schreien, als ahne er, was mit ihm geschehen solle.

„Ich habe noch Hoffnung", protestierte die Mutter. Sie stieß ihren Mann zurück.

„Worauf?" fragte er.

„Daß der Pharao seinen Befehl bereut und widerruft. Er kann doch nicht so unmenschlich sein."

„Und wenn er hart bleibt?“

„Hör zu, Mann“, redete sie auf ihn ein. „Wir werden deinen Sohn drei Monate lang verstecken, in der hinteren Kammer. Aaron und Mirjam sollen ihn behüten und aufpassen, daß er nicht schreit. In der Nacht nehme ich ihn zu mir und wiege ihn auf den Armen, wenn er unruhig wird und plärrt. Ich werde auch darauf achten, daß er an meiner Brust immer satt wird, dann schläft er fest.“

„Gut, Frau, ich bin einverstanden“, sagte der Mann nach einer Denkpause. „Es ist gefährlich. Aber wenn der Pharao nicht zur Einsicht kommt, müssen wir uns nach drei Monaten heimlich von unserem Söhnchen trennen, – damit wir am Leben bleiben.“

„Ich hoffe auf die Hilfe des Gottes, der uns bisher im fremden Land beschützt hat.“ Darauf nahm sie das Baby an die Brust und nährte es. Danach schlief es in seiner Wiege ein. Sie hatten sie in einem dunklen Winkel aufgestellt, verborgen hinter einem Vorhang. Kein Nachbar sollte den Raum betreten dürfen. Auf Verschwiegenheit selbst ihrer besten Freunde durften sie nicht bauen.

Drei Monate lang ging alles gut. Das Baby gedieh prächtig, es wurde immer hübscher. Es hatte schwarze Augen, und auf dem Köpfchen ringelten sich dunkle Löckchen.

Aber mit jedem Tag und jeder Nacht wurde die Unruhe der Eltern größer. Schon viele neugeborenen Hebräerjungen waren ihren Vätern und Müttern gnadenlos aus den Armen gerissen und vor ihren Augen getötet oder in den nahen Nil geworfen worden.

Und das Herz des Pharao blieb versteinert.

„Wie soll das weitergehen? Eines Tages werden sie ihn finden, dann trifft uns die Strafe des Pharao um so härter“, sagte die Mutter weinend zu Mirjam. Sie war mit ihrer Tochter allein im Hause. Während Mirjam ihr zur

Hand ging, spielte Aaron draußen auf der Gasse. Plötzlich stürzte er herein, atemlos.

„Sie kommen!" keuchte er. „Zwei ägyptische Soldaten, sie sind schon ganz nahe." Die Mutter legte das Baby zurück in die Wiege, schob sie rasch hinter den Vorhang. Dann huschte sie zur Tür und spähte hinaus.

Da erblickte sie die beiden Wachsoldaten, sie waren bewaffnet mit Speer und kurzem Schwert. Langsam kamen sie näher. Wenige Schritte vor dem Haus blieben sie stehen, sie unterhielten sich, lachten laut. Sie schienen sich gegenseitig Witze zu erzählen. „Wenn Brüderchen jetzt bloß nicht wach wird und schreit", flüsterte Aaron seiner Mutter zu. Er hatte den Satz kaum ausgesprochen, als sich hinter dem Vorhang das Baby rührte. Es stieß einen langgezogenen, wehleidigen Schrei aus. Die Mutter, Mirjam und Aaron wurden starr vor Schreck. Die Ägypter mußten es gehört haben, wenn sie nicht taub waren, daran gab es keinen Zweifel. „Beruhige ihn, Mirjam", sagte die Mutter leise. „Und du, Aaron, geh zu ihnen hinaus, versuche, die Kerle abzulenken. Mach, daß sie weitergehen." Schon hatte Mirjam ihr Brüderchen auf dem Arm und wiegte es sanft hin und her, während sie ihm leise ein Liedchen vorsang. Das schien ihm zu gefallen, es wurde ganz still.

Aaron war mit einem Satz draußen, er tat, als wolle er genau vor dem Eingang spielen. Er spitzte die Ohren, um zu hören, was die Soldaten miteinander sprachen.

„Hast du nicht gehört?" fragte der eine mißtrauisch. „Mir war, als hat da ein Kind geschrieen, ganz in der Nähe, so eines, weißt du, das noch in die Windeln macht." Beide lauschten. Aaron begann, laut zu pfeifen.

„Halt's Maul!" herrschte ihn einer der Ägypter an und drohte ihm mit der Speerspitze. Aaron verschloß die Lippen, sein Herz schlug zum Zerspringen. Er horchte. Hinter ihm, in der Hütte, blieb es still.

„Hast du nicht auch gehört, wie eben ein Baby schrie?" fragte der andere Ägypter den Jungen. Aaron schüttelte den Kopf.

„Nee", antwortete er, „hier herum gibt es kein Baby."

Damit wollten sie sich nicht abfinden. „Los, wir wollen alle Hütten untersuchen. Ich habe das Gefühl, hier wird eine neugeborene männliche Hebräerbrut versteckt." Die beiden Ägypter traten auf den Eingang zu.

„Mach Platz!" rief einer und gab ihm einen Fußtritt. Aaron überlegte blitzschnell, was er tun könnte, um sie am Betreten der Hütte zu hindern, aber in seiner Angst sah er keinen Ausweg. „Mein Bruder ist verloren!" schoß es ihm durch den Sinn.

In diesem Augenblick ertönte wieder ein Schrei, der dem eines weinenden Babys täuschend ähnlich war. Aber diesmal war es eine Katze. Von einem Kater verfolgt, stob sie aus einer Lücke zwischen den Nachbarhütten, sprang zwischen Aaron und den Ägyptern hindurch, noch einmal kreischend und verschwand fliehend um die nächste Ecke.

„Da habt ihr euer Baby", sagte Aaron und grinste die Ägypter unverschämt an. Die mußten nun selbst lachen. Einer sagte: „Ich hätte gewettet, daß es ein Baby war." Sie blieben noch einige Augenblicke stehen und lauschten, als wollten sie sich vergewissern, daß sie sich tatsächlich getäuscht hatten. –

„Komm weiter, was stehen wir hier in der Sonne herum", schlug der eine vor. Gelangweilt schlenderten sie davon.

In der Nacht fanden die Eltern keinen Schlaf. Sie wälzten sich ruhelos auf ihrem Strohlager und suchten einen Ausweg aus der Not, doch sie zermarterten ihr Gehirn

umsonst. Als in der ersten Morgenfrühe ein Hahn den neuen Tag ankündigte, erhob sich der Vater.

„Die Frist ist abgelaufen", sagte er. „Wir werden uns von ihm trennen müssen. Heute noch."

„Ja", antwortete seine Frau, „es muß sein."

„Gib ihm noch einmal zu trinken. Dann wickle ihn in ein Tuch. Bevor die Sonne aufgeht, bin ich zurück."

„Wohin willst du?"

„Das fragst du noch? Hinunter an den Nil. Um diese Stunde wird mich dort niemand beobachten, wenn ich ihn ins Wasser werfe."

„Nein!" entgegnete seine Frau. „Das wirst du nicht tun. Statt dessen gehst du in die Stadt, zum Hafen, wo die Bootsbauer arbeiten. Kaufe von ihnen einen Klumpen Pech von der Sorte, mit der sie die Planken der Nilschiffe abdichten." Ihr Mann glaubte, nicht richtig gehört zu haben. „Was willst du mit einem Klumpen Pech?"

Seine Frau holte ihr Baby aus der Wiege und machte sich daran, die Windeln zu wechseln. Dabei erklärte sie ihrem Mann, was sie vorhatte. „In dieser Nacht, als ich um sein Leben zitterte, traf mich wie ein Blitz vom Himmel ein letzter Funken Hoffnung ins Herz." „Kein Gott kann unseren Sohn noch retten", seufzte der Vater. „Aber vielleicht die Tochter des Pharao." Wiederum blickte ihr Mann sie an, als zweifle er an ihrem Verstand. Unbeirrt redete sie weiter. „Sie kommt jeden Tag, eine Stunde vor Sonnenuntergang mit ihren Dienerinnen an den Nil zum Baden. Ich kenne die Stelle genau, es ist eine kleine Bucht mit viel Schilf am Ufer. Und nun stell dir vor, Mann: die Prinzessin steigt ins Wasser und sieht im Schilf ein Körbchen. Sie ist neugierig, sie schaut hinein, und was findet sie?"

„Keine Ahnung", antwortete ihr Mann.

„In dem Binsenkörbchen wird sie ein Baby finden: unseren Sohn!"

„Hast du das geträumt? Du redest ja ganz irr."

„Mirjam soll gleich, wenn sie erwacht, an den Fluß laufen und einen Arm voll Binsen holen, sie weiß, wo es welche gibt. Daraus flechte ich das Körbchen. Mit dem Pech sollst du es abdichten, damit es nicht untergeht. Begreif doch endlich!"

„Deine Hoffnung ist töricht", widersprach ihr der Mann. „Wenn die Prinzessin erkennt, daß sie ein Hebräerkind vor Augen hat, wird sie das Körbchen ins Wasser stoßen und das Kind darin seinem Schicksal überlassen."

„Das wird sie nicht übers Herz bringen", erwiderte die Mutter. „Die Prinzessin ist doch auch eine junge Frau."

„Aber eine ägyptische", bemerkte ihr Mann, „sie kennt den Erlaß ihres Vaters und wird sich daran halten. Also schlag dir diesen Gedanken aus dem Kopf."

Aber sie ließ sich nicht davon abbringen, sie setzte ihrem Mann so hartnäckig zu, daß er sich schließlich auf den Weg zu den Bootsbauern machte.

Mirjam indessen lief zum Nilufer, wo es Binsen gab. Sie brachte soviel davon zurück, daß sie für zwei Körbe gereicht hätten. Mit flinken Händen flocht ihre Mutter einen kleinen viereckigen Kasten daraus. Sie war darin geübt, alle Körbe und Matten in ihrem Haushalt waren aus Binsen oder Schilf angefertigt.

Als sie ihre Arbeit beendet hatte, übernahm ihr Mann den Rest. Er erwärmte den harten Klumpen Erdpech über dem Feuer, bis er zähflüssig war und sich leicht verstreichen ließ. „Da dringt kein Tropfen Wasser ein", erklärte er befriedigt, als er den Korb von innen und von außen abgedichtet hatte.

Inzwischen war es Nachmittag geworden. Für Mirjam

war es Zeit, aufzubrechen. Ihre Mutter schärfte ihr noch einmal ein, worauf sie achten sollte: „Stell den Korb ins Schilf, aber so, daß er von der Strömung nicht fortgetrieben wird, bevor die Prinzessin zum Baden kommt. Versteck dich in der Nähe und paß auf, was geschieht." Mirjam nahm den Korb auf den Arm. Ein feines Leintuch schützte das Gesicht ihres Brüderchens vor den lästigen Fliegen. Es war satt und schlief friedlich, die kleinen Fäuste neben dem Köpfchen. Vorsichtig nach allen Seiten spähend, schlich sich Mirjam geschwind durch die Gassen, darauf bedacht, niemandem in die Arme zu laufen und sich ausfragen zu lassen.

Bald hatte sie die letzten Hütten der Hebräersiedlung hinter sich gelassen.

Ihre Mutter hatte ihr den Badeplatz der Prinzessin genau beschrieben. Ein kleiner Palmenhain, nahe am Nilufer, war das Merkmal. Von dort führte ein schmaler Pfad zwischen Binsen und Schilf ans Wasser. Die kleine Bucht war nicht zu verfehlen. Mirjam sah sich noch einmal verstohlen um, ob ihr auch niemand gefolgt war. Keine Menschenseele zu sehen! Nur eine Schar Wasservögel flog krächzend aus dem Dickicht, als Mirjam sie aufscheuchte, während sie nach einem geeigneten Platz für den Korb suchte. Das Wasser des Nils plätscherte zu ihren Füßen, es umspülte das Schilf, das dort in hohen grünen Büscheln wuchs. Endlich glaubte sie, die richtige Stelle gefunden zu haben. Sorgfältig setzte sie den Korb ab. Wie ein winziges gestrandetes Boot saß es zwischen den Stengeln fest, gut sichtbar für jemand, der an diesem Ort ins Wasser steigen würde. Zufrieden zog Mirjam sich zurück und sah sich nach einem Versteck um. Das Schilf war hoch, sie konnte darin aufrecht stehen, mit den nackten Füßen im seichten Wasser. Die schmalen Blätter der Pflanzen bildeten einen dichten Vorhang.

Dahinter wartete sie. Langsam verstrich die Zeit. Es kam ihr vor, als ob die Sonne stillstand. Aber ihr Tageslauf war nicht aufzuhalten, unmerklich näherte sie sich dem Rand der Erdscheibe im Westen.

Plötzlich vernahm Mirjam helle Stimmen. Sie kamen aus der Richtung, wo der Sommerpalast des Pharao auf einer Anhöhe über dem Nilufer erbaut war.

Mirjams Herz begann wild zu pochen. Die Stimmen kamen näher und näher, sie hörten sich an wie fröhliches Vogelgezwitscher. Bald konnte Mirjam Gelächter und Worte von drei jungen Frauen unterscheiden. Und da kamen sie auch schon unter den Palmen in Sicht.

Ja, es war die Tochter des Pharao, von zwei Dienerinnen begleitet. Mirjam konnte alles beobachten. Die Prinzessin ließ die Mädchen bei den Palmen zurück und ging allein weiter ans Wasser. Und da, als sie gerade ihr Gewand ablegen wollte, vernahm sie Töne, die sie an diesen Ort nie und nimmer erwartet hätte.

War das nicht ein Baby, das laut vor sich hin lallte? Die Laute kamen aus dem Schilf, ganz in der Nähe. Ihr suchender Blick entdeckte den Korb. Sie stieß einen Schrei der Überraschung aus. „Kommt schnell herbei!" rief sie den Dienerinnen zu. Bevor sie zur Stelle waren, hatte die Prinzessin das Körbchen aufgenommen und das Tuch weggezogen. Sogleich verstummte das Baby, mehr erstaunt als erschrocken blickte es zu dem fremden Wesen auf. Alle drei beugten sich über das Findelkind, sie waren sprachlos, außer sich vor Verwunderung.

„Das ist ja ein Hebräerkind", sagte eins der Mädchen. Das andere knüpfte hurtig die Windeln auf. „Ein Junge!" stellte sie fest. „Ist er nicht wonnig?" Die Pharaotochter lächelte den Kleinen entzückt an. „Er kann erst wenige Monde alt sein. Woher mag er nur kommen?"

Eine der Dienerinnen vermutete: „Vielleicht hat sein

Vater ihn irgendwo flußaufwärts ausgesetzt, weil er ihn ja doch nicht behalten darf. Nun hat der Nil ihn hier angeschwemmt."

„Das hat etwas zu bedeuten", meinte die Prinzessin. „Ob mir der Flußgott dieses Kind zum Geschenk machen will?"

Die Dienerinnen rümpften die Nase. Eine sagte: „Was würde dein erhabener Vater dazu sagen? Hat er nicht verfügt, alle neugeborenen Hebräersöhne in den Nil zu werfen wie junge Hunde, die niemand haben will?" Die andere schlug vor: „Am besten, wir lassen den Korb mit dem Kind darin davontreiben – bis ins Meer hinaus, es schwimmt ja wie ein Boot."

„Nein!" entschied die Prinzessin. „Ich will ihn behalten. Mein Vater wird es mir erlauben, er hat mir noch nie eine Bitte abgeschlagen."

Das Baby im Binsenkorb verzog das Gesicht, es schien nun doch ganz verwirrt zu sein, als sechs Augen es anstarrten. Es begann zu weinen.

„Er hat Hunger", erklärte die Prinzessin. „Wer weiß, wie lange er nicht mehr gestillt worden ist. Er braucht eine Amme."

Da war guter Rat teuer. „Wo sollen wir eine herholen?"

Die Prinzessin nahm das Baby aus dem Korb und wiegte es zärtlich auf den Armen.

Mirjam hatte alles mit angehaltenem Atem verfolgt. Jetzt sah sie den Augenblick gekommen, selbst ihre Hand ins Spiel zu bringen. Lautlos schlich sie sich in der Dekkung des Schilfs davon, machte einen Bogen und erreichte ungesehen den Palmenhain. Von dort folgte sie den Spuren der Prinzessin auf dem Pfad zu ihrer Badebucht.

Eine Dienerin sah sie kommen. „Ein Hebräermäd-

chen!" rief sie. Mirjam blieb stehen, sie tat erschrocken. Die Prinzessin winkte sie heran.

„Was willst du hier?" fragte sie.

„Ich hörte ein Kind weinen, und da dachte ich, vielleicht ist hier jemand in Not und braucht Hilfe."

„Du kommst mir wie gerufen", sagte die Prinzessin freundlich. Sie erzählte Mirjam, wie sie das Baby gefunden hatte.

„Nein sowas!" rief Mirjam.

„Ich möchte es gern behalten und den Jungen am Hof aufziehen lassen wie einen Ägypter", sagte sie, „aber erst später. Solange er noch klein und hilflos ist, braucht er eine Ziehmutter. Kennst du zufällig eine hebräische Amme, die ihn gegen guten Lohn stillen und sich auch sonst um ihn kümmern könnte?"

Mirjam legte den rechten Zeigefinger an die Nasenspitze und tat, als denke sie angestrengt nach. „Ja, ich weiß eine, die würde es mit Freuden tun", rief sie, „soll ich sie holen? Sie wohnt nicht weit von hier."

„Ja, beeile dich, damit ich ihr den Jungen gleich übergeben kann." Mirjam rannte schnell nach Hause. Atemlos berichtete sie ihren Eltern, was geschehen war.

„Verrate der Prinzessin nicht, daß du die Mutter bist!" riet ihr der Vater. Sie lachte ihn aus. „Wo denkst du hin, Mann? Ich bin doch nicht dumm!" Und weg war sie. Mirjam hatte Mühe, mit ihr Schritt zu halten.

Die Prinzessin hatte sie ungeduldig erwartet. Noch immer weinte der Kleine, als er aber das Gesicht seiner Mutter erkannte, wurde er ganz friedlich, er streckte die Ärmchen nach ihr aus. Sie nahm ihr Baby aus dem Körbchen und legte es an ihre pralle Brust. Die Ägypterinnen sahen mit Wohlgefallen zu.

„Behüte ihn mit aller Sorgfalt", mahnte die Prinzessin, „denn er gehört nun mir."

„Ich will ihn nähren und betreuen, als wäre er mein eigenes Kind", sagte die Frau.

„Ich werde dich dafür bezahlen", versprach die Prinzessin.

„Oh nein, ich verlange keinen Lohn", sagte die Mutter.

„Du verdienst ihn aber", beharrte die Prinzessin auf ihrem Vorhaben. „Ich werde dir von Zeit zu Zeit meine Leibmagd schicken, sie wird dir Silber bringen und sich nach dem Wohl des Jungen erkundigen."

Als das Baby satt war, legte die Mutter es zurück ins Körbchen, deckte es zu und machte sich mit Mirjam auf den Weg nach Hause, nachdem sie der Prinzessin Glück und langes Leben gewünscht hatte.

Die Prinzessin sah ihr nach bis sie hinter einer Biegung des Pfades verschwunden war.

„Ich weiß auch schon, wie ich ihn nennen werde", sagte sie zu ihren Begleiterinnen. „Mose soll er heißen." Darauf verließen sie den Ort am Schilfufer, wo sich so Wunderbares zugetragen hatte. Inzwischen spiegelte sich die Sonne im letzten Glanz als goldener feuriger Ball im dunkel dahinströmenden Nil. Ein Schwarm Ibisse flog dicht darüber hin mit breiten Schwingen auf dem Weg zu ihrem Nistplatz. Friede lag über dem Strom und dem Land. Frösche begannen im Schilf ihr Abendkonzert.

In der Hütte, in der drei Monate zuvor ein Junge geboren worden war, herrschte große Freude. Die Mutter hob dankbar die Hände zum Himmel. „Seht ihr", sagte sie, „meine Hoffnung hat sich erfüllt. Der Herr, der Gott unserer Väter, hat uns nicht verlassen."

Neuntes Kapitel

Der brennende Dornbusch

Der hebräische Arbeitssklave blieb erschöpft im Schatten der Stadtmauer von Ramses stehen. Er ließ den Strick fallen, an dem er eine niedrige Karre hinter sich hergezogen hatte. Die Last, ein Stück einer Säule, sollte er zur Baustelle am Tempel des Sonnengottes schaffen. Der Mann schnaufte, er rang nach Atem. Sein Gesicht und sein nackter Oberkörper waren schweißbedeckt. Seine Knie zitterten, er konnte sich nicht länger auf den Beinen halten. Stöhnend sackte er zusammen. Im nächsten Augenblick klatschte die Peitsche eines Aufsehers auf seinen Rücken. Sogleich zeigten sich auf dem von der Sonne verbrannten Fleisch blutige Striemen. „Auf!" brüllte ihn der ägyptische Schinder an. „Vorwärts!" „Herr!" keuchte der Geschlagene. „Nur eine kleine Weile laß mich ausruhen." Ein zweiter Hieb mit den Lederriemen war die Antwort. „Hab doch Mitleid mit mir, Herr", flehte der Mann ihn an. Er krümmte sich vor Schmerzen am Boden. „Ich will ja, nur meine Füße, sieh, wie sie geschwollen sind, sie tragen mich nicht mehr." „Du willst dich vor der Arbeit drücken! Das kenn ich. Steh auf und zieh, du verfluchter Hebräer, oder ich schicke dich in die Unterwelt."

Der Mann versuchte, sich aufzurichten. „Erbarme dich meiner Schwachheit, Herr", wimmerte er, „gib mir einen Schluck Wasser ..."

Mit einem Fußtritt streckte ihn der Ägypter zu Boden,

der Mann fiel mit dem Gesicht in den Sand. Der Aufseher schlug unbarmherzig auf ihn ein. Als er schließlich, selbst ermattet, innehielt und sich über sein Opfer beugte, sah er, daß der Mann tot war.

Da hörte er hinter sich schnelle Schritte, und eine Stimme zischte: „Das wirst du auf der Stelle mit deinem eigenen Leben büßen!" Der Aufseher drehte sich um. Vor ihm stand ein Mann mit gezücktem Dolch. Der Ägypter wich erschrocken zurück, bis er mit dem Rükken an der Stadtmauer stand.

„Was willst du von mir?" schrie er in Todesangst. Er wollte fliehen, um Hilfe rufen. Aber er kam nicht mehr dazu. Blitzschnell fuhr ihm der Dolch in die Kehle. Ein Blutstrom quoll ihm aus dem Mund. Er taumelte, dann sank er mit einem letzten Röcheln zu Boden neben der Leiche des Hebräers.

Sein Mörder sah sich nach allen Seiten um. Hatte ihn jemand beobachtet? Nein, kein Ägypter war in der Nähe, aber die nächste Fuhre aus den Steinbrüchen und der Werkstatt der Steinmetzen würde nicht lange auf sich warten lassen. „Bis dahin muß der tote Ägypter verschwinden", sagte er sich. Hastig grub er am Fuß der Mauer mit bloßen Händen eine längliche Mulde aus, zerrte den Erdolchten hinein und bedeckte ihn mit Sand. Während er noch damit beschäftigt war, alle Spuren seiner Tat zu verwischen, vernahm er über sich, auf der Stadtmauer, ein Geräusch. Was konnte es gewesen sein? Ein Wachtposten? Ein Tier? Erschrocken blickte er hoch. Da rührte sich nichts Verdächtiges. Totenstille! Noch ein paar Hände voll Sand, einige Steine dazu, – gut so. Darunter würde niemand einen toten Ägypter vermuten. Schon näherte sich das Knarren von Rädern und das Drohgeschrei von Aufsehern, die ihre menschlichen Zugtiere mit Peitschen, Stöcken und Gefluche vorwärtstrieben. Als sie an die Stelle kamen, wo die Leiche des Hebräers lag, wunderten sie sich nicht über den Anblick. Es war ja nicht das erste Mal, daß ein Sklave einen gewaltsamen Tod fand. Mochten sich die Geier darüber hermachen.

Sie schoben den verlassenen Karren mit dem Säulenteil, der ihnen im Wege stand, beiseite.

„Vorwärts! Schneller!" Sie schwangen die Peitschen. Die Hebräer spannten die Muskeln an, daß ihnen fast die Adern platzten.

Am Tage darauf wurde der Pharao in seiner Mußestunde auf der Terrasse seines Sommerpalastes gestört. Der Minister für die öffentlichen Arbeiten bat dringend um Audienz. Er schnaubte vor Erregung, als er sich vor seinem Herrn niederwarf.

„Erhebe dich und rede", forderte der Pharao ihn auf.

„Etwas Ungeheuerliches ist geschehen", stieß der Minister hervor. Er schnappte nach Luft. „Mose – der Günstling deiner jüngsten Tochter – ich kann es selbst nicht glauben – es ist ganz unfaßbar!"

„Komm endlich zur Sache", schalt ihn der Pharao. „Was ist mit Mose?"

„Wie mir soeben der Oberaufseher über die Arbeiten in Ramses gemeldet hat, besucht Mose neuerdings die hebräischen Zwangsarbeiter und macht ihnen Mut."

„Ist das so schlimm?" fragte der Pharao.

„Denke dir, Erhabener, gestern hat er heimtückisch und ohne jeden Grund einen Aufseher getötet, einen deiner Knechte. Also war es ein Anschlag auf den Pharao!" Der Minister zitterte vor Empörung. Der Pharao blieb ruhig. „Ist das die Wahrheit? Läßt sich die Tat beweisen? Gibt es Zeugen?" fragte er.

„Jawohl!" antwortete der Minister. „Es waren zwei Hebräer, die von der Stadtmauer aus beobachtet haben, wie

Mose den Aufseher umbrachte und seine Leiche im Sand verscharrt hat. Sie haben ihn beim Oberaufseher angezeigt – in der Hoffnung auf Belohnung. Übrigens hat man die Leiche gefunden."

Der Pharao faßte sich an den Kopf. War das zu glauben?

„Mose war es, sagst du? Der Hebräer, den meine eigene Tochter vor dem Tod im Nil bewahrt hat? Einen ägyptischen Namen hat sie ihm gegeben, hat ihn wie ihr eigenes Kind behandelt und zu einem Höfling erziehen lassen! In meinem Amt für auswärtige Angelegenheiten sollte er bald eine wichtige Stelle als Schreiber übernehmen. Und jetzt – das?"

„Das ist nun sein Dank für deine Güte, du Wohltäter der Menschheit", schnaubte der Minister. „Wenn diese blutige Schandtat ungesühnt bleibt, wird sie sich ohne Zweifel wiederholen, dann droht ein Sklavenaufstand. Die Arbeiten am Bau des Tempels dürfen nicht unterbrochen werden, sonst strafen uns die Götter."

„Mose ist des Todes!" entschied der Pharao. „Man verhafte und hänge ihn."

„Zu spät", sagte der Minister. „Mose muß erfahren haben, daß sein Verbrechen nicht unentdeckt blieb. Er ist über Nacht geflohen."

„Dann soll man ihn suchen!"

„Er ist spurlos verschwunden. Man vermutet, daß er sich nach Osten gewandt hat, in die Wüste und in die Berge jenseits unserer Grenze. Wenn er bei den Midianitern Zuflucht sucht, weiß er sich vor der Verfolgung sicher."

Der Pharao stampfte mit dem Fuß. „Dann sollen die Hebräer an seiner Statt büßen. Geht mit ihnen noch härter um. Treibt sie erbarmungslos zu höchsten Leistungen, und wenn sie dabei zu Hunderten sterben. Sie sollen ihr Los und Mose verfluchen!"

In der Steppe, am Fuß des Gebirges Sinai, das auch Horeb genannt wurde, standen die schwarzen Zelte eines Nomaden mit Namen Jitro. Er besaß Schafe und Ziegen. Sie wurden von seinen erwachsenen Töchtern gehütet, denn Söhne hatte er nicht. Jitro selbst war schon in vorgeschrittenem Alter und nicht mehr rüstig genug für das unstete Wanderleben, aber er war bei allen Sippen im Hirtenvolk der Midianiter hochgeehrt, denn er war ihr Priester. Man brachte ihm Opfertiere, damit er sie auf einem Altar darbrachte. Immer, wenn der Rauch aufstieg, blickte Jitro ehrfürchtig zu den Gipfeln des hoch aufragenden Gebirges. Nach seinem und seiner Stammesgenossen Glauben thronte dort oben in den Wolken unsichtbar für die Augen der Menschen, der Gott, dem sie Sonnenschein und Regen, Fruchtbarkeit und alles übrige verdankten, was sie zum Leben brauchten. Deshalb nannten sie den höchsten, unnahbar scheinenden Gipfel des Gebirges den Gottesberg.

Wenn der Tag zu Ende ging und die Schatten der Zelte länger wurden, erwartete Jitro die Rückkehr seiner Töchter mit der Herde. Bevor sie die Schafe und Ziegen heimtreiben konnten, mußten sie die Tiere zur Tränke führen. Der Brunnen mit Grundwasser lag in einer Talsenke, er war der einzige weit und breit, so daß sich auch andere Hirten daran hielten. Das waren starke Burschen, gegen die Mädchen benahmen sie sich unverschämt. Was nützte es Jitros Töchtern, am späten Nachmittag als erste an der Wasserstelle zu sein! Sie mußten den Hirten, die gewöhnlich nach ihnen eintrafen, weichen und warten, bis sie mit ihrem Kleinvieh wieder abgezogen waren. Dann war das Wasser verunreinigt und oft reichte es nicht mehr aus. Deshalb kamen sie an manchen Tagen erst spät heim zu Vater Jitro. Sie beklagten sich über die Gemeinheiten der Hirten, aber Jitro war dagegen machtlos.

Eines Tages kamen sie früher heim als gewöhnlich. Jitro wunderte sich darüber. „Wie kommt das, Zippora?" fragte er seine älteste Tochter. „Ist der Brunnen etwa ausgetrocknet? Wenn es doch bald wieder regnen würde, sonst müssen wir in eine andere Gegend wandern, weiter nach Norden zu, wo unsere Herde noch genug Futter findet." Zippora war bester Laune. „Mach dir keine Sorgen, Vater", rief sie fröhlich. „Heute war für uns ein wunderbarer Tag. Die Tiere konnten sich sattsaufen an klarem Wasser. Denn heute kamen wir als erste an die Reihe, und die Hirten mußten zuschauen. Wie wütend sie waren! Heute blieb der Rest für sie."

„Das begreife ich nicht", wunderte sich Jitro, „sonst seid ihr doch immer die Dummen."

„Denk dir, jemand hat uns gegen die Hirten in Schutz genommen. Er hat uns sogar geholfen, unsere Tiere zu tränken."

„Wer war der Mann?" fragte Jitro.

„Ein Fremder. Er hat uns seinen Namen genannt: Mose heißt er."

„Mose? Das ist ein ägyptischer Name", sagte Jitro.

„Ja, er kommt auch aus Ägypten", berichtete Zippora weiter, „aber seine Vorfahren stammen aus dem Lande Kanaan, so hat er uns erzählt."

„Und was hat ihn in diese Gegend verschlagen? Will er zurück in die Heimat seiner Väter?"

„Das hat er uns nicht verraten", antwortete Zippora. „Er sah sehr erschöpft aus. Er saß am Brunnen, als wir mit unserer Herde kamen. Kaum, daß die ersten Schafe getrunken hatten, tauchten die Hirten auf, sie wollten uns vertreiben und bedrohten uns. Da hättest du diesen Mose sehen sollen! Er stand allein gegen drei, aber er fürchtete sich nicht vor ihnen. Im Gegenteil: Er schrie sie an: „Die Mädchen waren zuerst hier, sie werden auch als erste ihre Herde tränken. Und wenn einer von euch sie daran hindern will, breche ich ihm alle Knochen."

„Ist Mose so gut bewaffnet?" fragte Zipporas Vater.

„Nein, er hat nur einen Wanderstab. Aber von ihm geht eine unheimliche Kraft aus. Wer ihm ins Auge blickt, weiß, daß mit ihm nicht zu spaßen ist."

„Und die Hirten?" fragte Jitro. „Wie haben sie sich gegen ihn verhalten?"

„Ach, die maulten nur, sie wagten nicht, Mose anzugreifen. Sie warteten geduldig, bis wir mit unseren Tieren abzogen."

„Wo ist dieser Mose jetzt? Warum habt ihr ihn nicht mitgebracht? Er wird hungrig sein, und für die Nacht braucht er ein Obdach. Wißt ihr nicht mehr, was Gastfreundschaft bedeutet?"

„Doch, Vater", sagte Zippora, „in der Aufregung hab ich versäumt, ihn einzuladen."

„Ich laufe schnell und hol ihn her", rief Zipporas Schwester. Zippora hielt sie zurück. „Nein, laß mich das tun." Sie rannte davon. „Hoffentlich treff ich ihn noch an", rief sie über die Schulter zurück.

„Hast du gesehen, Vater, wie Zippora rot wurde, als sie sagte: laß mich das tun! Mose hat ihr nämlich sehr gefallen." Sie lachte schelmisch. „Und auch er hat Zippora mehr als nur freundlich angeschaut."

„So, so", brummte Jitro verschmitzt und kraulte sich bedächtig den grauen Bart. „Na, dann will ich für unsern Gast ein Böckchen schlachten. Geh du hin und melke eine Ziege, damit er auch frische Milch vorfindet."

Am Abend saßen Jitro und Mose noch lange beisammen. Mose erzählte dem Priester von Midian seine Geschichte: wie seine Mutter ihn in einem Binsenkorb im Schilf am Nilufer ausgesetzt hatte, damit die Tochter des Pharao ihn finden sollte. Jitro hörte aufmerksam zu, als Mose schilderte, wie es ihm in Ägypten ergangen war.

„Ich bin am Hof von Memphis ägyptisch erzogen worden. Mir ging es dort sehr gut in jeder Beziehung, vor mir lag eine gesicherte Zukunft als Beamter. Trotzdem war ich unglücklich, weil ich mit ansehen mußte, wie die Israeliten, mein Volk, von den Ägyptern in Knechtschaft gehalten und wie Sklaven behandelt werden. Ich habe heimlich versucht, ihnen zu helfen, wo ich konnte. Vor zwei Wochen wurde ich Zeuge, wie ein Aufseher einen Mann aus meinem Volksstamm auspeitschte und zu Tode trampelte, weil er mit seiner Kraft am Ende war. Da packte mich der Jähzorn."

„Da hast du ihn getötet?" fragte Jitro. Mose nickte.

„Und seitdem bist du auf der Flucht?"

„Ich will zurück in das Land Kanaan, aus dem meine Vorfahren nach Ägypten ausgewandert sind vor ein paar hundert Jahren."

„Was versprichst du dir davon, Mose?" fragte Jitro. „Willst du dein Leben als Knecht eines Philisters oder als Schafhirt bei den Moabitern beschließen? Da wüßte ich was Besseres." Mose sah den Priester fragend an. Jitro legte ihm eine Hand auf die Schulter: „Bleibe bei mir, Mose. Wer weiß, ob nicht der Gott, dem ich täglich opfere, dich hierher geführt hat. Du siehst, meine Frau hat mir nur Töchter geboren. Was soll aus ihnen werden, wenn sie mich eines Tages begraben müssen? Einen Schwiegersohn wünsche ich mir. Du wärest mir von Herzen willkommen. Ich würde dir Zippora zur Frau geben. Sie ist fleißig, gehorsam und schön, wie du gewiß bemerkt hast. Was willst du mehr?"

Eine Weile schwiegen sie beide, ihren Gedanken nachhängend. Über dem Gottesberg schwebte eine goldene Mondsichel, und unzählbar funkelten Sterne in himmlischer Klarheit. Die Tiere schliefen, dicht zusammengedrängt. Die Luft war kühl geworden, denn die Erde hatte die aufgespeicherte Wärme des Tages wieder ausgestrahlt in die Nacht.

Auch im Zelt der Mädchen waren die aufgeregten Stimmen verstummt. Die Ankunft des Fremdlings und seine Anwesenheit im Lager ihres Vaters hatte sie lange wachgehalten, das mußte ja besprochen werden!

Jitro zog den langen Wollmantel fröstelnd um die Schulter. Dann erhob er sich. „Bewege in deinem Herzen, was ich dir vorgeschlagen habe. Schlafe darüber. Und morgen sage mir, wie du dich entschieden hast."

Früh am folgenden Tag gab Mose ihm die Antwort. „Ich bleibe."

Da legte Jitro ihm die Hände auf das Haupt und segnete ihn.

Wie viele Jahre waren seit jenem Tag vergangen! Wie oft war der Mond voll geworden, wieder zu einem Nichts geschrumpft, um darauf von neuem zu wachsen und dann abermals abzunehmen im ewigen Kreislauf von Werden und Vergehen, wie es auf Erden allen Geschöpfen beschieden war. Mose glaubte oft, die Zeit sei stehengeblieben, seit er sich in einer schlaflosen Nacht dazu durchgerungen hatte, Jitros Tochter Zippora zu heiraten und fortan die Schafe und Ziegen seines Schwiegervaters zu hüten.

Er liebte die Einsamkeit, die unendlich scheinende Steppe zwischen dem öden Gebirge im Osten und dem Meer im Westen, das Ägypten vom Lande Midian trennte. Wenn Mose während der Mittagshitze mit seinen Tieren im Schatten einer überhängenden Felswand lagerte, wanderten seine Gedanken oft zu den geknechteten Kindern Israel im Land des Pharao. Er dachte an seine Familie. Lebten seine Eltern noch? Wie mochte es Aaron und seiner Schwester Mirjam gehen? „Werde ich sie jemals wiedersehen?" fragte er sich.

Eine innere Stimme machte ihm Vorwürfe: du hättest den Ägypter nicht töten dürfen. Alles ist deine Schuld. Warum hast du dich dazu hinreißen lassen? Du hättest dir sagen müssen, daß du damit das Los der Israeliten nicht bessern konntest. Du hast es durch deine Unbesonnenheit nur noch schlimmer gemacht. Und statt ein geachteter Beamter in der ägyptischen Hauptstadt zu sein, wohlgenährt und vornehm gekleidet, bist du zu einem heimatlosen Flüchtling geworden und darfst froh sein, mit dem Kleinvieh eines Midianiters umherzuziehen, Tag für Tag, Monat um Monat, Jahr für Jahr – bis du alt und grau sein wirst.

Er zermarterte sich den Kopf, wenn er darüber nachgrübelte, wie er sein Volk erlösen könnte. Aber seine Phantasie versagte. Wahnsinn, überhaupt darüber nachzudenken! War es die Folge der Einsamkeit? Er überraschte sich oft dabei, daß er zu seinen Tieren sprach, als seien es Menschen, Freunde. Manchmal traf er auf Beduinen, die mit Kamelen von weither kamen, aus Arabien, und mit ihrer Karawane nach Ägypten unterwegs waren. Wenn er sich mit ihnen unterhielt, merkte er, daß seine Zunge ungelenk geworden war, daß ihm das Reden schwerfiel und er zu langen Unterhaltungen keine Lust verspürte.

Eines Tages trieb er seine Herde durch die Steppe auf das Gebirge zu. Vor ihm, im blauen Dunst, ragte düster der Gottesberg auf mit seinen Schluchten und Schründen aus grauem und rotem Gestein: eine unnahbare

Welt aus totem Fels, auf dessen Zinnen Adler ungestört ihre Horste bauten.

Dort, wo das Gelände zum Fuß der Bergwände anstieg, war es mit Gestrüpp und Gebüsch bewachsen, dazwischen sprossen Gräser, trocken und hart, doch die genügsamen Tiere verschmähten sie nicht. Sie zerstreuten sich, aber Mose behielt sie im Auge, damit sie sich nicht verliefen und verirrten.

Plötzlich wurde seine Aufmerksamkeit abgelenkt. Im ersten Augenblick glaubte er, mit offenen Augen zu träumen: Er hatte diesen Brombeerbusch schon bemerkt, als er sich in einiger Entfernung davon niedergelassen hatte, doch ohne ihn zu beachten. Früchte konnte er nicht haben, es war, nicht die Jahreszeit danach, seine dornigen Ranken waren dürr und die Blätter hingen welk herab. Aber wie war es möglich, daß dieser Busch plötzlich anfing zu brennen? Wer hatte Feuer an ihn gelegt? Es war doch niemand in der Nähe! War es ein Blitz aus heiterem Himmel? Unmöglich. Kein Donner zerriß die Luft. War es also eine Täuschung der Sinne?

Mose schloß die Augen. Als er sie wieder öffnete, hoffte er, den Dornenbusch so zu sehen wie alle übrigen in der Umgebung: verdorrt und welk. Aber nein, kein Zweifel, er brannte! Als er genauer hinsah, bemerkte er, daß der Busch zwar in hellen Flammen stand, aber doch nicht verbrannte, so als könne das Feuer dem Gezweig nichts anhaben.

Mose sprang auf. „Das ist ja unglaublich", sagte er laut. „Warum verbrennt der Busch nicht? Sowas hab ich noch nie erlebt. Das muß ich mir aus der Nähe anschauen." Als er sich dem brennenden Dornbusch näherte, hörte er eine Stimme.

„Mose!" rief sie ihn an und noch einmal: „Mose!"

Mose blieb stehen, erschrocken blickte er um sich.

Wer hatte ihn gerufen? Hatte sich jemand in den Büschen versteckt?

„Ja, ich höre", antwortete Mose. Er machte einen Schritt auf den noch immer lautlos brennenden Busch. Da ließ sich die Stimme zum zweiten Mal vernehmen. „Komm nicht näher. Zieh deine Sandalen aus, denn der Boden, auf dem du stehst, ist heilig. Ich bin der Gott deiner Vorfahren, der Gott Abrahams, Isaaks und Jakobs!"

Mose streifte seine Sandalen ab, ließ sich auf die Knie nieder und bedeckte sein Gesicht mit beiden Händen. Er wußte: Gott von Angesicht zu Angesicht zu schauen, war keinem Menschen gegeben. Wer es wagte, würde von Gottes Glanz geblendet und müßte sterben.

Und die Stimme sprach:

„Ich habe gesehen, wie mein Volk in Ägypten mißhandelt wird, ich habe gehört, wie es um Hilfe gegen seine Unterdrücker schreit. Ich weiß, was es auszustehen hat, und ich will es von den Ägyptern befreien. Ich werde es aus diesem Land herausführen in ein anderes Land, in ein fruchtbares und großes Land, wo Milch und Honig fließen."

Die Stimme klang wie die eines Menschen, der Macht hat. Dennoch konnte sie nicht aus dem Munde eines Sterblichen kommen. Mose zitterte vor Ehrfurcht und Freude. Freiheit für sein Volk, die Kinder Israels? Er selbst hatte längst alle Hoffnung aufgegeben. Ja, nur Gott, der Herr, der schon die Wege Abrahams, Isaaks und Jakobs behütet hatte, konnte die große Tat vollbringen!

Aber der Herr war noch nicht am Ende seiner Botschaft an Mose: „Ich schicke dich jetzt zum Pharao", kündigte er ihm an. „Du sollst mein Volk, die Israeliten, aus Ägypten herausführen." Mose erschrak. Die Ankündigung verschlug ihm den Atem. Das hatte er nicht erwartet. „Ich? – Wer bin denn ich?" stammelte er verwirrt. Der Herr antwortete ihm:

„Ich bin bei dir. Du wirst das Volk aus Ägypten herausführen, und dann werdet ihr an diesem Berg zu mir beten."

Mose überlegte eine Weile, dann sagte er. „Wenn ich nun zu den Israeliten gehe und sage: der Gott unserer Vorfahren hat mich zu euch geschickt, dann werden sie mich fragen: wie heißt er? Was soll ich ihnen dann antworten?"

„Sag den Israeliten: der ICH BIN FÜR EUCH DA hat mich geschickt. Das wird mein Name sein für alle Zeiten."

Aber mit dieser Auskunft war Mose noch nicht zufrieden. Er entgegnete: „Wie ich die Israeliten kenne, werden sie mir nicht glauben und nicht auf mich hören. Und außerdem, Herr, ich bin beim Reden viel zu schwerfällig und unbeholfen. Wie kann ich zum Pharao gehen und ihm in deinem Namen befehlen, dein Volk ziehen zu lassen? Schicke, wen du willst, nur mich nicht." Aber auch dieser Einwand half ihm nicht, sich vor dem Auftrag zu drücken. Die Gottesstimme sagte: „Du hast doch einen Bruder, Aaron. Ich weiß, daß er ein gewandter Redner ist. Ich werde euch beiden helfen zu sprechen, und ich zeige euch, was ihr tun müßt."

Mose schwieg, er gab es auf, sich gegen den Willen des Herrn zu wehren. Das geht über meine Kraft, dazu bin ich nicht fähig, sagte er sich, aber wenn Gott mich für die Rettungstat erwählt hat, muß ich gehorchen. Hat der ICH BIN FÜR EUCH DA nicht klar und mit Nachdruck versprochen: ich bin bei dir? – Darauf will ich vertrauen.

Die Stimme ließ sich nicht mehr hören. Ein leichter Wind hatte sich aufgemacht, er raschelte im Gestrüpp und in dürren Zweigen. Die Schafe blökten, und Ziegen meckerten. Da nahm Mose die Hände vom Gesicht und wagte, aufzublicken. Da sah er den Brombeerbusch. Er war unversehrt, keine Ranke verbrannt, kein Blatt versengt! War es gar kein richtiges Feuer gewesen, dachte Mose, war es vielmehr der feurige Atem des Herrn, den ich verspürt habe? Hat mich der Herr ein Licht seiner Herrlichkeit sehen lassen?

Von allen Seiten kamen die Tiere angehopst, sie scharten sich um ihren Hirten, als wollten sie ihn zum Aufbruch drängen. Mose schnürte seine Sandalen fest, nahm seinen Stab in die Hand und schritt eilig der Herde voraus. Er strebte heim, zu den Zelten seines Schwiegervaters, zu Zippora und den beiden Buben, die sie ihm geboren hatte. „Ich werde sie verlassen müssen", dachte er, „ich kann sie nicht mit nach Ägypten nehmen. Aber wenn der ICH BIN FÜR EUCH DA es will, werde ich eines Tages zurückkehren, an der Spitze meines Volkes, frei und von Gott, dem ICH BIN FÜR EUCH DA, gesegnet."

Er durfte keine Zeit verlieren. Am nächsten Tag nahm er Abschied von Jitro und den Seinen und brach auf.

Er wanderte auf dem Weg zurück, den er vor Jahren auf der Flucht aus Ägypten eingeschlagen hatte. Als er an eine Wasserstelle kam, sah er am Brunnenrand einen Mann sitzen, der dort rastete. Er war allein, ohne Tiere. Also kein Nomade. Auch seine Kleidung war nicht die eines Beduinen. Als er Mose kommen sah, erhob er sich, um ihn mit ausgestreckten Armen und erhobenen Händen zu erwarten, zum Zeichen, daß er unbewaffnet und von friedlicher Gesinnung sei. Mose winkte ihm zu, erfreut, in der Wildnis einem Menschen zu begegnen. Sie gingen langsam aufeinander zu. Plötzlich blieben beide stehen. Sie musterten sich von Kopf bis Fuß. Im nächsten

Augenblick lagen sie sich in den Armen und küßten sich auf die Wangen.

„Aaron", schluchzte Mose. „Mein liebster Bruder!"

„Mose!" Auch Aaron stürzten Tränen aus den Augen.

War das ein Wiedersehen!

„Wo kommst du her, Aaron? Bist auch du geflohen?"

„Nein, Mose. Ich bin auf der Suche nach dir. Denn eine Stimme hat mir im Traum befohlen: geh in die Wüste und den Weg, der zum Gottesberg führt, deinem Bruder Mose entgegen. – Nun habe ich dich gefunden!"

„Leben Vater und Mutter noch?"

„Nein, sie sind gestorben – vor Kummer."

„Und Mirjam?"

„Sie ist gesund und hofft sehr, dich wiederzusehen."

„Wie geht es unserem Volk, Aaron?"

„Die Knechtschaft dauert an, schlimmer denn je. Der Pharao, vor dessen Zorn du fliehen mußtest, ist tot. Aber sein Nachfolger ist genau so tyrannisch. Allerdings – die Frauen dürfen wieder Söhne aufziehen. Der Pharao will sich ein Heer von Sklaven für die Zukunft sichern."

„Da hat er sich verrechnet", sagte Mose, „denn bald wird für unser Volk die Stunde der Freiheit nahen." Dann erzählte er seinem Bruder, was er am Gottesberg erlebt hatte. Und Aaron glaubte ihm – und an seinen Auftrag.

„ER IST FÜR UNS DA! – JAHWEH! – Kann Gott einen schöneren Namen haben?" rief Mose. „In diesem Namen und mit seiner Kraft werden wir Israel befreien und in das von ihm verheißene Land führen. – Komm, Bruder Aaron – auf nach Ägypten!" Moses Antlitz leuchtete. Seite an Seite, mit langen Schritten, gingen sie ihrem Ziel entgegen.

Zehntes Kapitel

Der Weg in die Freiheit

Es war noch früh am Morgen, aber schon lag das Land am Nil unter einem wolkenlosen Himmel in der Sonne, so wie es für die Ägypter, wenn sie aufwachten und sich an die Tagesarbeit machten, selbstverständlich war. Lebten sie doch in einem Reich, das dem Sonnengott Ra geweiht war. Ihm bezeigten die Priester in den Tempeln die größte Verehrung.

Doch was sie gerade erlebt hatten, war für die Priester, den Pharao und seine Untertanen unfaßlich: drei Tage lang hatten sie das Blau des Himmels nicht wahrnehmen können, kein Sonnenstrahl hatte die Erde getroffen. Ra, der Sonnengott, hatte der Finsternis weichen müssen. Wahrlich, für den Herrscher über Ägypten Grund genug, aufs höchste beunruhigt zu sein, obwohl nun alles wieder in der natürlichen Ordnung zu sein schien.

„Heller Tag!" sagte der Pharao erleichtert zu seinem Wesir, er streckte die Arme weit aus und atmete tief. „Die Luft ist endlich wieder rein und klar. Wie ein böser Traum war diese Finsternis."

„Unheimlich", pflichtete der Wesir ihm bei. Auch ihn schauderte noch immer bei der Erinnerung.

„Ägypten, mein Reich, in Grabesnacht versunken für drei Tage! Wie war das möglich, Wesir? Sollte ein fremder Gott so mächtig sein, daß er das Tageslicht vertreiben und unsern Sonnengott überwinden könnte? Entsetzlicher Gedanke!"

„Nein, nein, Erhabener", erwiderte der Wesir, „diese Befürchtung scheint mir unbegründet. Es war nicht der Gott der Hebräer, dem wir die ungewohnte Düsternis zu verdanken haben."

„Weißt du eine bessere Erklärung, Wesir?"

„Ja! – Das Land war kahlgefressen von den Heuschrekken, die sich wie eine Wolke auf den Feldern niedergelassen hatten. Die Erde war davon ausgedörrt und der Schlamm des Nils zu Staub geworden. Da kam der Wüstenwind, ein Sturm, wie nie zuvor. Sand und Erde hat er davongetragen und damit den Himmel verdunkelt, so daß mitten am Tage einer des Nachbarn Haus nicht sehen konnte. Nur so ist alles gekommen. Aber nun ist alles vorbei, und wir können es vergessen."

„Wenn du doch recht behieltest", seufzte der Pharao, „denn sonst müßte ich mich geschlagen geben, mich einer fremden Gottheit unterwerfen – ich, der ich selbst göttlichen Ursprungs bin, ein Sohn des Sonnengottes."

„Unausdenkbar!" rief der Wesir entsetzt. In diesem Augenblick wurden sie durch das Erscheinen des Oberhofmeisters unterbrochen. Er stand auf der Schwelle des Thronsaales. Mit einem lauten Räuspern hatte er sich bemerkbar gemacht.

„Was gibt es, Oberhofmeister?"

„Der Anführer der Hebräer ist wieder da und verlangt, den Pharao unverzüglich zu sprechen."

„Mose?" fragte der Pharao. Seine Zornesadern schwollen an.

„Ja", antwortete der Oberhofmeister. „Er ist auch diesmal von seinem Bruder Aaron begleitet."

„Mose! – Mose!" Die Stimme des Pharao verriet kalte Wut. „Wie lange noch muß ich mir den Anblick dieses Mannes gefallen lassen!"

Auch der Wesir ballte die fetten Fäuste. „Dieser

Mensch erdreistet sich, im Namen eines fremden Gottes Forderungen an den Herrscher über Ägypten zu stellen. Er gehört unter das Schwert des Henkers!" „Führe die beiden herein!" gebot der Pharao. Er bemühte sich um Selbstbeherrschung, als er sich auf dem Thronsessel niederließ. Er wandte sich an den Wesir an seiner Seite. „Ja, auch ich frage mich: warum habe ich Mose nicht schon beim ersten Mal, als er vor mir erschien und sich nicht einmal vor mir verneigte, hinrichten lassen? Ein Wort, ein Wink von mir, und seine Gebeine bleichten schon lange im Wüstensand. Aber dieser Mann fürchtet sich nicht vor mir und meiner Macht."

„Er fühlt sich als Bote seines Gottes anscheinend unantastbar", warf der Wesir ein.

„In meiner Gegenwart von diesem Gott zu reden, beleidigt meine Würde", sagte der Pharao. „Das ist unerträglich!"

„Laß ihn töten", riet der Wesir. „Der Mann stiftet Unruhe unter den Hebräern. Sie faseln von Freiheit. Sie planen womöglich einen Staatsstreich."

„Dieser Mose verfügt über geheimnisvolle Kräfte", sagte der Pharao nachdenklich. „Ist eine unsichtbare Macht, von der wir nichts wissen, auf seiner Seite?" Der Wesir schüttelte den Kopf. Auch diesmal konnte er mit einer anderen Erklärung dienen: „Ich glaube eher, mein göttlicher Gebieter, Mose ist nur ein Zauberer, der mit geheimen Künsten alles in seinen Bann zu schlagen weiß, selbst die Kräfte der Natur. Die Plagen, die er als Warnzeichen seines Gottes ausgibt, sind nur Heimsuchungen von seiten unserer eigenen Götter, wie wir sie im Laufe der Zeiten schon manches Mal erlebt haben. Mose hat sie vorausgesehen: daß die Fische im Nil verendeten und sich die Frösche dafür so sehr vermehrten, daß sie in die Häuser der Bewohner in den Uferbezirken eindrangen; daß die Mückenschwärme uns peinigten und danach Massen von Ungeziefer die Leute quälten – das nutzt er für seine Drohungen aus. Auch die Viehseuche, die sich plötzlich verbreitete und ganze Herden der ägyptischen Bauern dahinraffte, – der Ausbruch der blutigen Geschwüre allenthalben – und so weiter –! Diese Plagen soll sein Gott geschickt haben? Daß ich nicht lache! Er will dich damit nur einschüchtern und willfährig machen."

„Du hast recht, Wesir", erwiderte der Pharao. „Und ich werde ihn in die Knie zwingen, so wahr ich der Herrscher über Ägypten bin!"

Da betraten Mose und Aaron den Raum. Bei ihrem Anblick sprang der Pharao wie von einem Skorpion gestochen auf. Er bebte vor Feindseligkeit. Am liebsten hätte er sich auf Mose gestürzt und ihn mit eigener Hand erwürgt. Aber seine Würde als Pharao verbot ihm, einen Hebräer auch nur zu berühren.

Mose blieb vor ihm stehen, hoch aufgerichtet, ohne jeden Respekt. Für einen Augenblick sahen sich die beiden Männer an, als wollten sie erst gegenseitig ihre Kräfte abschätzen, bevor sie den Kampf begannen. Der Pharao brach als erster das gespannte Schweigen. „Wozu bist du gekommen, Mose? Willst du mir und meinem Reich eine neue Plage androhen, nachdem diese schauerliche Finsternis vorübergegangen ist? – Hüte dich!"

„Wo mein Volk in der Knechtschaft lebt, in Goschen, ist das Licht des Tages nicht erloschen, auch von den anderen Plagen ist es dort verschont geblieben."

„Ich weiß, man hat es mir gemeldet", sagte der Pharao, als er sich, äußerlich ruhig, wieder auf seinen Kissen niederließ. „Aber das hat nichts zu bedeuten. Bis in die Ebenen von Goschen reicht die Kraft des Wüstenwindes nicht." Da schleuderte Aaron ihm ins Gesicht: „Daß du doch endlich begreifen wolltest: unser Gott befiehlt auch den Winden!"

„Dann mag er uns vor weiterem Unheil bewahren", brauste der Pharao auf. „Es ist genug!" Ruhig entgegnete Mose:

„Merke dir, Pharao: unser Gott wird erst aufhören, dich und dein Volk mit Plagen zu schrecken, wenn du sein Volk, die Israeliten, frei gibst und sie ziehen läßt, wohin der Herr, unser Gott, es führen wird."

„Und wenn er euch in die Wüste lockt, wo ihr zugrunde gehen würdet? – Sitzt ihr in Goschen nicht vor vollen Fleischtöpfen?"

„Gott wird uns in ein schöneres Land führen, in ein Land, wo Milch und Honig fließen", sagte Mose. „So hat er es mir verheißen, als er mir erschienen ist und mir seinen Namen genannt hat: JAHWE – das heißt ICH BIN FÜR EUCH DA! Das war im Lande Midian, jenseits des Schilfmeeres, am Gottesberg. Dort erwartet er Israel zu Gebet und Dankopfer."

„Gut, wenn ihr nicht mehr verlangt, so sei es", sagte der Pharao. „Meinetwegen dient eurem Gott, wie er es von euch erwartet. Es steht euch nichts im Wege." Da lachte Aaron laut.

„Wie oft schon haben wir das aus deinem Mund vernommen. Nach jeder Plage hast du uns freien Abzug versprochen – solange dir die Furcht noch in den Gliedern steckte. Aber sobald du glaubtest, die Gefahr sei vorbei, hast du dein Versprechen gebrochen."

Der Pharao richtete als Antwort sein Wort an Mose:

„Ich habe es satt, mit eurem Gott zu ringen. Rufe dein Volk zum Aufbruch. Eure Frauen und Kinder dürft ihr mitnehmen. Nur euer Kleinvieh und die Rinder bleiben, wo sie sind, als Pfand für eure Rückkehr."

„Wir werden nicht zurückkehren, sondern Ägypten für immer verlassen", erklärte Aaron.

„Wenn das euer Plan ist, so werde ich ihn zunichte machen", sagte der Pharao. Mose erwiderte gelassen:

„Kein Mensch kann die Pläne Jahwes vereiteln. Er ist der Schöpfer aller Dinge, der Herr der Zeiten. Er läßt die Früchte auf den Feldern reifen und das Vieh sich vermehren. Er segnet uns mit Kindern. Dafür gebühren ihm Loblieder, Gebete und Brandopfer. So haben es schon unsere Vorfahren gehalten, als sie noch freie Hirten waren. Sie sind freiwillig aus Kanaan nach Ägypten gekommen vor langer langer Zeit. Einer, Josef mit Namen, hat es sogar zum Statthalter des Pharao gebracht."

„Was schert mich die Vergangenheit", lachte der Pharao ihn aus. „Heute seid ihr Sklaven, die ich verachte. Söhne, die eure Weiber gebären, sind zur Fron geboren. Und so wird es bleiben."

Mose machte eine Handbewegung, die andeutete: spar dir solche Sprüche. Dann sprach er langsam mit fester Stimme:

„Höre gut zu, Pharao, denn ich sage es dir zum letzten Mal: Jahwe, der FÜR UNS DA IST, hat Israel als seinen Erstgeborenen unter allen Völkern angenommen. Und so spricht der Herr: ich befehle dem Pharao: laß diesen meinen Sohn frei, damit er mir diene."

Der Pharao brach in schallendes Gelächter aus, in das der Wesir einstimmte.

„Wer ist dieser Gott, daß er mir befehlen dürfte! Ich gehorche nur unseren ägyptischen Gottheiten – Isis, Set und Horus und dem großen Ra. Sie sind stärker!" Mose ließ sich nicht beeindrucken.

„Wenn du dich weigerst und mein Volk nicht freigibst – so spricht der Herr –, wird man bald in allen Häusern, in denen Ägypter leben, die Totenklage hören – im Palast des Pharao wie in der Hütte der Magd, die an der Handmühle sitzt."

„Mit dieser ungeheuerlichen Drohung kannst du mich nicht schrecken, Mose."

„Du wirst bald deinen Sinn ändern."

„Genug"! schrie der Pharao, rot vor Wut, er hielt sich die Ohren zu. „Hinaus mit euch aus meinen Augen. Und du Mose, merke dir: trittst du noch einmal vor mein Angesicht, bist du ein Kind des Todes!"

„Ich habe dich gewarnt, Pharao!" Nach diesen Worten drehten Mose und Aaron dem Pharao den Rücken zu und schritten, ohne sich noch einmal umzublicken, hinaus.

Der Pharao sah ihnen nach, er war bleich, und seine Stimme zitterte, als er flüsterte: „Wenn diese Drohung sich erfüllen würde!" Der Wesir hob ratlos die Schultern, er wußte darauf nichts mehr zu erwidern. Er fürchtete plötzlich um sein Leben.

Moses Heimkehr nach Ägypten hatte die Israeliten in Aufregung und Unruhe versetzt. Er war umhergezogen in Goschen von Dorf zu Dorf, von Gehöft zu Gehöft und hatte den Bewohnern seltsame Dinge berichtet: vom nahe bevorstehenden Ende der Drangsal, vom Weg in die Freiheit in einem fernen Land, das Gott ihm verheißen hatte, als er ihm am Sinai in einem brennenden Dornbusch erschienen war – ein Gott, der sich ICH BIN FÜR EUCH DA nannte und sich als der Gott Abrahams, Isaaks und Jakobs zu erkennen gegeben hatte.

War das zu glauben? Die Israeliten waren nicht so leicht zu überzeugen.

„Er hat sich das alles nur eingebildet", spottete Kaleb, der Sohn des alten Datan. „Wie stellt er sich das eigentlich vor? Als ob der Pharao uns einfach ziehen läßt, wenn

Mose es von ihm fordert. Auslachen wird er ihn für die Unverschämtheit – oder ihn umbringen lassen. Ich finde, man soll Mose daran hindern, sich als Boten Gottes aufzuspielen."

Sein Vater schüttelte den Kopf und belehrte seinen Sohn: „Gott der Herr hat schon mit unserem Stammvater Abraham einen Bund geschlossen und ihn mit Jakob erneuert – vor Generationen."

„Warum hat er dann seit jener Zeit geschwiegen und zugelassen, daß sein Volk von den Ägyptern, die andere Götter haben, unterdrückt werden?"

„Gott der Herr handelt, wann er es für richtig hält und nicht, wann wir es wollen", erwiderte Datan. „Wäre Mose zurückgekommen, wenn nicht der Befehl Jahwes an ihn ergangen wäre?"

„Womit kann er das beweisen, Vater?"

„Sind nicht alle Plagen, die seit Moses Heimkehr über die Ägypter hereingebrochen sind – und uns verschont haben – Zeichen Jahwes, daß er FÜR UNS DA IST?"

„Das behauptet Mose!" entgegnete Kaleb. „Das sollte er besser unterlassen. In den Städten verbreitet sich nämlich das Gerücht, wir Israeliten seien an allem schuld. Und du weißt, wie das ist, Vater: hat man erst einen Schuldigen gefunden – gewöhnlich sind es die Schwachen oder die Fremden – dann läßt man sie büßen."

„Ja, in Ägypten sind wir schwach und fremd", sagte Datan, „aber wir werden stark sein in dem Land, das Jahwe uns zur neuen Heimat werden läßt."

„Jetzt redest du wie Mose", machte Kaleb sich über seinen Vater lustig. „Welches Land soll das sein? Kanaan! – Glaubst du wirklich, die Völker Kanaans werden uns willkommen heißen und uns einladen, Milch und Honig mit ihnen brüderlich zu teilen?"

„Wir werden das Land Kanaan erobern!" entgegnete Datan, „und zwar mit Gottes Hilfe."

„Aber das Kämpfen wird er uns überlassen", meinte Kaleb. Als sein Vater nicht widersprach, fügte er lässig hinzu: „Also, wenn du mich fragst: ich bleibe lieber in Ägypten als Sklave am Leben als in Kanaan für die Freiheit zu sterben."

Datan sah seinen Sohn tadelnd an. Er hob den Zeigefinger und sagte zu ihm: „Denk an Urvater Abraham. Dem ging es in Haran, in Mesopotamien, sehr gut, er hatte dort Besitz und alles, was er begehrte. Aber dann befahl ihm eines Tages der Herr: mache dich auf, verlaß deine Heimat, deine Sippe und die Familie deines Vaters und zieh in ein Land, das ich dir zeigen werde. – Und was tat Abraham? Er wehrte sich nicht mit allerlei Ausflüchten, nein, er vertraute auf Gott und gehorchte. So kam er nach Kanaan und wurde dort ein geachteter Mann. Sei also guten Mutes, mein Sohn." Kaleb hatte sich die Rede geduldig angehört. Aber sein Vater sah seinem Gesicht an, was sein Sohn dachte: der Alte spinnt! Die wachsende Erregung unter den Israeliten blieb dem Pharao nicht verborgen. Seine Späher berichteten ihm von nächtlichen Zusammenkünften, bei denen aufrührerische Parolen zu hören waren, von geheimen Vorbereitungen zur Flucht. Und Mose war der Anstifter! Sein Ansehen unter den Hebräern stieg von Tag zu Tag und damit auch die Zahl seiner Anhänger. Dagegen mußte etwas unternommen werden! Der Pharao ließ seinen Sekretär rufen.

„Schreibe!"

Der Mann ließ sich an einem niedrigen Tisch nieder und ordnete seine Geräte. Er prüfte das kleine tönerne Tintenfaß, spitzte das Ende eines harten Rohrstengels an und legte einen Bogen Papyrus zurecht. „Ich bin bereit, Herr", sagte er. Der Pharao begann mit dem Diktat:

„An die Obersten der Aufseher über die hebräischen Zwangsarbeiter!" Eifrig kritzelte der Sekretär die Wortzeichen auf das Papyrusblatt. „Es sollen die Hebräer mit schwerer Last und Arbeit hart bedrückt werden, damit ihnen das Leben zur Qual wird. Ab sofort wird ihnen kein Stroh mehr für die Herstellung von Ziegelsteinen geliefert, vielmehr sollen sie es selbst beschaffen, doch müssen sie täglich genau soviele Ziegelsteine abliefern, wie bisher." Der Pharao machte eine Pause, er mußte warten, bis sein Schreiber ihn eingeholt hatte. Dann fuhr er fort: „Wenn sie sich beklagen, sagt ihnen, die Schuld an ihrem Los trägt allein Mose ..." Er wurde unterbrochen. Der Wesir war eingetreten. Auf der Türschwelle warf er sich zu Boden und rief. „Sohn des Himmels – Gnade, weil ich ungerufen vor deinem majestätischen Angesicht zu erscheinen wage."

„Warum störst du mich?" Der Wesir erhob sich. Der Pharao bemerkte die Blässe im Gesicht seines höchsten Beamten. Er war außer Atem, Schweiß perlte auf seinem Gesicht.

„Neues Unheil ist über uns hereingebrochen", stieß er hervor. „Die Furcht davor greift um sich unter den Ägyptern."

„Furcht – vor was?"

„Vor der Pest!" Dem Sekretär entfiel vor Schreck der Schreibgriffel.

„Wo ist sie ausgebrochen?" Die Stimme des Pharao zitterte.

„Niemand weiß Genaues", berichtete der Wesir. „Nur wilde Gerüchte schwirren durch die Stadt. Die Finsternis, so raunen sich die Leute auf den Gassen zu, sei nur das Vorzeichen gewesen für die Nacht des Todes, die bald das Land beherrschen wird."

„Diese Saat hat Mose ausgestreut!" tobte der Pharao. In

seiner Erregung lief er hin und her. „Ich kenne seinen Plan. Er hat mir mit dem Tod meiner Untertanen gedroht. Er will mich und mein Volk in Angst und Schrekken versetzen und dann von mir die Freiheit für die Hebräer erzwingen."

„Schon wagen mehr und mehr Ägypter offen auszusprechen: der Pharao möge sie ziehen lassen, lieber heut als morgen."

„Niemals!" schrie der Pharao, außer sich vor Wut. „Statt dessen werde ich den Hebräern den rebellischen Geist mit den Peitschen der Aufseher austreiben. Ihr Schrei nach Freiheit soll in Blut und Staub ersticken." Er deutete auf den Sekretär: „Da! – Der Befehl ist schon erlassen."

„Ich fürchte, man wird ihn nicht überall befolgen", sagte der Wesir. „Viele Antreiber wagen schon heute nicht mehr, ihre Hand gegen die hebräischen Zwangsarbeiter zu erheben, so habe ich erfahren. Im Gegenteil: sie biedern sich mit ihnen an, sie drängen ihnen sogar Geschenke auf. Ich habe den Verdacht, sie wollen sich mit dem Gott der Hebräer auf guten Fuß stellen."

„So weit ist es schon gekommen?" Der Pharao wußte sich vor Wut nicht zu fassen. „Ägypter verraten ihre eigenen Götter und damit auch mich, den Pharao? Dafür werden sie mit dem Tode bestraft!"

„Laß erst die Gefahr der Pest vorüber sein", riet der Wesir.

„Ich glaube nicht daran, solange ich nicht vor meinen eigenen Augen einen Toten sehe, der von ihr dahingerafft wurdc."

Der Wesir legte die Stirn besorgt in Falten und erwiderte:

„Wäre es nicht ratsamer, die Priesterschaft anzuweisen, in allen Tempeln Tag und Nacht mit Weihrauch und Opfern unsere Götter anzurufen und sie zu bitten, das Leben der Ägypter vor der Hand des Hebräergottes zu schützen?" Diesen Vorschlag hielt der Pharao für unklug.

„Wenn das Volk davon erfährt, wird es fragen: Wie? Der Pharao fürchte sich vor einem Sklavengott?" Der Wesir widersprach: „Es wird sich vielmehr sagen: seht, der Pharao fordert den fremden Gott heraus. Jetzt wird sich zeigen, wer in seinem Reich Herr über Leben und Tod ist. Ich bin sicher, daß unsere Gottheiten triumphieren – und somit auch du, göttlicher Pharao! Dann hat Mose sein Spiel verloren, und sein Gott, den er verkündet, steht vor seinem Volk ohnmächtig da. Um so ergebener werden sich die Hebräer zukünftig in ihr Schicksal fügen."

Der Wesir bemerkte zu seiner Befriedigung, daß seine Überlegungen auf seinen Herrn Eindruck machten. Eine Weile überlegte der Pharao, dann sagte er:

„Dein Rat scheint mir vernünftig. Du bist mit Dank entlassen, Wesir." Er wartete, bis der Gelobte den Raum verlassen hatte. Darauf befahl er seinem Sekretär: „Leg den ersten Brief beiseite, ich diktiere dir einen anderen." Der Schreiber nahm ein neues Papyrusblatt.

„Warum zittert deine Hand?"

„Ich – ich weiß nicht, mein Gebieter", stotterte der Sekretär. „Der Wesir mit seiner Nachricht über den Ausbruch der Pest hat mich erschreckt. Ich habe nur ein Kind, ich fürchte um sein Leben."

Der Pharao dachte dasselbe. War auch sein eigener Sohn, der Erbe des Throns, in Gefahr?

Mit den Worten: „Ich höre, Herr", riß ihn der Sekretär aus seinen ahnungsvollen Gedanken.

„Also schreibe: An die Oberpriester der Tempel in Memphis und Theben ..."

Die Stunde der Entscheidung nahte. Aus allen Städten kamen Schreckensmeldungen. Die Pest breitete sich auf den Flügeln des Windes aus. Die Ärzte waren ratlos, auch die Priester mußten hilflos zusehen, wie der Schwarze Tod unter den Ägyptern Ernte hielt.

Er fand auch den Weg in den Palast des Pharao. Sein Sohn, der Liebling seines Herzens, lag darnieder, von der unheimlichen Krankheit gezeichnet. Am Tage zuvor hatte er noch unbekümmert gespielt, am nächsten Morgen konnte er sich nicht mehr erheben. Fieber schüttelte ihn, sein ganzer Körper war mit dunklen Beulen bedeckt. Der Tod hatte seine Hand nach ihm ausgestreckt.

In der Nacht wälzte sich der Pharao ruhelos auf seinem Bett. Kein Laut drang in sein Schlafgemach. Von draußen, aus dem Park des Palastes, wehte frische kühle Frühlingsluft herein, und das Licht des Vollmonds übergoß die Wände mit silbrigem Glanz. Welch ein Gegensatz zu dem Grauen der Nacht, in der soviele Ägypter die Reise ins Reich der Toten antreten mußten. Plötzlich gellte ein Schrei durch die unheimliche Stille, langgezogen hallte er durch den Palast und verebbte wie ein Klagelaut, den der Wind davonträgt. Der Pharao sprang auf, er wollte zu seinem Kind. Als er die Tür aufriß, stand der Oberkämmerer davor, er bebte an allen Gliedern.

„Der Schrei! – Was hat er zu bedeuten?"

„Er kam aus dem Munde deiner Gemahlin. Dein Sohn – ist tot. Gestorben in den Armen seiner Mutter. Die ganze Stadt ist erfüllt von Wehgeschrei." Wie zur Bestätigung ertönte der herzzerreißende Schrei ein zweites Mal. Dann trat wieder Stille ein.

Der Pharao atmete schwer, wie gelähmt vermochte er keinen Schritt zu tun. Er taumelte gegen die Wand, seine Hände suchten nach einem Halt. „So ist er der Stärkere", brach es aus ihm heraus, „Sieger über mich und unsere

Götter. Er, der furchtbare Gott, den die Hebräer Jahwe nennen."

Abermals – der Schrei. Der Pharao hielt sich die Ohren zu, er stöhnte laut auf.

„Laß die Hebräer ziehen, sonst sind wir alle des Todes!" flehte ihn der Oberkämmerer an. Er fiel vor dem Pharao auf die Knie und rang die Hände.

„Ja!" schrie der Pharao. Und aus allen Ecken des Palastes kam das Echo zurück „Ja - a - a!" Er riß den Oberkämmerer hoch. „Schicke Boten aus, Männer meiner Leibwache. Sie sollen Mose zu mir bringen. Eile! – Er hält sich in der Stadt auf. Noch gestern hat man ihn im Hause eines Hebräers am Hafen gesehen."

Sie brauchten Mose nicht lange zu suchen. Sie fanden ihn vor dem Tor des Palastes, als habe er sie schon erwartet. Ohne zu zögern, folgte er ihnen. Der Pharao empfing ihn auf dem Thron sitzend. Das Licht der Öllampen flakkerte auf seinem bleichen Gesicht.

„Ich wußte, daß du mich noch in dieser Nacht vor dein Angesicht rufen würdest", sagte Mose. „Es ist die Nacht, da Jahwe mit starker Hand für sein Volk wacht. Was hast du mir zu sagen, Pharao?"

„Dein Gott hat mich schwer geschlagen, Mose", antwortete der Pharao mit schwacher Stimme. „Mein Sohn ist tot."

„Das Leben deines Erstgeborenen ist der Preis für deinen Starrsinn. Gibst du jetzt endlich nach und gehorchst dem Willen Jahwes?"

„Ja! – Fort mit euch! Fort aus Ägypten. Nur fort! Ruf dein Volk zusammen. Säumt keine Stunde. Nehmt alles mit, was ihr besitzt! Ihr seid frei!"

„Ist das dein letztes Wort?" fragte Mose.

„Nur noch eins, Mose: wenn ihr eurem Gott opfert, so bittet ihn, er möge nie mehr seinen Zorn über mich aus-

gießen, damit nach all den Schrecken wieder Segen über mein Ägypten komme." Nach diesen Worten sackte er auf seinem mit Gold, Elfenbein und Edelsteinen geschmückten Thron zusammen. Er war besiegt. Er barg sein Gesicht in den Händen und weinte.

Als er seine Fassung wiedergewonnen hatte und sich umschaute, war er allein. Mose hatte lautlos den Raum verlassen.

Die Israeliten hatten die Nacht in ihren Hütten durchwacht. Mose hatte es ihnen so befohlen. Die Familienväter hatten am Abend ein fehlerloses Lamm als Opfer für Jahwe geschlachtet und das Blut an die Türpfosten und auf die Schwelle gestrichen. Auch das hatte Mose angeordnet und ihnen erklärt, warum: „Damit steht ihr unter dem Schutz des Herrn. Ihr braucht euch nicht zu fürchten vor dem bösen Geist, der in dieser Nacht unterwegs ist mit seinem Pesthauch. Fürchtet euch also nicht! Das Blut des Opferlammes versiegelt eure Hütten. Der Todesengel wird an euren Türen vorübergehen und nur die Ägypter treffen."

Die Frauen hatten das Fleisch gebraten und mit allerlei Kräutern gewürzt. Nichts sollte übrigbleiben bis zum Morgen. Und sie sollten das Mahl halten mit Sandalen an den Füßen und mit Stäben in den Händen wie Wanderer, die zu einer weiten Reise aufbrechen wollen. „Denn die Stunde der Freiheit ist nahe! Diese letzte Plage wird den Pharao in die Knie zwingen vor Jahwe, und er wird uns ziehen lassen. In dieser Nacht wird es geschehen, bevor der Tag anbricht." So hatte Mose verkündet.

Aber nun rötete sich der Himmel im Osten, und nichts hatte sich ereignet. Die Sterne verblaßten, durch die offenen Fensterlöcher in Datans Haus fiel graues Licht. Datan löschte die Öllampen. Seine Söhne wurden ungeduldig.

„Mose hat uns getäuscht und verraten. Wir hätten nicht auf ihn hören sollen“, schimpfte Kaleb und schleuderte seinen Stab in die Ecke. „Alles wird so bleiben wie es war“.

„Nein, noch schlimmer“, rief sein Bruder Robal. „Ich schnür mein Bündel wieder auf.“ Auch Mutter Merab seufzte enttäuscht: „Und ich mach mich ans Brotbacken wie gewöhnlich.“ Sie gähnte, so müde war sie. Sie räumte die leeren Schüsseln mit den abgenagten Knochen des Lammbratens und die Schalen mit den Resten der Kräuter weg.

Da pochte es laut gegen die Tür. Sie erschraken alle.

„Macht auf! Macht auf!“

„Das ist Aaron“, rief Datan. Er öffnete. Ja, da stand der Bruder des Mose.

„Gelobt sei Jahwe, unser Gott!“ rief Aaron. „Verlaßt eure Häuser, schart euch zusammen. Noch in dieser Stunde bricht das Volk auf. Mose wird es führen! – Ich muß weiter, damit alle es erfahren und weitersagen.“ Und schon rannte Aaron davon.

„Was sagt ihr nun, meine Söhne?“ Datan strahlte. „Zweifelt ihr jetzt noch immer daran, daß Mose vom Herrn zu unserer Rettung auserwählt wurde?“

Plötzlich waren auch seine Söhne Feuer und Flamme. Robal packte sein Bündel und lud es sich auf die Schulter. „Auf denn! Ich kann in diesem Loch nicht mehr atmen. Ich rieche Morgenluft!“

„Aber ich muß doch erst Brot backen für den Tag“, protestierte die Mutter. „Es dauert eine Weile, bis der Teig durchsäuert ist.“

„Laß den Sauerteig zurück, Frau“, sagte Datan. „Du kannst das Brot unterwegs backen, in der Sonnenglut. Dann essen wir's eben ungesäuert.“

„Aber wohin mit dem Brotteig?" Merab war ganz durcheinander.

„Gib mir die Backschüssel, Mutter", sagte Kaleb. „Wickle sie in ein Tuch, ich nehm' sie auf die Schulter."

„Wir brauchen doch auch Wegzehrung", jammerte Merab, „wer weiß, wohin uns Mose führt. Muß denn alles so schnell gehen? Als ob es auf eine Stunde früher oder später ankommt!"

Datan war auf die Gasse gegangen. Der Tag war angebrochen, die Sonne aufgegangen. Aus allen Hütten kamen Nachbarn. Sie fielen sich um den Hals, weinten und jubelten und wußten sich vor Freude nicht zu lassen. „Freiheit! – Freiheit!" ertönte es aus ungezählten Kehlen.

So begann für die Kinder Israel der Auszug aus Ägypten.

Aus allen Richtungen kamen sie zusammen und vereinigten sich zu einem ständig anschwellenden Menschenstrom. Mit all ihrem Besitz machten sie sich auf den Weg. Auf Packeseln und Ochsenkarren häuften sich Bündel und Säcke, Krüge, Körbe und Kästen. Kein Rükken, keine Schulter, die nicht ein Stück ihrer Habe trugen. Die nicht enden wollende Karawane wälzte sich langsam aber unaufhaltsam vorwärts unter der blendenden Frühlingssonne, eingehüllt in den Staub, den Schafe, Ziegen und Rinder aufwirbelten – begleitet von einem Chor aufgeregter Stimmen, Gesang und Gelächter, Blöken und Muhen. Alte Männer hielten, auf ihre Stäbe gestützt, frohgemut Schritt, Kinder hüpften ausgelassen wie Lämmer zwischen ihren Eltern herum. Sie hielten das Ganze für ein willkommenes, spannendes Abenteuer.

So zogen alt und jung, auf Gott und Mose vertrauend, dem lockenden Ziel entgegen.

Aber die Spähter des Pharao blieben den Israeliten auf der Spur. Auf schnellen Rossen meldeten sie ihre Beobachtungen nach Memphis. „Mose hat den Weg zum Schilfmeer eingeschlagen!" Das war die Straße der Karawanen, die zwischen Ägypten und Arabien Handel trieben. Mose kannte sie, auf seiner Flucht nach Midian war er ihr gefolgt. Auf dieser Verbindung zwischen Ost und West gab es ein Hindernis: eine Kette von Seen und Sümpfen, sie bildeten die Grenze zwischen dem Reich des Pharao und seinen Nachbarvölkern. Nur an einer Stelle, weit im Süden, am sogenannten Schilfmeer, gab es eine Furt, aber sie war nicht immer passierbar. „Mose hat am Schilfmeer ein Lager bezogen", berichteten die Späher. „Dort wartet er auf günstigen Wind. Wenn er kräftig und lange genug von Osten weht, treibt er das Wasser im Schilfmeer so weit zurück, daß die Furt trockenfällt. Erst dann können die Hebräer mit ihrem Vieh zur anderen Seite gelangen."

„Aus welcher Richtung weht heute der Wind?"

„Er bläst seit Tagen aus Nord", gab der Späher Auskunft, „aber in dieser Jahreszeit schlägt er manchmal über Nacht um und dreht auf Ost."

„So sind die Hebräer also noch auf ägyptischem Boden und in meiner Hand", rief der Pharao. „Unsere Götter halten sie zurück. Das nehm' ich als ein Zeichen!" Er gab Befehl, seinen Wesir und den Befehlshaber der Streitwagen rufen zu lassen.

Dem Wesir schwante nichts Gutes, als er vor seinem Gebieter erschien. Die Augen des Pharao verrieten eine böse Absicht.

„Warum haben wir die Israeliten gehen lassen?" schrie er den Wesir an. „Ich bereue es! Aber noch ist Zeit, sie mit Gewalt zurückzuholen." Der Wesir schlug die Hände über dem Kopf zusammen.

„Erhabener Pharao", rief er entsetzt, „seit Mose mit seinem Volk abgezogen ist, hat die Pest keine neuen Opfer gefordert. Die Seuche ist erloschen. Das Volk fühlt sich befreit von dunklen Mächten, es atmet auf!"

„Das Volk ist dumm", sagte der Pharao mit Verachtung.

„Du hättest sehen sollen, wie viele Ägypter den Hebräern gute Wünsche zum Abschied sagten, wie sie ihnen Lebensmittel und Kleidung schenkten, Silber und Schmuck – so froh waren sie, die Hebräer los zu sein –, auf Nimmerwiedersehen."

Der Pharao wurde rot vor Zorn, er brüllte den Wesir an: „Und wer soll in unserer fruchtbarsten Provinz Goschen in Zukunft die Äcker bestellen und Vieh züchten? Wer hat denn bisher eure Fleischtöpfe und die Mehlkrüge gefüllt, wenn nicht die hebräischen Bauern? Und wer soll in den Lehmgruben Ziegelsteine herstellen für eure Häuser und Villen, wenn nicht die hebräischen Zwangsarbeiter? – Nein! Ich kann und will nicht auf sie verzichten."

Der Wesir wagte Widerspruch:

„Aber du selbst, Erhabener, hast doch Mose angefleht, Ägypten mit seinem Volk zu verlassen. Geradezu vertrieben hast du sie!"

Der Pharao hob abwehrend die Hände. „Erinnere mich nicht daran. Der Schmerz über den Tod meines Erstgeborenen hatte mir den Verstand geraubt."

Der Wesir machte einen neuen Versuch, den Pharao umzustimmen: „Bedenke, in Goschen gibt es keine frischen Gräber ..." Der Pharao fiel ihm in die Rede.

„Es war nicht die Macht ihres Gottes, die das Hebräerpack in Goschen vor der Pest geschützt hat. Die Leute leben abgesondert, die harte Arbeit hat sie gegen Seuchen widerstandsfähig gemacht – oder irgendein anderer natürlicher Umstand."

„Wer weiß?" murmelte der Wesir ungläubig.

„Von einem unbekannten Hebräergott haben wir nichts bemerkt, bevor dieser Mose auftrat. Ich sage dir: er hat Jahwe nur erfunden. Aber ich habe die Furcht vor ihm abgeschüttelt."

Da meldete sich auch der General der Streitwagentruppen zur Stelle. Bevor er den üblichen Huldigungsspruch über die Lippen brachte, überfiel ihn der Pharao mit der Frage:

„Wieviele Streitwagen kannst du heute noch in Marsch setzen?" Der General antwortete nach kurzer Überlegung: „Ungefähr sechshundert, jeder mit drei Mann besetzt – außer dem Rosselenker." „Das ist mehr als genug", bemerkte der Pharao, er rieb sich die Hände. „Die Hebräer sind unbewaffnet und ganz ahnungslos. Beim Herannahen der Wagen werden sie in Verwirrung geraten wie Ameisen, wenn man mit einem Stock in ihren Haufen stößt. Du wirst mit deinen Soldaten die Hebräerscharen wie eine ausgebrochene Viehherde nach Goschen zurücktreiben. Du haftest mir dafür mit deinem Kopf."

„Zu Befehl!" erwiderte der General.

„Es darf für sie kein Entrinnen geben. Sie sollen wissen: Rückkehr in die Knechtschaft oder Tod in den Fluten des Schilfmeeres. Ich bin sicher, sie werden das Leben wählen. Einer jedoch wird es ganz gewiß verlieren: – Mose!"

„Ich habe verstanden!" Der General der Streitwagen salutierte gehorsam.

„Bevor die Sonne ihren höchsten Stand erreicht, bist du an der Spitze deiner Streitmacht auf dem Weg zum Schilfmeer!" Der Befehlshaber verneigte sich tief, er verabschiedete sich mit dem Wunsch: „Mögen die Götter Ägyptens deine Pläne segnen.“ Hätte der Pharao ein feineres Ohr gehabt, wäre ihm nicht verborgen geblieben, daß der General von der Erfüllung seines frommen Wunsches nicht sehr überzeugt war. Nachdem er sich eilig zurückgezogen hatte, versuchte der Wesir zum letzten Mal, den Pharao von seiner Absicht abzubringen und den Marschbefehl für die Streitwagen zurückzunehmen. Vergeblich.

„Halte mich nicht auf mit deinem ängstlichen Geschwätz. Wenn der Sklavengott Jahwe so stark ist, wie du befürchtest – gut, so mag er am Schilfmeer gegen meine Streitmacht kämpfen. Wir werden sehen, wer gewinnt.“ Hoch erhobenen Hauptes verließ er den Raum. Der Wesir sah ihm nach, er fühlte sich keineswegs so siegesgewiß wie sein Herr.

Die Israeliten ahnten nicht, was sich gegen sie zusammenbraute. Sie lagerten auf den niedrigen sandigen Hügeln am Schilfmeer und warteten geduldig auf günstigen Ostwind. Jahwe hatte ihnen den Weg in die Freiheit gebahnt, also würde er ihnen den Durchzug durch das Schilfmeer gewähren. Ungeduld war nicht am Platze.

Plötzlich, als die Sonnenscheibe schon tief über der Wüste im Westen stand, ertönte von der Höhe eines Hügels der Schrei: „Die Ägypter kommen!“

Mose und viele, die es gehört hatten, rannten den Hang hinauf. Da stand der Mann, der den Warnruf ausgestoßen hatte und wies mit der ausgestreckten Hand nach Nordwesten. Dort, fern am Horizont, wallte Staub auf. „Das sind ägyptische Streitwagen!“ rief er. Alle beschatteten ihr Gesicht mit den Händen und kniffen die Augen zusammen. Ungläubig schüttelten sie den Kopf. „Nein, das ist der Wüstenwind, der feinen Sand aufwirbelt“, meinte einer. „Kein Grund, uns zu beunruhigen“, bestätigte ein anderer. Aber dann sahen sie, wie es hier und da vor der Staubwolke aufblitzte. „Das sind Speerspitzen, die von der Abendsonne getroffen werden!“ rief Kaleb, Datans Sohn, „wir sind verloren!“

Im Nu war Mose von vielen umringt, alle jammerten durcheinander. „Der Pharao läßt uns verfolgen! – Seine Wagenkämpfer werden uns erschlagen oder als Sklaven zurücktreiben!“ Sie erhoben ihre Fäuste gegen Mose und schrien ihn an:

„Warum hast du uns überhaupt weggeführt? – Warum hast du uns nicht in Ruhe gelassen, da, wo wir waren? – Wir hätten lieber als Sklaven den Ägyptern gedient, als jetzt in der Wüste zu sterben! Unser Tod komme über dein Haupt, Mose!“

Mose blieb ganz ruhig. Mit einer gebieterischen Handbewegung brachte er sie zum Schweigen und sprach:

„Hört auf zu jammern! Laßt euch keine Angst einjagen. Bleibt ganz ruhig.“ Da lachten sie ihn aus, und Kaleb sagte: „Du bist ein Narr, Mose! Gegen die ägyptischen Soldaten sind wir wehrlos wie Schafe gegen reißende Wölfe.“

„Wartet nur ab“, erwiderte Mose gelassen, „der Herr wird für euch kämpfen und euch retten.“

Inzwischen hatte sich der feurige Himmelsball, in rötliches Gold getaucht, auf dem Horizont niedergelassen, er schickte sich an, schnell dahinter zu versinken.

„Für heute besteht keine Gefahr mehr“, erklärte Mose. „Gleich wird es dunkel, und die Ägypter werden ein Lager aufschlagen, sie meiden einen Angriff bei Nacht. Das gibt uns eine Frist bis zum Morgen.“

„Ja, eine Frist bis zu unserem Tod“, rief Kaleb, die übrigen stimmten ihm zu. „Wie klein ist ihr Glaube“, dachte Mose betrübt bei sich. Er schickte sie alle fort und blieb allein auf dem Hügel. Er blickte über das Lager der Israeliten hinweg auf das Schilfmeer. Noch konnte er beim letzten Tageslicht das gegenüberliegende Ufer erkennen, das Rettung verheißende Ufer jenseits der ägyptischen Grenze. Aber das Wasser war zu tief, um den Übergang zu wagen.

Noch immer blies der Wind aus der falschen Richtung, aber er war fast eingeschlafen. Das Schilfrohr am Uferrand neigte sich nur noch wenig vor ihm. Und dann ging ihm völlig der Atem aus. In der Luft wurde es ganz still.

Mit einemmal verspürte Mose einen leisen Hauch, zuerst auf der Nasenspitze und in seinen Haaren. Er streckte die Hand aus, hoch über den Kopf. Nein, er täuschte sich nicht. Ein Raunen ging durch die Luft. Der Wind hatte sich wieder erhoben, aber diesmal kam er aus dem Osten, zuerst noch zaghaft als eine leichte Brise. Doch mit jedem Atemzug, den Mose tat, wurde sie kräftiger. Im Schilf begann es zu rauschen, die Zeltbahnen des Lagers klatschten gegen die Pfosten, und auf der Oberfläche des Schilfmeeres, das eben noch so unbewegt gewesen war, daß sich die hellsten Sterne darin spiegelten, spielten nun kleine glitzernde Wellen, eine folgte der anderen, immer schneller, als wollten sie allesamt in das offene arabische Meer fliehen, das nicht weit im Süden begann.

Gegen Mitternacht heulte der Ostwind beständig über das Schilfmeer.

Es gab keine Zeit zu verlieren. Mose rief die Ältesten der Stämme und die Sippenältesten zusammen. Das ganze Lager geriet in helle Aufregung. Die Hoffnung erwachte aufs neue, der brausende Wind hatte den Kleinmut der Menschen zu neuer Zuversicht angefacht. „Wenn der Ostwind bis zum Morgengrauen durchhält, werden wir die Furt überschreiten können", sagte Mose.

„Bevor die Ägypter zum Angriff blasen, muß unser Lager abgebrochen, und wir alle müssen geflohen sein – hinüber ans andere Ufer. Ich glaube nicht, daß sie uns dorthin folgen.“

Es kam darauf an, schnell zu handeln, die Bündel zu schnüren, die Kinder zu beruhigen und die aufgeschreckten Tiere zusammenzuhalten. Zum Glück spendete ihnen der Vollmond Licht genug zu ihrem Tun.

Während alle, die ihre Hände rühren konnten, an die Arbeit gingen, stand Mose am Rand des Wassers und beobachtete gespannt, wie es zusehends fiel und fiel. Er konnte immer weiter hinauswaten, ohne daß es seine Waden berührte. Die mit Schilf bestandenen niedrigen Inselchen schienen zu wachsen und sich nach allen Seiten hin auszudehnen. Zwischen ihnen wich das Wasser, vom Wind gepeitscht, zurück. Nur an den tiefer gelegenen Stellen blieben Tümpel und kleine Seen zurück, während sonst überall sandiger und morastiger Boden zutage trat. Und der Ostwind wurde nicht müde, warm fauchte er über den vom Wasser befreiten Seeboden und trocknete ihn ab. Als der Morgen heraufdämmerte, schlief er endlich ein. Beim ersten Tageslicht erkannte Mose das andere Ufer und sah, daß die Furt trocken lag. Da gab er das Zeichen: „Vorwärts!“

Solange sie das ersehnte Gestade nicht erreicht hatten, saß ihnen die Angst im Nacken. Sie spornten sich gegenseitig zur Eile an. Die Tiere weigerten sich zuerst, den trügerischen Grund zu betreten, mit unbarmherzigen Stockschlägen mußten die Hirten sie in die Furt treiben. Obwohl sie so breit war, daß Mensch und Vieh genug Raum hatten für einen geordneten Übergang, gab es Gedränge und Verwirrung. Alle strebten in größter Hast dem gegenüberliegenden Ufer zu. Niemand wollte zurückbleiben und vielleicht doch noch von den Verfolgern eingeholt werden. Sie alle wußten: ihre Flucht war ein Wettlauf gegen die Zeit.

Doch wo blieben die Ägypter? Warum waren ihre Streitwagen nicht schon längst zur Stelle, da doch die Sonne schon am Himmel stand? Männer, dic auf dem Hügel Ausguck hielten, fanden die Erklärung: wo sie das feindliche Lager vermuteten, verhüllte dunkler Dunst die Wüste, es war der vom Ostwind in der Nacht hochgeblasene feine Sandstaub, der die Ägypter blind machte und lähmte. Nun, da der Wind sich gelegt hatte, würde die Sicht bald besser werden und der Befehlshaber der Streitwagen die Rosse anschirren lassen zum Sturm auf das Hebräerlager.

Als die Ägypter bei der Furt auftauchten, stießen sie ins Leere. Sie kamen zu spät. Die sie töten oder gefangennehmen wollten, sie hatten das andere Ufer erreicht. Aber so schnell wollten die Soldaten nicht auf die erhoffte reiche Beute verzichten. Sie fanden bei ihrem Befehlshaber Gehör, denn der General fürchtete um seinen Kopf. Was würde der Pharao sagen, wenn er ihm melden müßte: „Ich habe die Hebräer entkommen lassen!" – Wenn dieser verhaßte Mose glaubte, er könne sich in Sicherheit wiegen, so sollte er sich getäuscht haben. Hatte er mit seinem ganzen Troß die Furt passieren können, so mußte es auch den Streitwagen möglich sein.

„Vorwärts! Ihnen nach!" kommandierte der General.

Die Rosselenker schlugen auf die Pferdegespanne ein, die Wagenkämpfer schwenkten ihre Speere, die Bogenschützen spannten die Sehnen ihrer Waffe. Kriegsgeschrei schallte über das Schilfmeer so laut, daß die Israeliten in ihrem Lager aufgeschreckt wurden. Hatten sie eben noch über ihre Rettung gejubelt und vor Freude getanzt, so schnürte ihnen abermals Angst die Kehle zu. Sie sahen, wie die ägyptischen Streitwagen auf die Furt

zujagten, wie sie wie eine Flutwelle heranrollten. Schon waren die ersten in der Mitte der Furt, als sie plötzlich langsamer wurden. Die Kolonne geriet durcheinander, sie kam zum Stehen. In dem weichen, von Klauen und Hufen aufgeweichten Grund gruben die Wagenräder tiefe Rinnen. Die Pferde kamen nicht mehr von der Stelle, sie strauchelten, sie wieherten vor Angst, stiegen hoch und versuchten, sich von den Zügeln und Strängen loszureißen und zu fliehen. Das Getümmel versperrte den nachfolgenden Wagen den Weg. Die Verfolgungsjagd war gescheitert!

Und da blinkte es inmitten des Gewühls überall hell auf. Wasser!

Ja, das vom Ostwind verdrängte und irgendwo aufgestaute Wasser flutete ins Schilfmeer zurück. Es verteilte sich in rasender Geschwindigkeit, verwandelte den Grund in Schlamm, es stieg und stieg, umspülte die Räder, überschwemmte die Plattformen der Kämpfer hinter den Brustwehren, berührte den Bauch der Pferde. Die Rosselenker versuchten, ihre Wagen, die noch unbeschädigt waren, zu wenden. Zurück ans ägyptische Ufer! Aber sie machten das Durcheinander nur noch größer. Wagen stürzten um, brachen krachend auseinander und begruben ihre Mannschaft unter sich. Wer nicht von Trümmern getroffen oder von Pferden zertrampelt wurde, ertrank, denn schon war das Wasser so tief, daß sie den Boden unter den Füßen verloren.

Keiner konnte dem Untergang entrinnen.

Als das Wasser im Schilfmeer den alten Stand erreicht hatte und die Furt mannshoch bedeckte, war ein Drama beendet. Die ägyptische Streitmacht war vernichtet. Auf dem Schilfmeer, zwischen den Inseln, trieben Trümmer, tote Pferdeleiber und die Leichen ägyptischer Soldaten. Viele ihrer Waffen wurden an den Strand gespült:

Speere, Köcher und Pfeile, Bogen, hölzerne Schilde und kurze Schwerter mit breiten hölzernen Griffen. Die israelitischen Männer sammelten sie ein. Da sie selbst keine Waffen besaßen, waren sie ihnen hochwillkommen. Man konnte nie wissen, wann und wo man sie einmal gebrauchen würde.

Mose, den sie beim Anmarsch der Ägypter noch als Volksverführer beschimpft und bedroht hatten, – ihn priesen sie nun als ihren Befreier. Mose wehrte alle Lobeshymnen auf sich ab: „Nicht ich habe euch aus der ägyptischen Knechtschaft herausgeführt, sondern Jahwe, unser Herr. Ich bin nur sein Diener."

Sie feierten ein großes Freudenfest. Mirjam, Moses Schwester, tanzte mit den Frauen im Reigen, dazu schlugen sie ihre Tamburine. Mirjam sang ihnen ein neues Lied vor, das sie zusammen mit Mose gedichtet hatte, – ein Lied, in dem sie vom Durchzug durch das Schilfmeer erzählten und von ihrer wunderbaren Rettung aus der Hand der Ägypter. Nach jeder Strophe fiel der Chor der Frauen ein mit dem Vers:

Mit Mann und Roß und Wagen
Hat sie der Herr geschlagen.

Unter denen, die bei Mose standen, war ein halbwüchsiger Junge. Er strahlte Mose bewundernd an und wollte ihm nicht von der Seite weichen.

„Wie heißt du?" fragte Mose ihn.

„Josua", antwortete der Junge, „ich bin der Sohn des Nun aus dem Stamm Efraim."

„So, so, – aus Efraim. Das war einer der beiden Söhne Josefs. Auf diese Abstammung darfst du stolz sein."

„Wirst du uns jetzt in das Land führen, wo es Milch und Honig im Überfluß gibt?" fragte Josua treuherzig.

„Ja, das werde ich – so Gott will." Mose legte ihm die

Hand auf die schwarzen Locken und fuhr fort: „Aber zuerst ziehen wir zum Gottesberg im Gebirge Sinai, um dort Jahwe zu opfern und zu danken. Danach machen wir uns auf den Weg in das verheißene Land. Es wird ein langer Weg sein, Josua."

„Darf ich dein Diener sein, Mose?"

„Ja", antwortete Mose. „Gott segne dich, Josua."

Schon am folgenden Tag machten sich die Kinder Israel auf den Weg zum Gottesberg.

Elftes Kapitel

Fluch auf Bestellung

Balak, der König über ein Volk von Hirten und Bauern, Herr über befestigte Dörfer im Bergland von Moab war beunruhigt. So weit er zurückdenken konnte, hatte nichts und niemand seinen Frieden gestört. Nun aber fühlte er sich bedroht.

Wenn er auf dem Vorsprung eines steil abfallenden hohen Hügels stand und in die Jordanebene hinabschaute, wurde ihm angst und bange. In der Steppe, nach Norden zu, erkannte er, wenn er die Augen anstrengte, fremde Zelte. Eines Tages waren sie dort aufgetaucht, als seien sie über Nacht wie schwarze Pilze aus dem Boden gewachsen. Es wurden ihrer immer mehr, das ganze Weideland östlich des Jordans war damit gesprenkelt.

„Es sind Israeliten", sagte Balak zu Ozur, einem aus dem Rat der Ältesten von Moab.

„Was haben die dort zu suchen?" fragte er.

„Sie wollen sich im Ostjordanland niederlassen – für immer", antwortete Balak gereizt. „Sie sind vor Jahren aus Ägypten gekommen. Sie waren dort ein Sklavenvolk, aber es ist ihnen gelungen, dem Pharao zu entfliehen, auf wunderbare Weise, wie man sich erzählt. Ihr Anführer ist ein gewisser Mose. Sie haben einen Gott, Jahwe mit Namen, sie bringen ihm morgens und abends Brandopfer dar. Dafür begleitet er sie auf ihren Eroberungszügen."

„Woher weißt du das alles, Balak?"

„Von einem arabischen Karawanenführer", antwortete Balak. „Er ist den Israeliten in der großen Oase Kadesch begegnet und hat von ihnen vieles erfahren, was uns nichts Gutes verheißt."

„Weißt du, was sie vorhaben?"

„Sie wollen, sobald sie sich stark genug fühlen und ihr Gott Jahwe es will, den Jordan überschreiten und ganz Kanaan unter ihre Stämme aufteilen. Angeblich hat dieser Jahwe ihnen das Land als zukünftige Heimat versprochen."

„Das kann man doch nicht ernst nehmen", lachte Ozur. „Wir werden sie vertreiben, zurück in die Wüste, aus der sie gekommen sind wie Heuschrecken. Laß alle wehrfähigen Moabiter zusammenrufen!" Balak schüttelte den Kopf. „Das könnte für uns ebenso übel ausgehen wie für König Sihon und seine Amoriter", sagte er. „Sihon wollte den Israeliten nicht erlauben, durch sein Land zu ziehen. Sie hatten ihn darum gebeten und gelobt, beim Durchzug auf der großen Straße zu bleiben und weder Äcker noch Weinberge zu betreten, auch die Brunnen würden sie nicht anrühren und für alles bezahlen, was sie an Lebensmitteln bei Amoritern kaufen würden. Aber Sihon sagte: nein! Und machte gegen die Israeliten mobil. In der Wüste griff er sie an, erlitt aber eine schwere Niederlage. Und nun sind die Israeliten die Herren im Lande der Amoriter." Ozur hatte eine Idee: „Und wenn wir uns mit unseren Nachbarn im Süden, den Midianitern, gegen sie verbünden? Ist nicht auch deren Land in Gefahr, von Israel überrannt zu werden?"

„Nein, nein, Ozur", widersprach Balak. „Die Israeliten sind an Zahl überlegen, und es werden ihrer immer mehr, weil Sippen und Stämme der Beduinen in der Wüste sich ihnen anschließen in der Hoffnung, eines Tages bei der Aufteilung von Kanaan nicht leer auszugehen."

„Aber wir können doch nicht tatenlos zusehen, wie diese Eindringlinge unser Land an sich reißen!" rief Ozur erregt.

„Es gibt eine Hoffnung, der Bedrohung zu entgehen", sagte Balak.

„Da bin ich aber gespannt", knurrte Ozur.

„Die Hoffnung heißt – Bileam."

„Bileam?" fragte Ozur verdutzt. „Wer oder was ist denn Bileam?"

„Ein weiser Mann, ein Seher und Prophet. Hast du noch nie von ihm gehört?" Ozur verneinte. Balak erklärte ihm: „Er lebt in der Stadt Petor am Ufer des Eufrat. Ein Kaufmann, der vor kurzem auf der Reise von Mesopotamien nach Ägypten bei mir Rast machte, hat mir von Bileam berichtet. Er steht mit himmlischen Mächten im Bunde und besitzt übermenschliche Fähigkeiten. Er kann Fluch oder Segen – ganz wie er will – vom Himmel auf die Erde und auf Menschen herabholen."

„So, so", sagte Ozur, „und auf diesen Zauberer willst du deine Hoffnung setzen. Das versteh ich nicht."

„Das ist doch ganz einfach", versetzte Balak überlegen. „Wer von Bileam gesegnet wird, der bleibt gesegnet. Und wem er einen Fluch aufs Haupt herabruft, der ist und bleibt verflucht. Begreifst du jetzt?"

„Noch nicht ganz, Balak", antwortete Ozur. „Du weißt, in meinem Alter denkt man etwas langsam."

„Bileam soll die Israeliten verfluchen und verwünschen", erklärte Balak. „Dann werden sie in ihrer Lebenskraft gelähmt, das Glück wird sie verlassen, und wir können sie mit vereinten Kräften schlagen und vertreiben."

„Ja, das wäre eine Lösung", meinte Ozur, „es fragt sich nur, ob Bileam dazu bereit ist?"

„Wir bieten ihm selbstverständlich gute Bezahlung",

sagte Balak. Ozur hob warnend den Zeigefinger: „Die er aber erst erhält, wenn der Fluch die erhoffte Wirkung zeigt!"

„Du brauchst mich darüber nicht zu belehren", maulte Balak beleidigt. „Morgen schon sollen zwei Boten nach Petor reiten. Meine Geschenke werden den Seher gefügig machen, nach Moab zu reisen. Und dann", – er ballte die rechte Faust und schüttelte sie in Richtung der Zelte – „wehe euch, ihr Israeliten!"

Als die Boten nach vielen Tagen endlich nach Petor kamen und sich bis zum Haus des Magiers Bileam durchgefragt hatten, war dieser gerade dabei, seine Eselin zu versorgen. Es war gegen Abend, sie waren beide müde, denn sie hatten einen anstrengenden Tag mit weiten Wegen hinter sich. Ein Mann wie Bileam, der Segen und Fluch nach Bedarf und auf Bestellung verteilen konnte, war vielbeschäftigt.

„Ah, sieh mal, wer da kommt!" sagte Bileam. „Zwei Reisende."

Die Eselin hob den Kopf aus der Tränke und blickte, ebenso wie ihr Herr, den Ankommenden entgegen, die ihre Packtiere am Strick führten. Die Eselin schien den unerwarteten Besuch als störend zu empfinden. Sie drehte den Fremden das Hinterteil zu und schlug mit den Hufen aus.

„Na, na, altes Grauchen, was soll denn das?" tadelte Bileam und gab ihr einen freundschaftlichen Klaps auf den Rücken. „So begrüßt man doch keine fremden Leute!" Er wandte sich den beiden Reisenden zu, die vor ihm haltmachten und von ihren Reittieren stiegen.

„Friede sei mit euch", sagte Bileam.

„Und dir Gesundheit und langes Leben", erwiderten die Männer Bileams Gruß.

„Woher kommt ihr?" fragte er sie. Sie antworteten:

„Aus dem Lande Moab. König Balak schickt uns zu dir mit einem ehrenvollen Auftrag für dich.“ Während einer der Boten dies sagte, war Bileams Eselin nahe gekommen. Sie schlug nach ihm aus, traf ihn aber nicht, weil er im letzten Augenblick zur Seite springen konnte.

„Ha! Ist das ein tückisches Biest!“

Bileam lachte, er kraulte seine Eselin liebevoll zwischen den großen Ohren. „Du tust ihr unrecht“, nahm er sie in Schutz, „sie ist vielmehr die beste Eselin unter der Sonne, fleißig und klug und von Natur gutmütig, – was man nicht von jedem Esel behaupten kann.“

„Trotzdem“, knurrte der Moabiter, noch immer blaß vor Schreck, „ich glaube, sie mag mich nicht.“

„Sie hat eben manchmal ihre Launen – wie ein Mensch“, sagte Bileam heiter. Dann kam er ernsthaft zur Sache.

„Ihr seid also Gesandte eures Königs. Was will Balak von mir?“

„Bevor wir dir seinen Auftrag erklären, nimm die Geschenke an, die er dir sendet.“ Der Mann, der das Wort führte, deutete auf einen Packesel. „Ein purpurfarbenes Festkleid und ein Untergewand aus feinstem ägyptischen Leinen. Dazu einen Krug Honig und zwei Schläuche Wein.“

„Dies alles wird mein Herz erfreuen“, sagte Bileam. „Dank sei eurem König und auch euch.“ Mit einer Handbewegung lud er sie ein, neben ihm auf einer Steinbank vor seinem Haus Platz zu nehmen. Er wies auf den Brunnen. „Dort sprudelt frisches Wasser. Wenn ihr euch zuvor die Füße waschen und euch erquicken wollt ...“

„Später, verehrter Bileam. Zuerst wollen wir das Anliegen des Königs von Moab ausrichten. Die Sache duldet keinen Aufschub.“

„Ich nehme an“, sagte Bileam, „es handelt sich um

eine ernste Angelegenheit, denn sonst hättet ihr die lange und beschwerliche Reise nicht unternommen."

„So ist es", bestätigte der von Balak Beauftragte. „Mein Herr läßt dir sagen: ein großes Volk bedroht mich, – die Israeliten. Sie sind aus Ägypten eingewandert und haben sich in der Jordanebene niedergelassen. Direkt an meiner Grenze haben sie ein großes Lager aufgeschlagen, ihre Zelte sind zahlreich wie Frühlingsblumen nach dem ersten Regen. Die Israeliten wollen mein Land erobern, das ist gewiß. Ich aber kann aus eigener Kraft nicht mit ihnen fertig werden. Deshalb komm bitte und hilf mir."

„Ich?" rief Bileam verwundert, „wie könnte ich Balak helfen?"

„Indem du einen Fluch gegen Israel schleuderst! Dann, so hofft Balak, wird es ihm vielleicht gelingen, die Israeliten zu besiegen und zu verjagen." Er hatte den Satz noch nicht ganz beendet, als die Eselin, die neugierig die Menschen beobachtet hatte, sich umdrehte und abermals mit den Hinterhufen ausschlug, wobei sie offenbar auf die Moabiter zielte.

„Nur gut, daß du die Bestie angebunden hast", sagte ein Bote, „ich wette, sie hat was gegen Moabiter."

Bileam schenkte dem Benehmen seiner Eselin diesmal keine Beachtung, in seinen Gedanken beschäftigte er sich mit dem, was er gehört hatte.

„Israel verfluchen? Das ist leichter gesagt als getan", gab er zu bedenken.

„König Balak weiß, was dein Wort bewirken kann", entgegnete der moabitische Gesandte. „Wenn du jemand segnest, muß ihm alles glücken und wenn du jemand verfluchst, rennt er in sein Verderben. Ist es nicht so, Bileam?"

Bileam antwortete nicht darauf. Mit geschlossenen Augen, den Rücken gegen die Hauswand gelehnt, schien er auf eine innere Stimme zu horchen. Endlich fand er in die Wirklichkeit zurück.

„Haben die Israeliten einen Gott?" fragte er.

„Ja, sie nennen ihn Jahwe. Sie glauben, daß er sie aus ägyptischer Knechtschaft befreit hat und ihnen das Land Kanaan geben wird, von der Wüste im Süden bis zum Eufrat im Norden und vom Jordan im Osten bis zum großen Meer im Westen."

„Das muß ein starker Gott sein", sagte Bileam nachdenklich. „Wer könnte wagen, das Volk, das ihm opfert, zu verfluchen?"

„Fürchtest du dich vor ihm?" fragte der Moabiter. „Hast du nicht selbst himmlische Mächte auf deiner Seite? Sprich also: willst du mitkommen und tun, um was Balak dich bittet?"

Bileam überlegte eine Weile, bis er antwortete:

„Bleibt bei mir zur Nacht, es ist Platz genug in meinem Haus. Auf dem Dach könnt ihr es euch bequem machen. Mein Diener wird euch ein weiches Lager aus Polstern und Teppichen herrichten. Morgen früh werde ich dann Bescheid geben."

„Warum nicht gleich?" wurde er ungeduldig gefragt.

„Weil ich jetzt noch nicht weiß, was ich tun werde. Vielleicht erhalte ich im Traum ein Zeichen." Bileam erhob sich und ging seinen Gästen voraus ins Haus.

Als er am andern Morgen ins Freie trat, fand er die Moabiter schon munter beim Brunnen.

„Na endlich!" riefen sie ihm entgegen. „Wir warten schon seit Sonnenaufgang, daß auch du vom Schlaf aufstehst." Bileam reckte sich, er streckte die Arme aus und atmete die frische kühle Luft mit Genuß. „Ist das ein herrlicher Tag", sagte er.

„Ja, herrlich zum Reisen, Bileam. Packt dein Diener schon dein Bündel?"

„Es tut mir leid", antwortete der berühmte Seher, „ihr müßt ohne mich heimkehren zu Balak."

„Warum denn das? Fürchtest du dich etwa vor Mühsal und Gefahren?"

„Nein, nein, es hat einen anderen Grund", sagte Bileam. „In dieser Nacht war mir, als hörte ich eine Stimme. Sie sprach zu mir: „Bileam, geh nicht mit ihnen. Du darfst das Volk nicht verfluchen, denn ich habe es gesegnet."

Die Gesandten lachten. „Ja, ja, was man im Traum nicht alles hört und sieht, Bileam." Der Seher fand das aber gar nicht komisch. „Wenn es nun die Stimme des Gottes jenes Volkes Israel war?"

„Unmöglich", riefen die Moabiter wie aus einem Mund.

„Versucht nicht, mich umzustimmen", sagte Bileam. „Ich habe mich entschieden. Lebt wohl. Ich wünsche euch und eurem Land Frieden. Möget ihr glücklich heimkehren."

Die Gesandten sahen ein: da war nichts mehr zu machen. Mürrisch banden sie ihre Esel los, gaben ihnen noch einmal zu saufen und setzten sich in den Sattel. Bileams Eselin warfen sie einen wütenden Blick zu, als sei sie an der Ablehnung des Auftrags schuld. Sie schrie ihnen dafür ein dreimaliges „I-aaaaa" nach, es klang, als mache sie sich lustig über sie. Sie wedelte mit dem Schwanz und rieb ihre Schnauze an Bileams Schulter. Sie schien mit ihm sehr zufrieden zu sein.

König Balak hingegen war es um so weniger. Zu Ozur sagte er: „Wenn Bileam behauptet, der Gott Israels habe ihm im Traum verboten, meinen Auftrag anzunehmen, so ist das nur eine faule Ausrede. Entweder waren ihm die Geschenke nicht gut genug oder die Boten haben sich tölpelhaft angestellt."

Ozur teilte diese Ansicht. Er sagte selbstgefällig: „Wäre ich zu Bileam gegangen oder ein anderer von den Vornehmsten des Volkes, hätte Bileam sich geehrt gefühlt und wäre mitgekommen."

„Glaubst du das wirklich, alter Freund?" fragte Balak. Er faßte neue Hoffnung. „Ob wir es noch einmal versuchen?"

„Na klar", sagte Ozur. „Leute wie Bileam lassen sich gerne lange bitten, sowohl mit Worten wie mit Geld, das gehört zu ihrem Geschäft. Man muß sie nur bei ihrer Habgier packen."

„Immerhin", wandte Balak ein, „das erfordert diplomatisches Geschick. Ich glaube, du wärst dafür der richtige Mann."

„Das will ich meinen", rief Ozur. Er warf sich stolz in die Brust.

„Du bist also bereit, als mein Gesandter nach Petor zu reiten?"

„Mit Vergnügen!"

„Gut, so mache dich reisefertig."

Auch Ozur hielt sich an die Karawanenstraße nach Norden, über Jericho den Jordan aufwärts, am See Genesaret entlang und vorüber an den schneebedeckten Bergen des Hermon und immer weiter in Richtung Damaskus, bis er schließlich den Eufrat erreichte und Petor vor ihm lag.

Ozur und sein Begleiter trafen den Seher Bileam zu Hause an. Ozur hielt sich nicht lange mit der Vorrede auf. „Balak läßt dich grüßen und dir sagen: nichts darf dich abhalten, mitzukommen. Ich werde dich überreichlich für deine Dienste belohnen: Gold und Silber, so viel du verlangst. Tu mir nur den einen Gefallen und verfluche die Israeliten."

Bileam erwiderte ruhig und fest: „Wenn Balak mir alles gäbe, was er besitzt – ich kann seinen Wunsch nur erfüllen, wenn er dem Willen des höchsten Gottes nicht zuwider ist."

„Wie willst du erkennen, wer der höchste der Götter ist und was er will?"

„Bleibt über Nacht meine Gäste. Vielleicht kann ich euch morgen eine Antwort geben."

Am nächsten Morgen waren die beiden Moabiter beim ersten Hahnenschrei auf den Beinen. Ozur trippelte ungeduldig vor Bileams Schlafgemach hin und her. Der Seher hatte es anscheinend mit dem Aufstehen nicht so eilig. Endlich ließ er sich blicken.

„Hast du dich entschieden?" platzte Ozur heraus, ohne dem Seher zuvor einen guten Tag zu wünschen.

„Ja", antwortete Bileam. „Ich werde euch nach Moab begleiten."

„Na also!" rief Ozur befriedigt. Ihm fiel ein Stein vom Herzen. Zu seinem Begleiter sagte er, vor Selbstbewußtsein strotzend: „Siehst du – man muß nur den richtigen Mann zum Botschafter nehmen, und schon wird die schwierigste Angelegenheit geregelt." Darauf wandte er sich wieder an Bileam:

„Du verstehst, verehrter Seher, die Sache drängt. Je eher die Israeliten dein Fluch trifft, um so besser für Moab. Wann können wir aufbrechen?"

„Ich brauche nur meine Eselin zu satteln und Proviant für unterwegs einzupacken. In der Kühle des Morgens reist es sich am angenehmsten."

„Vortrefflich!" rief Ozur.

„Reitet schon voraus", schlug Bileam vor. „Nehmt den Pfad durch die Felder und die Weinberge. Ihr kommt dann in eine Schlucht, an ihrem Ende trefft ihr auf eine Quelle unter schattigen Feigenbäumen. Dort wartet auf mich. Ich folge euch bald nach."

Als die beiden wohlgemut durch das Hoftor seines Gehöftes hinausgeritten waren, zog Bileam seine Eselin aus dem Stall. Er ließ sie am Brunnen saufen und gab ihr aus dem Hafersack zu fressen. „Stell dir vor, mein altes Grauchen", sagte er zu ihr, „wir beide machen eine weite Reise. Nach Moab zu König Balak." Im nächsten Augenblick war die Eselin auf und davon, zum Hoftor hinaus. Bileam rannte schreiend hinter ihr her. Er hatte Mühe, seine flüchtige Freundin wieder einzufangen. Sie sträubte sich auch, als er sie sattelte und ihr den Sack mit dem Proviant auflud. Er enthielt getrocknete Datteln und Feigen, gedörrtes Ziegenfleisch, Brot und einen Schlauch Wasser.

Solange Bileam seiner Eselin freundlich zuredete, verhielt sie sich wieder gefügig. Als er aber hinausritt und ihr mit sanftem Schenkeldruck befahl, nach rechts abzubiegen auf die Straße nach Süden, bog sie eigensinnig in die entgegengesetzte Richtung ab. „He! Wo willst du hin? Wir wollen doch nach Moab!" Die Eselin blieb stehen. „Was ist denn in dich gefahren, daß du mir nicht gehorchst?" Er drohte ihr mit dem Rohrstock. Da setzte sie sich wieder in Bewegung und schlug den befohlenen Weg ein. Er führte zunächst zwischen Äckern dahin. Die Moabiter waren schon weit voraus und nicht mehr zu sehen.

Plötzlich blieb die Eselin mit einem Ruck stehen, als sei sie über irgendetwas erschrocken. Aber da war nichts, was ihr Verhalten erklärt hätte. Ihr Zögern dauerte auch nur einen Augenblick, dann ging sie weiter, doch sie wich vom Weg ab und trottete nebenher durch das angrenzende Feld.

„Was fällt dir ein?" schimpfte Bileam, er schlug ihr mit dem Stock gegen die Flanke. „Bleib gefälligst auf dem rechten Pfad, du dummes Vieh!"

Die Eselin tat, wie Bileam wollte. Eine ganze Weile hatte er nun keinen Grund, sich über sie zu beklagen. Bis sie in die Weinberge kamen. Hier schlängelte sich der Weg eng und steinig dahin, links und rechts ragten Stützmauern auf, sie sollten verhindern, daß bei Regen fruchtbares Erdreich abrutschte.

Plötzlich scheute die Eselin abermals vor einem unsichtbaren Hindernis.

„Was ist denn jetzt schon wieder? Hast du heute schlechte Laune? Na warte, die werde ich dir gleich austreiben!" Mit wütenden Stockschlägen zwang er sie zum Weitergehen, aber sie drückte sich dabei so dicht an die Mauer, daß Bileams Fuß eingeklemmt wurde.

„Au!" brüllte er vor Schmerz. „Du zerquetschst mir ja den Fuß. Willst du mir alle Knochen brechen und mich zum Krüppel machen? Was zwängst du dich an der Mauer entlang? Als ob es in der Mitte nicht genug Platz gäbe!" Und noch einmal hagelte es Hiebe auf das arme Tier. Es gab nach und folgte nun brav dem Pfad in der Mitte zwischen den Mauern.

Bald darauf erreichten sie die Schlucht. „Hoffentlich kommt uns jetzt niemand entgegen", sagte er zu seiner Eselin, „denn hier kann keiner dem anderen ausweichen. Also beeil dich." Aber statt die Hufe schneller zu heben, blieb die Eselin stehen und legte sich einfach unter Bileam hin.

„Jetzt hab ich aber genug! Hoch mit dir, du störrisches Biest. Wir müssen weiter!" Die Eselin rührte sich nicht. „Zum letzten Mal: auf! Oder ich lasse dich den Stock schmecken, daß dir Hören und Sehen vergeht!" Als sich die Eselin um die Drohung nicht kümmerte, schlug er sie, bis ihm der Atem ausging. Darauf hörte er sie sagen:

„Was habe ich dir getan, daß du mich geschlagen hast – schon dreimal?"

„Das will ich dir sagen", schrie Bileam sie an, „weil du deinen Mutwillen mit mir getrieben hast – schon dreimal! Weil du mir nicht gehorchst, wie es sich für einen Esel gehört!"

„Bin ich dir nicht immer eine treue Eselin gewesen seit vielen Jahren?"

„Doch ja, das muß ich zugeben", antwortete Bileam.

„Hab ich dich nicht immer sicher auf meinem Rücken getragen, obwohl du nicht gerade ein Leichtgewicht bist und der Weg oft mühsam war?"

„Auch das will ich nicht leugnen", bekannte Bileam. Sein Zorn verrauchte. „Um so mehr wundert es mich, daß du plötzlich ganz aus deiner Art schlägst." Er beugte sich über sie und gab ihr einen versöhnlichen Klaps auf den Hals. „Ich möchte wirklich wissen, was heute in dich gefahren ist. Also los, steh auf, sei nicht so stur."

Als er sich wieder aufrichtete, sah er, nur wenige Schritte entfernt, eine männliche Gestalt. Sie stand breitbeinig da und hielt ein Schwert quer über die Oberschenkel, damit versperrte der Mann den Weg. Bileam erschrak, er glaubte, einen Wegelagerer vor sich zu haben.

„Was willst du?" fragte er. „Ich habe nichts, was sich zu rauben lohnt." Aber nein, die weißgekleidete Gestalt sah nicht wie ein Übeltäter aus, sie strahlte Hoheit aus.

„Wer bist du, Herr?" fragte Bileam.

„Ich bin der Bote Jahwes", erhielt er zur Antwort. Bileam verneigte sich ehrfürchtig so tief er konnte, bis seine Nasenspitze den Boden berührte. Er wagte zu fragen: „Warum versperrst du mir den Weg, Herr?"

„Weil dein Weg Jahwe mißfällt!" Bileam fühlte sich plötzlich sehr unwohl in seiner Haut. Der Bote des fremden Gottes sprach weiter: „Warum hast du deine Eselin dreimal geschlagen? Sie hat mich gesehen, als ich dir in den Weg trat. Du aber hast mich nicht erkannt."

Bileam legte seine rechte Hand schuldbewußt an die Brust und erwiderte:

„Oh Herr, ich sehe es ein: es war mein Ehrgeiz und die Gier nach Geld, sie haben mich blindgemacht. Ich bekenne mich schuldig. Wenn meine Sache in den Augen Jahwes übel ist, will ich auf der Stelle kehrtmachen."

„Nein", antwortete die Erscheinung. „Geh weiter nach Moab. Du darfst aber nur das Wort verkünden, das Gott, der Herr, dir eingeben wird." Bileam hatte mit geneigtem Haupt zugehört. Als er wieder aufblickte, war er mit seiner Eselin allein. Ihm war, als hätte er geträumt. „Der Bote Jahwes", flüsterte er, „nun ist er verschwunden wie ein Blitz, der aufleuchtet und das Auge blendet." Er fragte seine Eselin: „Siehst du ihn noch?" Sie schaute ihn aus großen feuchten Augen verständnislos an. Mit dem Schwanz fegte sie gelassen den Erdboden.

„So antworte doch!" forderte Bileam sie auf. Sie blieb stumm. „Wie denn? Hast du die Sprache so plötzlich verloren, wie sie dir verliehen wurde?" Keine Antwort. „Oder hast du gar nicht zu mir geredet? Hab ich mir's vielleicht nur eingebildet? Oder war's die Stimme meines Gewissens, die ich hörte, weil ich dich zu unrecht geschlagen habe?" Er seufzte reumütig und streichelte sie zärtlich. „Ach ja," sagte er zu ihr, „ich selbst bin dümmer als ein Esel. Es tut mir leid, Alte. Ich wills nicht wiedertun." Bei diesen Worten schleuderte er den Stock in hohem Bogen weit von sich.

Da erhob sich die Eselin. Bileam konnte wieder aufsitzen. Er schnalzte mit der Zunge. Sogleich setzte sich das Grautier in Marsch. Willig wie eh und jeh trug es seinen Reiter fort.

Die Schlucht war bald zu Ende. Hinter dem Ausgang warteten die Gesandten Balaks auf ihn. Bileam erwähnte die geheimnisvolle Begegnung mit keiner Silbe, aber in seinen Gedanken kam er nicht mehr davon los.

Gemeinsam ritten sie weiter.

Als Boten dem König Balak meldeten: „Deine Gesandten sind auf dem Weg zu dir, und der Seher Bileam begleitet sie", war er hoch erfreut. Er trat aus seinem Zelt und blickte nach Norden. Ja, da kamen drei Reiter auf Eseln den Hügel herab. Ozur führte den Trupp an. Der letzte in der Reihe mußte der berühmte Prophet aus Petor sein, der weise Zauberer, dem gute und böse Geister gehorchten.

„Willkommen in meinem Land, du Retter Moabs!" Balak umarmte ihn zur Begrüßung wie einen alten Freund. Er konnte aber einen Vorwurf nicht unterdrücken: „Warum bist du nicht gleich gekommen, als ich dich dringend darum bat? Glaubtest du, ich könnte dich nicht angemessen belohnen?"

„Jetzt bin ich ja da", erwiderte Bileam.

„Es ist zum Glück noch nicht zu spät", sagte Balak. „Morgen früh, wenn die ersten Sonnenstrahlen die Israeliten treffen, wirst du sie mir verfluchen."

„Ich weiß nicht, ob ich es kann", erwiderte Bileam.

„Was willst du damit sagen?"

„Nicht ich vermag zu segnen oder zu verfluchen, sondern nur der Gott, der Macht hat über Leben und Tod aller Menschen und Völker und aller Geschöpfe."

Balak fragte: „Was können wir tun, damit er auf dich hört?"

„Laß sieben Altäre errichten und halte sieben Stiere und einen Widder für die Brandopfer bereit."

„Oh, damit wird der Gott gewiß zufrieden sein", meinte Balak zuversichtlich. Darauf führte er Bileam in das Königszelt und lud ihn zu einem festlichen Mahl ein. Balak war bester Laune.

Am nächsten Morgen führte er Bileam auf eine unbewaldete Bergkuppe. Von ihr aus konnte man einen Teil des Israelitenlagers überschauen. Hier ließ Balak den Seher allein. „Rufe von dieser Stelle den Fluch auf Mose und sein Volk herab, sobald du den Rauch der Brandopfer zum Himmel steigen siehst."

Balak begab sich zu der Stätte, wo die sieben Altäre aus Feldsteinen errichtet waren, sie bildeten einen Kreis. Balak legte eigenhändig Feuer an die aufgeschichteten Scheite. Es war windstill, der Rauch stieg senkrecht empor wie sieben Säulen. „Wenn das kein gutes Zeichen dafür ist, daß der Gott, den Bileam jetzt anruft, das siebenfältige Opfer gnädig annimmt", dachte Balak bei sich. Und laut rief er, während die Flammen aufloderten und das Fleisch der Opfertiere verzehrten: „Wehe dir, Israel! Nicht mehr lange wird dich der Anblick der grünen Ebenen erfreuen und dein Vieh sich auf Weiden mästen, die dir nicht gehören. In den Gefilden von Moab blüht dir keine Zukunft! Fluch wird kommen über dich wie eine dunkle Wolke, auf daß du im Staub liegst. Vertrieben wirst du in die Wüste wie Spreu vom Wind, der von den Bergen Moabs weht."

Währenddem kniete Bileam auf der Höhe des Berges. Er blickte zum Himmel auf, an dem weiße Wolken durch das lichte Blau langsam dahinsegelten. Er breitete die Arme aus und betete:

„Oh Herr des Himmels und der Erde, du unsichtbarer Gott. Die Augen öffne mir für deine Wahrheit. Laß mich wissen, was du in deinem Herzen über Israel beschlossen hast. Du hast dieses Volk aus Ägypten herausgeführt, aus Knechtschaft hast du es befreit. Was soll ich von diesem Volk künden? Ist es von dir verflucht? Ist es von dir gesegnet?"

Die Opferfeuer auf den Altären waren niedergebrannt, in der Asche verschmorten die letzten Reste der Stiere. Bei Balak, den Priestern und den Ältesten stieg die Spannung.

Wo blieb Bileam?

Natürlich, sagten sie sich, einen wirksamen Fluch gegen ein ganzes Volk zu schleudern, braucht seine Zeit. Wer weiß, mit welchen düsteren, unsichtbaren Mächten Bileam verhandeln mußte. Aber sieben Opfer! Welcher Gott konnte da noch nein sagen?

Da kam er vom Berg herab, Bileam.

„Nun?" rief Balak ihm entgegen. „Hast du Israel verflucht und seine Nachkommen verwünscht?"

Bileam blieb inmitten der Versammlung stehen, er blickte die Moabiter ernst an und antwortete:

„Ich konnte Israel nicht verfluchen, denn ihr Gott hat es gesegnet und vor allen Völkern als sein Eigentum auserwählt. Also konnte auch ich es nur segnen."

Alle, die es hörten, starrten den Seher an. Nur Balak rief, zitternd vor Zorn: „Warum hast du mir das angetan? Ich habe dich holen lassen, damit du meine Feinde verfluchst. Und nun hast du sie gesegnet!"

„Ich kann nur reden, was Gott mir in den Mund legt", entgegnete Bileam ruhig. Aber Balak wollte sich nicht damit abfinden. „Das Wort des Segens gilt nicht. Du hast gewiß etwas Wichtiges vergessen oder der Gott war mit dem Opfer noch nicht zufrieden. Ich bringe dich auf einen anderen Gipfel, von dem aus du das ganze Lager der Israeliten gut übersehen kannst. Ich will noch einmal sieben Brandopfer darbringen, dann wird sich der Segen in Fluch verwandeln."

Bileam schüttelte den Kopf und sagte:

„Nicht wie ein Mensch ist Gott, daß er sein Wort nicht hielte, nicht wie ein Mann, der seinen Willen ändert. Er hat Israel gesegnet, ich kann's nicht wenden, nicht mit Zauber und nicht mit Opfern und Beschwörung."

Da packte Balak die Wut, er schrie: „Wenn das so ist, dann mach, daß du verschwindest! Ich hatte vor, dich reich zu belohnen, dich mit Gold und Silber zu überschütten. Doch nun erhältst du nichts!"

Bileam lächelte überlegen und erwiderte:

„An deinem Gold und Silber liegt mir nichts. Mehr gilt mir Gottes Wohlgefallen. Doch bevor ich dich verlasse, König Balak, will ich noch etwas verkünden."

„Noch ein Gotteswort?" lachte Balak höhnisch.

„Ja", antwortete Bileam, „höre: aufgehen wird ein Stern aus Israel, wie ein Löwe wird das Volk aufstehen und Kraft entfalten. Auch Moab wird es zu Boden werfen und viele Völker beugen."

Balak und alle, die bei ihm standen und Bileams Weissagung vernommen hatten, waren sprachlos und betroffen. Sie wagten nicht, Bileam daran zu hindern, seine Eselin zu besteigen und davonzutraben.

Auf den sieben Altären erlosch die Glut. Ein Windstoß fuhr dazwischen und blies Balak und seinem Gefolge die Asche ins Gesicht.

Zwölftes Kapitel

Unternehmen Jericho

Sie hieß Rahab.

Ihr Haus war eingefügt in die Stadtmauer von Jericho. Von seinem flachen Dach aus konnte Rahab das umliegende Land übersehen, das kahle Bergland im Westen und die fruchtbare Ebene, die sich ostwärts bis zum Jordan erstreckte, wo eine Furt den Übergang nach Moab möglich machte.

Rahab war stadtbekannt, wenn auch ihr Ruf bei den ehrbaren Mitbürgern nicht gerade der beste war, denn in ihrer Herberge ging es nicht immer sittsam zu. Aber die Meinung ihrer Nachbarn störte sie wenig, solange man sie in Ruhe ließ. Sie fragte die Männer, die bei ihr einkehrten, nicht lange nach Namen und Herkunft, wenn sie nur genug Silber in der Tasche hatten, um Wein und Nachtlager zu bezahlen.

Da waren nun wieder zwei plötzlich in der Tür gestanden und wollten bei ihr übernachten. Es war schon gegen Abend, es wurde langsam dunkel. Die beiden Männer sahen erschöpft aus, als hätten sie eine lange Reise hinter sich. Rahab sah keinen Grund, sie abzuweisen. Sie waren fremd in Jericho, das schloß sie aus den Fragen, die ihr die Besucher stellten.

„Wir haben gehört, daß auf der Ostseite des Jordans, in Moab, die Israeliten ein Heerlager aufgeschlagen haben und sich zur Belagerung von Jericho rüsten. Ist das wahr, Rahab?"

„Ja", antwortete sie. „Die ganze Stadt zittert davor, die Leute sind vor Angst wie gelähmt."

„Warum?" fragten die Fremden. „Die Stadt ist doch von einer Festungsmauer umgeben mit einem Graben davor. Fühlt ihr euch dahinter nicht sicher?"

„Es gibt zu wenig Männer, die sie verteidigen könnten", antwortete Rahab. „Außerdem ist sie an vielen Stellen schon verfallen, und die Ziegel sind morsch geworden. Die Israeliten brauchen nur kräftig genug in ihre Kriegshörner zu blasen, dann fällt die Mauer zusammen." Darüber mußten sie alle drei lachen. Aber dann wurde Rahab wieder ernst und fuhr fort: „Seit Menschengedenken hat Jericho – den Göttern sei Dank – in Frieden mit seinen Nachbarn gelebt. Und nun kommen die Israeliten und wollen unsere Stadt erobern und dann von hier aus ganz Kanaan an sich reißen und unter ihre Stämme verteilen. Im Ostjordanland sind sie schon die Herren."

„Warum verbündet ihr euch denn nicht mit all den Kleinkönigen und Fürsten im Westjordanland und zieht gemeinsam gegen Israel?"

Rahab schlug die Hände über dem Kopf zusammen. „Wo denkt ihr hin?" rief sie. „Die sind sich doch gegenseitig nicht grün. Glaubt ihr, auch nur einer von denen würde für einen anderen in den Kampf ziehen? Nein, nein, das sind keine Gegner für Israel."

Sie wollte die Becher nachfüllen, als laute Schläge gegen das Haustor sie erschrocken zusammenfahren ließ.

„Aufmachen!" kam eine Stimme von draußen. „Rahab! – Mach sofort auf oder wir schlagen das Tor ein!" Wieder dröhnten dumpfe Schläge durch das Haus.

„Das sind Leute von der Stadtwache", flüsterte Rahab ihren Gästen hastig zu. Sie sprangen auf.

„Sie dürfen uns hier nicht finden, sonst sind wir und

auch du verloren!" Sie sahen sich nach einem Fluchtweg um. Rahab zeigte auf die Stiege, die aus dem Raum durch eine offene Luke auf das flache Dach führte. „In einer Ecke liegt ein großer Haufen Flachs. Darunter versteckt euch! Ich will versuchen, die Wächter zu täuschen."

„Mach auf, Rahab, oder wir stecken dir das Haus in Brand!" Die Drohung klang ernst gemeint.

„Ja, ja, ich komm ja schon", rief Rahab laut. „Ich hab mich schon schlafen gelegt, und nun muß ich mir erst einen Mantel umhängen. Nur Geduld!"

Während die Fremden durch die Dachluke entschwanden, räumte Rahab schnell die verräterischen Teller und Becher vom Tisch und schob sie unter ihre Schlafpolster. Dazu sang sie eine Melodie, so laut, daß man sie draußen hören sollte. „Nur ruhig Blut", sagte sie sich, als sie fühlte, wie ihr Herz immer schneller schlug.

Dann ging sie zum Tor, schob den Riegel fort und öffnete. Die Wachsoldaten des Königs von Jericho drängten über die Schwelle, drei Mann.

„Wo sind sie?" herrschte der Anführer Rahab an.

„Wer?" Sie tat ganz verwundert. „Dem König ist gemeldet worden, daß zwei israelitische Kundschafter sich in die Stadt geschlichen haben. Man hat beobachtet, wie sie in dein Haus gegangen sind. Gib sie heraus!"

Rahab lachte die Soldaten freundlich an, sie tat ganz unschuldig und sagte: „Ja, es waren zwei Männer bei mir, ich wußte nicht, daß es israelitische Spione sind, ich habe sie für Amoriter oder Edomiter gehalten. Bei Einbruch der Dunkelheit, bevor das Stadttor geschlossen wurde, haben sie Jericho wieder verlassen."

„In welche Richtung?"

„Keine Ahnung", sagte Rahab. Sie gähnte und tat gelangweilt. „Wenn es wirklich Israeliten waren, so sind sie gewiß auf dem Weg zum Jordanübergang. Wenn ihr euch beeilt, könnt ihr sie noch einholen."

„Los! Ihnen nach!" kommandierte der Anführer des Trupps. Sie machten auf der Stelle kehrt und rannten zum nahen Stadttor. Es mußte für sie noch einmal geöffnet werden, um sie hinauszulassen. Rahab hörte, wie es sich knarrend wieder schloß.

Da atmete sie tief auf, ihr Herz pochte noch immer rasend bis in den Hals. Die Gefahr war vorerst vorüber. Doch durften die Israeliten auf keinen Fall länger bleiben.

Sie stieg auf's Dach. Inzwischen war die Nacht hereingebrochen, der aufgegangene Mond warf Rahabs Schatten auf den weißgetünchten Boden. Sie blickte sich um. Die Spione hatten sich gut versteckt.

„Kommt hervor!" rief sie leise. Unter dem Flachshaufen regte es sich und hervorkrochen die Israeliten.

„Ihr müßt fliehen", sagte Rahab, „noch in dieser Stunde."

„Aber wie? Das Stadttor ist verschlossen und streng bewacht."

„Ich lasse euch durch mein Fenster an der Stadtmauer hinunter."

Während Rahab in ihren Truhen kramte, um geeignete Tücher und lange Hemden zu suchen, die sie zu einem Seil knoten wollte, sagte sie. „Ihr seid also Israeliten! Ich habe viel von eurem Volk gehört. Daß euer Gott euch einen Weg durch das Schilfmeer gebahnt hat, als ihr aus Ägypten geflohen seid und daß er mit euch einen Bund geschlossen hat und euch alles gelingen läßt, was ihr unternehmt."

Sie seufzte: „Hätten wir doch auch einen solchen Gott! Er wird euch gewiß auch unser Land in die Hand geben."

„Ja, so ist es", erwiderten die Kundschafter. „Jahwe, unser Gott, hat alle Macht im Himmel und auf Erden."

„Ich bitte euch", sagte Rahab, „wenn ihr Jericho erobert habt, verschont mich und meine Eltern und Geschwister und alle meine Verwandten. Vergeßt nicht, daß ich euch das Leben ggerettet habe."

„Das schwören wir dir", gelobten sie. „Wir werden unserem obersten Befehlshaber Josua berichten, was du für Israel getan hast. Laß ein rotes Band aus dem Fenster hängen, es soll das Zeichen für unsere Krieger sein, dein Haus und alle, die sich darin aufhalten, zu verschonen."

Rahab hatte ihre Arbeit beendet. Die Männer zerrten an beiden Enden des Tuchseils, um zu prüfen, ob es hielt. Rahab beugte sich aus dem Fenster.

„Die Luft ist rein", stellte sie befriedigt fest. „Aber ich gebe euch einen Rat. Geht nicht zum Jordan, sonst fallt ihr euren Verfolgern in die Hände. Wartet lieber drei Tage ab, bis sie die Suche nach euch aufgegeben haben. Versteckt euch solange im Bergland, dort seid ihr sicher. Und nun – lebt wohl."

Sie ließ das Seil an der Stadtmauer hinab. Als der erste sich daran hinunterließ, hielt der andere das Ende fest. Für den zweiten aber mußte sie ihre eigenen Kräfte gebrauchen. Sie stemmte sich mit den Füßen gegen die Wand, bis das Seil plötzlich locker wurde. Da wußte sie, daß der Mann Boden unter den Füßen hatte. Als sie sich aus dem Fensterloch beugte, waren beide Kundschafter bereits im Dunkel des Grabens untergetaucht. Rahab holte das Seil ein, knotete die einzelnen Teile auseinander und verstaute sie wieder. Niemand würde ihr nachweisen können, daß sie zwei Spionen zur Flucht verholfen hatte.

Wo nur die Kundschafter blieben?

Josua, der Führer der Israeliten, machte sich Sorgen um sie, nicht nur, weil er um ihr Leben fürchtete. Welche Nachrichten würden sie mitbringen, gute oder schlechte?

Josua erinnerte sich noch sehr gut an seine eigenen Erlebnisse als Kundschafter. Das war vor vielen Jahren, als er noch ein junger Mann war, anderthalb Jahre nach dem Auszug aus Ägypten. Vom Sinai waren sie an der Ostseite des Gebirges in einem langen Marsch weit nach Norden gezogen und hatten ihr Lager bei der großen Oase Kadesch aufgeschlagen, nachdem sie die Bewohner, das Wüstenvolk der Amalekiter, daraus vertrieben hatten. Nach den Wanderungen durch öde Steppen und wasserlose Gebiete schien Kadesch ihnen wie das Paradies. Da sprudelten Quellen, und viele Brunnen spendeten frisches Wasser für Mensch und Tier. Wie auf einer grünen Insel in einem Meer von Sand und Steinen, standen ihre Zelte unter Palmen. Aber diese Oase sollte nur der Stützpunkt sein für den Einmarsch nach Kanaan. Seine südliche Grenze lag zum Greifen nahe.

Mose war vorsichtig. Bevor er den Einfall in das verheißene Land wagen konnte, wollte er wissen, wer und was sie dort erwartete.

Kanaan sollte, wenn es erobert war, unter die zwölf Stämme der Jakobssöhne gerecht verteilt werden. Da war es nützlich, sich zuvor ein Bild davon zu machen. Deshalb hatte Mose aus jedem Stamm einen Mann als Kundschafter bestimmt. Auch Josua gehörte dazu. Moses Auftrag an sie war klar:

„Geht zunächst durch das Steppengebiet im Süden und durchstreift das Bergland, das sich nördlich anschließt. Seht euch das Land genau an. Erkundet, wieviele Menschen dort wohnen und wie stark sie sind.

Achtet darauf, ob ihre Städte befestigt sind oder nicht, ob ihr Land fruchtbar ist und ob es dort Wälder gibt. Habt keine Angst und bringt Proben von den Früchten mit, die in den Gefilden Kanaans gedeihen!"

War das ein Abenteuer gewesen!

Durch das unbekannte Land zu streifen, über Berg und Tal, durch menschenleere Regionen und belebte Siedlungsgebiete. Auf vielen hohen Hügeln waren befestigte Städte gebaut, die allen Feinden trotzten, in ihrer Umgebung lagen grüne Weidegebiete, Äcker und Wälder. Nirgendwo fehlte es an Brunnen. An Olivenhainen war kein Mangel, und in unzählbaren Obstgärten gediehen Früchte aller Art. In einem Tal entdeckten sie Weinberge, das war zur Zeit der Lese. An den Rebstöcken hingen Trauben, so groß, daß niemand ihnen daheim geglaubt hätte, wenn sie nur davon erzählt hätten. Deshalb gruben sie einen Rebstock mitsamt den daranhängenden Trauben aus. Er war so schwer, daß zwei Männer ihn an einem langen dicken Knüppel auf der Schulter tragen mußten. Auch Feigen und Granatäpfel hatten sie gepflückt und eingesackt.

Wie begeistert waren Josua und sein Gefährte Kaleb, aus dem Stamm Juda, gewesen. Ja! Das war ein Land, wo Milch und Honig flossen! Ihr Volk würde Augen machen und seinen Ohren nicht trauen, wenn sie ihm von all den Schönheiten und Vorzügen Kanaans berichteten. Und wie sie jubelten vor Entzücken, und wie ihnen das Wasser im Mund beim Anblick der Weintrauben zusammenlief!

Aber die Ernüchterung kam gleich hinterher, denn die Kundschafter verbreiteten auch schlechte Nachrichten:

„Die Leute, die dort wohnen, sind stark, und ihre Städte sind uneinnehmbar. Wir können sie nicht erobern. Die Philister, die an der Küste wohnen, verfügen über Waffen aus Eisen und Streitwagen wie die Ägypter. Dagegen können wir nichts ausrichten. Auch die anderen Völkerschaften im Innern sind uns an Kampfkraft weit überlegen. Glaubt nur ja nicht, daß die sich von uns das Land wegnehmen lassen und uns als ihre Herren anerkennen."

Josua rief dazwischen: „Leute, laßt euch nicht bange machen. Wir können das Land wohl erobern, wenn wir nur wollen!" Das bestätigte auch Kaleb so laut er konnte.

„Nein, das können wir nicht", wurden sie von den übrigen Kundschaftern niedergeschrien. „Wir haben ein Volk gesehen, da sind die Männer Riesen! Wir kamen uns dagegen vor wie Heuschrecken, und genau so winzig werden wir ihnen vorgekommen sein."

Josua schauderte bei der Erinnerung an die Wirkung solcher Greuelmärchen. Das Volk war entsetzt, es jammerte und klagte die ganze folgende Nacht hindurch. Am Morgen rottete es sich zusammen, umringte Mose und schüttelte die Fäuste gegen ihn. „Wären wir doch lieber in Ägypten gestorben. Warum will uns der Herr in dieses Land bringen? Wir werden im Kampf umkommen und unsere Frauen und Kinder werden den Feinden in die Hände fallen." Einige gaben die Parole aus: „Wir wählen einen neuen Anführer und kehren nach Ägypten zurück."

Josua hatte verzweifelt versucht, die Dinge zu wenden. Er war auf einen Stein gesprungen und hatte vor aller Augen sein Obergewand zerissen als Zeichen der Empörung und der Trauer. Nur mit Mühe konnte er sich Gehör verschaffen. Mit aller Leidenschaft rief er ihnen zu:

„Ihr Israeliten! Warum zweifelt ihr am Wort des Herrn? Warum lehnt ihr euch gegen ihn auf? Ihr braucht die Bewohner des Landes nicht zu fürchten, wir werden im Handumdrehen mit ihnen fertig, denn sie sind von ihren Göttern verlassen, uns aber steht der Herr zur Seite. Hat er uns nicht schon genug Beweise seiner Macht und seiner Fürsorge gegeben?"

Die Menge wollte davon nichts wissen, viele hielten ihre Ohren zu, andere drangen auf Josua und Kaleb ein und wollten sie steinigen. Auch Mose hatte keinen Erfolg, als er sein Volk beschwor, sich zu besinnen und ihm zu folgen. „Nicht nach Kanaan!" schrien sie.

Aber nach Ägypten und in die Knechtschaft des Pharao zurück – nein, das wünschten sie auch wieder nicht, obwohl ein paar Großmäuler sie dazu verführen wollten. Was blieben ihnen dann noch? Weiter heimatlos wie Nomaden in der Wildnis umherziehen auf wer weiß wie viele Jahre?

Und nun standen sie also zum zweiten Mal an der Grenze von Kanaan. Jenseits des Jordans lag Jericho, das Einfallstor in das Land der Verheißung. Jericho mußte fallen, dann war der Weg frei. Aber auch Josua war nicht leichtsinnig, ihn drückte die Verantwortung für das Unternehmen. Ohne zu wissen, wie stark die Mauern der Stadt und die Verteidigungsbereitschaft der Bewohner war, schien es ihm zu riskant, sein Heer zum Sturm auf Jericho antreten zu lassen.

Seine Unterführer, die Ältesten der Stämme, drängten dagegen zum Angriff. Sie waren kampfeslustig und wollten sich nicht länger hinhalten lassen. Es waren Männer, die noch Buben oder Jünglinge waren, als ihre Väter unter Mose Ägypten verlassen hatten mit dem Traum von einer besseren Zukunft. Endlich sollte er in Erfüllung gehen! ‚Jetzt oder nie' war ihre Parole.

Die Generation der Väter war inzwischen dahingegangen. Aaron war gestorben, auch seine Schwester Mirjam hatte Mose in Kadesch begraben müssen. Sein Schwiegervater Jitro lebte schon lange nicht mehr; er hatte den Priester von Midian zuletzt am Sinai gesehen, nach der Rettung am Schilfmeer. Jitro hatte Zippora und ihre beiden Buben mitgebracht, die danach bei Mose blieben, bis auch Zippora ihre Familie für immer verlassen mußte.

Und Mose selbst?

Er, der von Jahwe erwählte Führer und Erzieher seines Volkes, sollte das Ziel nicht erreichen. Er hatte es geahnt und rechtzeitig seinen Nachfolger eingesetzt: den getreuen Josua.

Josua vergaß nie den Augenblick, als Mose ihm vor den Ältesten der Stämme die Hände auflegte und feierlich zu ihm sagte, so daß alle es hören konnten: „Ich kann nicht mehr euer Anführer sein. Ich bin zu alt. Du, Josua, wirst dieses Volk in das Land bringen, das uns der Herr mit einem Eid zugesagt hat. Du wirst es auch unter sie aufteilen. Der Herr wird dir helfen und dich nicht im Stich lassen."

An jenem Tag lagerten sie in der Steppe von Moab, am Fuß des Nebo. „Begleite mich auf den Gipfel, Josua", hatte Mose bald darauf, eines Morgens, zu ihm gesagt. „Der Herr ruft mich."

Trotz seines Alters war Mose noch rüstig. Der Nebo war nicht sehr hoch und leicht zu besteigen. Wo es zu steil bergan ging, stützte Mose sich auf Josua.

Es war ein strahlender wolkenloser Frühlingstag, die Luft war so klar, daß sie von der Kuppe des Nebo das Land bis in weite Ferne deutlich betrachten konnten. Im Süden blinkte das Salzmeer, in das der Jordan mündete, es lag eingebettet in eine tiefe Senke zwischen kahlen Abhängen, auf denen weder Baum noch Strauch wuchsen, nicht einmal Gräser. Das Salzmeer war ein totes Meer, Fische konnten darin nicht leben, so salzig war es.

Gegen Westen, jenseits der Ebene von Jericho, versperrten Bergketten die Sicht auf die dahinter liegende Küstenebene am großen Meer. Mit seinen noch immer scharfen Augen konnte Mose am nördlichen Horizont das Hermongebirge erkennen, dessen schneebedeckte Häupter in den blauen Himmel ragten.

Lange Zeit saß Mose im Schatten eines Felsens, den Rücken gegen den Stein gelehnt, und betrachtete stumm das Bild der Erde. Josua beobachtete ihn verstohlen von der Seite, er wußte, was in seinem Meister vorging.

Plötzlich breitete Mose die Arme aus, als wolle er die ganze Welt umarmen. Und er sagte:„Dies ist das gelobte Land, Josua. Ich habe mir so sehr gewünscht, mein Volk über den Jordan zu führen und es in Besitz zu nehmen. Aber der Herr hat es nicht gewollt. Ich werde bald sterben.“ Bei diesen Worten füllten sich seine Augen mit Tränen. Er konnte seinen Schmerz nicht unterdrücken. Langsam ließ er die Arme sinken. Mit einem Mal sah er uralt aus, als sei plötzlich seine Lebenskraft versiegt. Doch er überwand seine Schwäche und sagte zu Josua:

„In diesem Land drüben werdet ihr große und schöne Städte finden, die ihr nicht gebaut habt, und Brunnen, die ihr nicht gegraben und Weinberge und Olivenhaine, die ihr nicht angelegt habt. Wenn es euch dann gut geht, gebt acht, daß ihr den Herrn nicht vergeßt, der euch aus Ägypten geführt hat, wo ihr wie Sklaven leben mußtet. – So sollst du zu ihnen sprechen, Josua.“

Er machte eine Pause, bevor er fortfuhr: „Ich mache mir große Sorgen, Josua. Du selbst weißt, wie eigensinnig und widerspenstig das Volk ist. Wie oft hat es sich schon gegen den Herrn aufgelehnt und gegen seine Gebote verstoßen, während ich bei euch war. Wie wird es erst nach meinem Tod werden? Ich fürchte, es wird Jahwe untreu werden und in Versuchung fallen, falsche Götter zu verehren, denen man unter den Völkern Kanaans opfert. Schärfe ihnen immerzu ein: Jahwe ist euer Gott. Es gibt keinen Gott außer ihm. Deshalb liebt ihn mit der ganzen Kraft eures Herzens. Dann wird es euch gut ergehen und ihr werdet ein großes Volk werden."

Wieder hielt er inne, er atmete mühsam, das Reden fiel ihm schwer. Nach einer Weile sagte er noch: „Du, Josua, sollst vollenden, was mir versagt ist. Sei tapfer und entschlossen. Hab keine Angst. Laß dich von niemand einschüchtern. Gott wird dir beistehen." Bald darauf starb Mose. Das Volk trauerte dreißig Tage um ihn. Es kam sich ohne ihn verlassen vor wie Kinder, die ihren Vater verloren haben.

Oh, wie schwer hatten sie es ihm gemacht in all den Jahren seit dem Auszug aus Ägypten, wie oft hatten sie ihm die Schuld gegeben und ihn verflucht, wenn sie in Not gerieten, weil sie nicht genug zu essen und zu trinken fanden. Ja, sie waren manchmal nahe daran gewesen, ihn dafür zu steinigen. Aber immer wieder war es ihm, wie durch ein Wunder, gelungen, sie aus ihrer Verzagtheit zu reißen und ihnen neuen Mut zu machen. Und dies war die größte seiner Taten: er hatte im Namen des Herrn die Stämme der Jakobssöhne zu einem einzigen Volk zusammengeschmiedet – für alle Zeit!

Das alles hatte Josua miterlebt, und seine Gedanken gingen immer wieder zurück in die Vergangenheit zu dem, was sich am Sinai ereignet hatte:

Am Fuße des Gebirges hatten sie ihr Lager aufgeschlagen. Es war ungefähr zwei Monate nach dem Durchzug durch das Schilfmeer.

„Was soll nun werden? Wie soll es weitergehen?" fragten sich die Kinder Israel besorgt. Mose stieg auf den Gottesberg, er hatte den Ruf Jahwes gespürt. Als er vom

Gipfel herabkam, wußte er die Antwort. Er rief die Ältesten der Stämme zusammen und verkündete ihnen:

„So sagt euch der Herr: Ich habe euch wohlbehalten hierher gebracht. Wenn ihr mir nun treu bleibt und auf mich hört, sollt ihr das Volk sein, das mir am nächsten steht. Unter allen Völkern habe ich euch zu etwas Besonderem bestimmt."

Am Morgen des dritten Tages nach dieser Botschaft beobachteten sie, wie sich der Sinai in eine dunkle Wolke hüllte. Grelle Blitze zuckten daraus hernieder. Donner grollte, sein Echo hallte dumpf und furchterregend durch Täler und Schluchten, immer lauter. Es war, als bebe die Erde.

Das Volk stand gebannt und zitternd vor Angst vor den Zelten. Einen solchen Ausbruch der Naturgewalt hatten sie noch nie erlebt.

Mose allein blieb standhaft. Er wußte: es ist der Herr, der, in der Wolke verborgen, auf den Berg herabgekommen ist, um mit Donnerstimme seinem auserwählten Volk ein Gesetz zu geben – durch den Mund seines Dieners Mose.

Und so stieg Mose hinauf, immer höher, ohne Furcht, abzustürzen oder vom Blitz erschlagen zu werden. Und dann, plötzlich, als Ruhe eintrat, als der Donner nach einem letzten Schlag verebbte und er nur noch ein leises Säuseln des Windes um die Felsspitzen des Gipfels vernahm, hörte er die Stimme aus der Wolke, die über ihm hing und den Himmel verbarg.

„Ich bin der Herr, dein Gott. Neben mir gibt es für dich keine anderen Götter!"

Das war das erste und wichtigste von zehn Geboten, die Gott ihm und Israel gab. Als Mose ins Lager zurückkam, ließ er sie auf zwei Steintafeln einmeißeln, damit jedermann sie vor Augen habe. Alle gelobten hoch und heilig, sich gehorsam daran zu halten. Doch wie bald schon hatten sie das zweite Gebot übertreten, das da lautete: „Du sollst dir nicht von irgendetwas ein Bild machen, um es anzubeten."

Josua hatte den Greuel mit eigenen Augen ansehen müssen, darum war ihm die Erinnerung daran unauslöschlich in sein Gedächtnis eingebrannt:

Es war im Lager am Sinai, nicht lange nach der Aufstellung der Gesetzestafeln. Da sagte Mose eines Morgens zu Josua: „Der Herr hat mich gerufen. Ich muß noch einmal zu ihm auf den Berg. Begleite mich."

Als sie auf halber Höhe angelangt waren, sagte Mose: „Warte hier auf mich." Josua sah ihm nach, bis er zwischen Felsen und Geröll seinen Blicken entschwand.

Josua wartete tagelang. Mose kam nicht zurück. Was tat er solange auf dem Berg? War ihm vielleicht ein Unglück widerfahren? Einen hohen Gipfel zu besteigen, war immer ein gefährliches Unternehmen. Vielleicht lag sein Meister zerschmettert in der Tiefe einer Schlucht, eine Beute für Adler?

Endlich hörte er aus der Höhe seinen Namen rufen. Es war Moses Stimme! Er war wohlauf. Und wie seine Augen strahlten! Von seinem ganzen Gesicht ging ein Glanz aus wie von einem inneren Feuer, so daß Josua sich fast fürchtete, ihm nahe zu kommen. „So sieht einer aus, dem Gott begegnet ist", dachte er im stillen. Und er war stolz darauf, einem solchen Propheten des Herrn dienen zu dürfen.

Als sie vom Berg herabkamen und sich dem Lager näherten, hörten sie von weitem Lärm und Geschrei.

„Was ist das?" fragte Mose. Sie blieben stehen und lauschten.

„Hört sich an wie Kriegsgeschrei", meinte Josua. „Vielleicht ist das Lager von Amalekitern überfallen worden und der Feind ist geschlagen, denn das Geschrei klingt eher wie Siegesjubel als Klagegeheul nach einer Niederlage."

„Nein, nein, Josua", entgegnete Mose. „Der Lärm hat nichts mit Kampf zu tun. Ich höre Tamburine. Ich sage dir, da ist ein Fest im Gange."

Mose hatte richtig geraten. Als sie ins Lager kamen, sahen sie, was da los war. Mose traute seinen Augen nicht. Männer und Frauen tanzten wie verrückt um einen Altar und um eine Figur, die dahinter auf einem Podest stand. Sie stellte ein Stierkalb dar, es glänzte in der Sonne wie aus Gold gegossen.

Mose brauchte nicht lange zu fragen, was das zu bedeuten hatte. Er sah Männer, die ausgelassen auf der Stelle sprangen, auf das Gold zeigten und riefen. „Seht, ihr Israeliten, das ist unser Gott, der uns aus Ägypten geführt hat." Da packte Mose der Zorn.

Josua sah alles wieder vor sich, als sei es erst gestern geschehen und nicht schon vor vielen Jahren: wie Mose wutentbrannt hinging und die beiden Steintafeln mit den zehn Geboten an einem Felsen zerbrach; wie er das goldene Götzenbild an sich riß und es in den Feuerofen warf, wo es zu einem unförmigen Klumpen zerschmolz. Dann nahm er seinen Bruder Aaron vor:

„Wie konntest du zulassen, daß sich das Volk in schwere Schuld gestürzt hat?" Aaron versuchte, sich zu rechtfertigen:

„Reg dich nicht so auf, Mose", sagte er, „du weißt doch selbst, wie sehr das Volk zum Bösen neigt. Es hat lange auf deine Rückkehr vom Berg gewartet. Als du nicht kamst, wurde es ungeduldig, es fühlte sich hilflos und verlassen. Da kamen die Sippenältesten zu mir und verlangten: mach uns einen Gott, der uns schützt und uns führt. Niemand weiß, was aus diesem Mose geworden ist."

„Und du hast sie nicht an das Gebot Jahwes erinnert?" warf Mose seinem Bruder vor.

„Sie wollten nicht auf mich hören", verteidigte sich Aaron. „Sie drängten mich immer mehr: mach uns einen Gott! Ich dachte, ich könnte sie davon abbringen, wenn ich von ihnen Gold fordere, um daraus ein Abbild eines Stieres zu formen. Aber nein, sie brachten mir sofort ihre goldenen Ringe, die sie an den Ohren tragen. Was blieb mir anderes übrig, als ihnen den Willen zu tun und das Gold einzuschmelzen und daraus das Stierkalb zu formen, so gut ich es konnte? Wärst du nur einen Tag früher vom Berg gekommen, wäre das alles nicht passiert."

„Das Volk ist zügellos", klagte Mose. „Wenn es sich nicht mehr um die Gebote des Herrn kümmert, wird es auch mir nicht mehr folgen und in sein Verderben rennen." Aber so leicht wollte Mose sich nicht damit abfinden. Er stellte sich an das Lagertor und rief mit lauter Stimme: „Her zu mir, wer zum Herrn hält!"

Der Ruf pflanzte sich fort von einem Ende des Lagers zum andern, von Mund zu Mund. Die ersten, die sich um ihn scharten, waren die Leviten. Mose selbst gehörte ja zum Stamm Levi. „Sucht die Schuldigen", forderte Mose sie auf, „und tötet sie."

Sie führten den Befehl sofort aus. Damit waren Zucht und Ordnung wieder hergestellt, und Mose war wieder Herr der Lage. Alle, die sich zum Tanz um das goldene Kalb hatten verführen lassen, bereuten es und gelobten aufs neue Treue zu Jahwe.

Mose war sich im klaren, wie wichtig es war, die Kinder Israel zu erziehen – zur Ehrfurcht vor Gott und zur Achtung vor der Würde des Menschen und seinem Besitz. Er schuf zwei neue Gesetzestafeln und meißelte die zehn Gebote darin ein: „Ehre Vater und Mutter" – „Töte niemand" – „Zerstöre keine Ehe" – „Vergreife dich nicht an fremden Eigentum" – „Rede nichts Unwahres über andere Menschen" – „Suche nichts an dich zu bringen, was dir nicht gehört, weder die Frau eines anderen noch seine Sklaven, weder Rind oder Esel noch irgendetwas." Und da war noch ein Gebot, das jeden anging: „Sechs Tage in der Woche hast du Zeit, alle Arbeit zu tun. Der siebte Tag aber gehört Gott, dann sollst du ruhen."

Der Tanz um das goldene Kalb hatte Mose gelehrt, daß sein Volk ein sichtbares Zeichen für die Anwesenheit des unsichtbaren Gottes wünschte – ein Heiligtum, das sie begleiten sollte auf allen Wegen, die ihnen der Herr weisen würde, in Not und Gefahr, in Glück und Unglück.

Die Gesetzestafeln!

Waren sie nicht das Unterpfand für den Bund zwischen Jahwe und Israel? Ja – sie sollten den Israeliten stets vorangetragen werden und mitten in ihrem Lager stehen, wenn das Volk Rast machte. Also ließ Mose eine Truhe dafür bauen, aus Akazienholz. Sie stand auf vier Füßen. An den vier unteren Ecken wurden Ringe angebracht als Halterungen für dicke Stangen, an denen vier Mann sie auf der Schulter tragen konnten. Die ‚Bundeslade' – so wurde sie genannt – durfte nicht im Freien stehen, Wind und Wetter ausgesetzt. Sie brauchte eine schützende Unterkunft, und zwar ein Zelt aus Ziegenhaar. Das Gerüst aus Balken war zerlegbar, so daß man es mitnehmen und am nächsten Lagerplatz schnell wieder aufbauen konnte als „Wohnung des Herrn", in der die Bundeslade hinter einem Vorhang in geheimnisvollem Dunkel aufgestellt wurde.

Den Dienst am heiligen Zelt und bei der Bundeslade übertrug Mose den Leviten. Es war für sie eine Aufgabe, für die sie sich ganz dem Herrn hingeben mußten, deshalb sollten sie keine Waffen tragen und keinen Kriegsdienst leisten. Sie sollten Priester sein und Gott zu Lob und Dank auf diesem tragbaren Altar Opfer darbringen.

Die Kundschafter kamen am Abend zurück. Sie waren allen Gefahren glücklich entgangen. Was sie berichteten, ließ Josuas Herz höher schlagen. Er rief die Stammesältesten zusammen, um mit ihnen Kriegsrat zu halten. Auch Eleasar, Aarons Sohn, nahm daran teil. Mose hatte ihn, als er noch lebte, zum Oberpriester ernannt. Sein hohes Amt verpflichtete ihn, Gottes Willen zu erkunden und zu verkünden, für das Volk zu beten und den Segen des Herrn herabzurufen. Für das geplante Unternehmen gegen Jericho hatten sie ihn bitter nötig, das wußten sie alle.

„Was die Kundschafter mir berichtet haben, hört sich ermutigend an", begann Josua, als sie alle in seinem Zelt versammelt waren. „Die Mauern haben viele schwache Stellen, wo wir sie erklettern können. Von der Garnison ist Gegenwehr kaum zu erwarten, die Bewohner glauben an unsere Übermacht und zittern vor uns."

„Dennoch dürfen wir uns nicht allein auf unsere eigene Stärke verlassen", warnte der Oberpriester Eleasar.

„Selbstverständlich werden wir den Herrn um seinen Beistand bitten", erwiderte Josua. „Ich überlasse es dir, alles zu bedenken und zu veranlassen, womit wir dem Herrn gefallen können." Eleasar nickte befriedigt. Josua konnte fortfahren:

„Nach Auskunft der Kundschafter führt der Jordan gegenwärtig noch Hochwasser, wie immer im Frühling, wenn im Hermongebirge die Schneeschmelze eingesetzt hat. Unter diesen Umständen ist es unmöglich, die Furt bei Jericho ohne Verluste zu überqueren.

Die beiden Kundschafter wären beinahe von der Strömung fortgerissen worden und ertrunken. Es kann nicht lange dauern, bis das Wasser wieder zurückgeht. Bis dahin müssen wir unseren Kampfeswillen zähmen. Es besteht jedoch Hoffnung, daß uns der Jordan selbst zu Hilfe kommt. Wie die Kundschafter erfahren haben, liegt flußaufwärts, eine Tagesreise nördlich von hier, eine Stadt mit Namen Adam, dort, wo der Jabbok in den Jordan mündet. In manchen Jahren kommt es an dieser Stelle während der Schneeschmelze durch Hochwasser zu einem Erdrutsch, die steile, unterspülte Uferböschung bricht ab und versperrt dem Fluß den Lauf. Dabei wird er oberhalb gestaut, während er unterhalb zum Salzmeer hin abläuft, so daß die Furt bei Jericho trockenfällt. Es dauert allerdings nie lange, bis sich der Jordan von der Absperrung selbst befreit und das leergelaufene Bett wieder anfüllt."

Hier meldete sich Eleasar zu Wort: „Also werden wir den Herrn bitten, daß er es in diesen Tagen wieder so fügt."

„Ja, das wollen wir", fielen alle gläubig ein. Josua fuhr fort: „Gut, dann werden wir morgen früh das Kriegslager abbrechen und es an die Jordanfurt verlegen. Bereitet genug Proviant vor für den Marsch."

Dem stimmten alle freudig zu. Endlich sollte es losgehen! „Hat jemand noch eine Frage?" Josua sah in die Runde. Der Älteste des Stammes Ruben meldete sich.

„Du weißt, Josua", sagte er, „daß Mose, als er noch unser Anführer war und im Namen Jahwes zu uns sprach, das Land ostwärts des Jordans, das wir bereits erobert haben, meinem Stamm und dem Stamm Gad zugesprochen hat."

„Sehr richtig", rief der Vertreter des Stammes Gad dazwischen.

„Es gibt da gutes Weideland", fuhr der Älteste vom Stamme Ruben fort, „wir sind deshalb an der Landnahme westlich des Jordans, in Kanaan, nicht mehr interessiert. Wir halten es daher für vernünftig, den Feldzug nicht mitzumachen, sondern uns auf dieser Seite für immer anzusiedeln." Unter den übrigen Ältesten erhob sich Einspruch. Josua gebot mit einer Handbewegung Schweigen.

„Sollen die anderen Stämme in den Kampf ziehen, während ihr ein gutes Leben habt?" fragte er tadelnd. „Wenn ihr euch weigert, nehmt ihr den andern den Mut. Es ist eure Pflicht vor dem ganzen Volk, all eure Kräfte einzusetzen, um Kanaan in Besitz zu nehmen, wie der Herr es will. Haben wir dort Fuß gefaßt, könnt ihr ja wieder heimkehren zu euren Familien und eurem Vieh."

„So hätte auch Mose gesprochen!" rief Eleasar. Damit war die Sache entschieden: auch die wehrfähigen Männer der Stämme Ruben und Gad erklärten sich bereit zum gemeinsamen Kampf.

Am anderen Morgen ging es im israelitischen Lager lebhaft zu. Nach dem Frühopfer auf dem tragbaren Altar vor dem heiligen Zelt holten Priester die Bundeslade ins Freie, andere machten sich daran, das große, hausförmige Zelt abzubrechen und die Teile für den Transport auf Eselrücken zu verladen.

Bis zum neuen Lagerplatz am Jordanufer war es nicht weit. Am Abend desselben Tages waren die Zelte wieder aufgeschlagen, mitten unter ihnen die „Wohnung des Herrn" mit der Bundeslade. Vor dem Eingang konnte Eleasar das Abendopfer beginnen. Seine Priester hatten einen jungen Stier geschlachtet, sie mußten darauf achten, daß sein Fleisch von den Flammen des Holzstoßes nur ganz langsam verzehrt wurde, denn der Rauch des Opfers mußte bis zum Sonnenaufgang aufsteigen, wenn es Zeit wurde für das Morgenopfer.

Alle im Lager warteten gespannt auf die Gelegenheit, den Jordan zu überschreiten. Josua hatte ausrufen lassen: „Haltet euch bereit! Wenn ihr seht, daß die Priester die Bundeslade aus dem Lager tragen, dann brecht auf und zieht hinter ihr her."

Am Abend standen Josua und Eleasar am Ufer und starrten auf die trüben Fluten, die noch immer mit unverminderter Geschwindigkeit an ihnen vorüberrauschten.

„Wir werden noch lange ausharren müssen, wenn uns der Herr nicht zu Hilfe kommt", sagte Eleasar. „Er hat am Schilfmeer dem Wind und dem Wasser geboten, um seinem Volk den Weg ans andere Ufer freizugeben – warum soll er jetzt nicht dem Jordan in den Arm fallen?"

Es geschah nach Mitternacht. Plötzlich ertönen die Widderhörner der Posten: „Alarm!"

Ein Mann stürzte in Josuas Zelt und riß ihn aus dem Schlaf mit der Meldung: „Das Wasser geht zurück!" Josua sprang auf und rannte zum Jordanufer. Da drängten sich bereits Männer und zeigten aufgeregt auf den Fluß, der zusehends schrumpfte. Die über die Ufer getretenen Wassermassen waren zurückgewichen und hatten das Land an beiden Seiten wieder freigelegt.

Als der Tag anbrach, floß der Jordan brav in seinem gewohnten schmalen Bett, aber sein Lauf wurde immer langsamer. Als der Priester vom Dienst vor dem heiligen Zelt mit dem Morgenopfer begann, war der Jordan zum Rinnsal geworden. Der Weg ans andere Ufer war frei.

Josua erteilte seine Befehle an Eleasar, er sollte sie weitergeben an die Priester: „Nehmt die Bundeslade auf die Schultern und tragt sie in die Furt. Stellt euch in der Mitte auf und laßt das ganze Heer an der Bundeslade vor-

überziehen. Wenn der letzte Mann auf der anderen Seite angelangt ist, folgt ihm und setzt euch an die Spitze des Zuges und schreitet ihm voran nach Jericho!"

In großer Hast brachen sie das Lager ab und das heilige Zelt. Eine Abteilung nach der anderen marschierte durch die Furt an der Bundeslade vorüber. Den Soldaten folgte der Troß: eine Kolonne von Mauleseln und Ochsenkarren, hoch bepackt mit Kriegszeug, Zeltausrüstungen, Proviant und Gerät. Den Zug beschloß eine Herde von Rindern, Ziegen und Schafen.

Als die letzten Tiere mit ihren Treibern das jenseitige Ufer erreicht hatten, nahmen die Priester die Bundeslade wieder auf und trugen sie ans Ostufer. Kaum hatten sie den Fuß darauf gesetzt, als sie flußaufwärts ein dumpfes Rauschen vernahmen, es kam näher, wurde lauter und lauter: es war eine riesige Welle, die im leeren Bett des Jordans heranrollte, es bis zum Rand ausfüllend. Hoch aufschäumend raste sie über die Furt, ließ sie wieder unter Wasser versinken und strömte weiter der Mündung ins Salzmeer zu. Aber da waren die Israeliten bereits auf dem Vormarsch nach Jericho.

In der Nähe der Stadt bezogen sie ihr Lager. Wie immer schlugen sie zuerst das Heilige Zelt auf, stellten die Bundeslade hinter den Vorhang und richteten den Altar her.

Damit hatte die Belagerung von Jericho begonnen.

Die Tore der Stadt waren verbarrikadiert, niemand konnte Jericho verlassen, aber auch niemand konnte hinein. Josua und seine Unterführer machten einen Rundgang um die Stadt, um die schwachen Stellen in der Ringmauer zu erkunden, sie mußten sich in acht nehmen, denn hinter den Brustwehren lauerten ihnen Bogenschützen und Steinschleuderer auf.

Nachdem Josua sich einen Überblick verschafft hatte,